本书在研究和出版过程中，得到教育部人文社会科学研究项目基金的资助，在此表示衷心感谢！

前　言

　　当今世界，全球生产体系既表现为"链"状，也表现为"网"状。经济理论界对全球价值链研究已取得较大进展，近 10 年一些学者开始基于网络视角研究全球生产和贸易。在学习和借鉴相关研究成果基础上，我们尝试将全球价值链理论与社会网络分析方法相结合，研究全球生产网络拓扑特征，以及中国嵌入全球生产网络的演化历程、方式、状态及绩效。

　　本书共由六章组成，研究内容涉及三个方面。一是全球生产网络及测量方法的基础理论，这一部分内容主要体现在第一章中。在这一章着重探讨社会网络分析方法在全球生产网络中的运用，全球生产网络的构建方式以及基本的测量指标和方法。一些具体的测量方法，如产业关联、嵌入度、生产长度、位置等还分散于其他章节。二是全球生产网络的总体态势，这方面的内容反映在第二章和第三章中。第二章对全球生产网络的拓扑特征，从整体网密度、核心-半边缘-边缘结构、区域生产网络等方面进行了刻画。第三章将 FDI 与行业的全球生产网络相结合进行研究，分析了 FDI 与全球生产的演变特征、行业的全球生产网络以及跨国公司的属地生产活动等。三是中国嵌入全球生产网络的研究，这是全书的重点研究内容，由第四、第五、第六章构成。第四章梳理了中国嵌入全球生产网络的方式，从整体和部门两个层面分析中国在全球生产网络中的产业关联，以及在全球生产中的生产长度和位置。第五章探讨了双向 FDI 与中国嵌入全球生产网络，其中着重对来华外资、中国对外直接投资、加工贸易与全球生产网络之间联系进行了分析。第六章讨论中国嵌入全球生产网络与产业升级,测算了中国出口产品的技术含量,分析了中国产业结构升级的演变趋势,基于内、外源服务投入研究中国制造业服务化,以及比较优势的变化。

本书的研究特点主要表现在:

1. 对全球价值链理论与社会网络分析方法进行了比较分析,构造了全球生产网络的基本分析框架以及主要指标和测算方法。

2. 采用经济合作与发展组织(OECD)、联合国、中国国家统计局等组织机构的数据,分析样本数据相对较大,涉及全球 67 个经济体、45 个部门,时间跨度为 1995—2018 年。

3. 从全球生产网络的密度、匹配性、核心-半边缘-边缘结构、区域生产网络、FDI 与行业的全球生产网络等方面刻画了全球生产网络的拓扑特征。

4. 重点研究了中国嵌入全球生产网络的方式、中国各行业部门的国际产业内关联和产业间关联、GVC 上的生产长度和位置的变化、双向 FDI 与全球生产网络嵌入、中国产业升级等。在借鉴已有研究成果的基础上,部分内容有所拓展。

5. 运用 Gephi、Ucinet、Matlab 等软件进行生产网络相关数据处理、指标测算以及网络图绘制,使全球生产网络的空间分布、演化状态更具可视化效果,有利于读者对全球生产网络的快速理解和解读。

全球价值链理论和实证研究仍在不断发展之中,社会网络分析方法运用于全球生产网络研究尚处于起步阶段,如何将两种理论和方法有效地结合还需要进行大量的艰苦工作。我们所做的只是一种粗浅尝试,其根本目的是希望对全球生产网络的相关研究有所推进,并对中国近几十年改革开放、参与全球生产网络的历程进行基本的梳理与总结,以期对中国进入高质量发展阶段和实施中国式现代化战略的认识提供有益的帮助。

本书是我们三位作者数年共同努力工作的结果,也是 2022 年度教育部人文社会科学一般项目《数字赋能双重产业链现代化的动力机制和优化路径研究》(项目编号:22YJA790034)、中南财经政法大学 2024 年度中央高校基本科研业务费专项科研创新平台项目《跨国公司属地生产关联的演变及驱动因素》(项目编号:

202410312)的阶段性研究成果。本书在研究和出版过程中，中南财经政法大学经济学院院长石智雷教授、卢现祥教授给予了学术指导和大力支持。在此我们深表谢意！由于我们学术水平所限，相关研究的广度和深度必有很多不足，抛砖引玉，敬请读者批评指教！

廖涵　冯苗苗　祝冰艳

2024 年 10 月

CONTENTS 目 录

CONTENTS **表 目 录**

CONTENTS 图目录

第一章　全球生产网络及测量理论

第一节　全球生产的"链"和"网"

20世纪80年代以来，伴随运输技术、信息传输技术发展以及贸易和投资自由化的推进，国际分工由产业间分工、产业内分工演进到生产环节分工，表现为跨国公司在全球范围内配置资源，构建生产经营体系。从物质形态来看，在技术可分性条件下，一种产品从设计理念到最终使用的所有活动，包括研发、设计、生产、营销、分销和最终消费者支持被分割为若干环节或区块，分布于不同的经济体、环节之间，通过中间品贸易进行序贯生产，直至完成产品的全部生产流程，并进入最终使用领域；从价值形态来看，各个环节生产就是增加值的创造过程，最终汇总形成产品的总价值。由此，产品的整个价值形成过程宛如由各个环节构成的环环相扣的链条，故而称为"全球价值链"。

对于产品生产过程全球化，经济学者从20世纪90年代就开始进行了研究，但起初基于不同的研究，所述称谓各异，如垂直专业化分工（vertical specialization）、生产分割（fragmentation）、产品内分工、任务贸易或工序贸易（trading tasks）、生产链、商品链，等等。进入21世纪后，"全球价值链"这一术语逐步得到统一采用，经济学家们也不断丰富和深化全球价值链理论研究，将产品的生产过程分为研发设计、中间品生产、加工组装、营销服务四个环节，以增加值核算、生产关联、价值链治理为核心构建起全球价值链理论体系。

在全球价值链理论形成之前，经济学领域研究国际分工和贸易的主要是国际贸易理论。全球价值链理论不同于传统贸易理论之处在于①：

第一，贸易流量核算基础是增加值，而非总贸易额。这就剔除了重复计算的成分，从而有利于准确计算全球及各国的贸易规模以及贸易利益分配。

第二，中间品生产和流转成为主要的研究内容。在传统贸易理论中，一种产品的生产全过程在一国境内完成，国家间贸易是最终品交换；而在全球价值链分工下，通过中间品流转来连接产品的各个生产环节，因而中间品贸易占据国际贸易的较大份额。

第三，从国家、部门、企业等不同层面上研究全球价值链的参与动机、程度、位置以及获益。

第四，定量分析方法得到长足发展和广泛运用。研究者们以投入产出模型为基础构建起了增加值贸易、价值链位置及长度等测量方法；越来越多的国际组织和研究机构建立了区域性、全球性价值链数据库。这些不仅使研究口径得到基本统一，也大大推动了全球价值链以及国际贸易理论的研究深化。

产品价值创造的基础是生产。一种产品的全球生产流程事实上是由参与其中的行动者及其互动关系形成的一种结构，生产过程中所发生的资源配置、信息交流、经营安排都体现为关系，相互交织的关系构成一张网络。各个行动者都嵌套于这种关系网络之中，而不只是安置在某一个环节的独立个体。各个行动者通过不同途径发生直接或间接的联系，并且这种联系对整个生产网络的规则、模式产生影响，反过来也会对行动者的行为产生影响。同时，一种产品生产过程无论是在国内还是在国际范围内，都不太可能在单个企业或产业中孤立进行，而是会促成生产地形成互补的产业整合，各地的产业整合进而在全球形成一种"非连续性"的空间上的产业关联，这就构成了纵横交错的全球生产网络。杰里菲（Geffir，2018）认为，在全球化的背景下，价值链活动更多地由全球范围的企业网络来完成。生产过程的片段化以及中间环节任务和活动的国际延伸，导致无边界的生产体系的出现。这种体系可以是连续链条，也可以是复杂的网络，范围可以是全球也可以是区域（UNCTAD，2013），因而国际生产体系既表现为"链"状，也表现为

---

① 国际分工和贸易形式的发展也推动着贸易理论的不断更新。这里的传统贸易理论指的是相对于新近的全球价值链理论之前的理论，包括产业间贸易理论、产业内贸易理论等。

"网"状。迈克尔·斯宾塞在《全球价值链发展报告（2017）》的序言写到，将全球化看作一个复杂的、不断演变的网络结构绝对会让你大开眼界。①因此，若不对此进行深入分析，显然难以真正认识到生产过程的实质以及新型的全球经济联系。运用社会网络分析方法可以弥补现有研究只是着眼于"链"而不是"网"考察全球价值生产以及产业关联的不足。网络关系分析强调的是行动者之间的关系，一个网络是行动者及其之间关系的集合。通过社会网络关系模型，描述群体关系的结构，研究这种结构对群体功能或者群体内部个体的影响。②

第二节　全球生产网络的构建

一、社会网络分析及其优势

社会网络是由多个节点和多种关系组成的集合。社会网络理论是将行动者通过相互关系所形成的社会活动空间视为社会网络，分析行动者、关系以及网络的特性和运行规律。相较于传统理论，社会网络理论是基于网络来分析行动者及其相互关系，而非单纯地分析行动者本身或者两两之间的关系。

在经济学理论中，虽然行动者个体行为（各个经济主体）以及相互之间的经济关系得到深入研究，但对经济关系的分析更多的是两两之间的单线条联系，类似于经线或纬线，而将经纬线交织在一起构成一种网络环境，并以此作为分析基础的探讨相对较少，也缺乏有效的研究方法；产业集聚、城市群等领域的研究已有网络分析的倾向，但仍未形成明确的网络分析框架，因此，经济学理论中对经济关系的分析欠缺的是社会网络关系，或者说网络意义上的关系分析。正因如此，Granovetter（1985）认为在分析人类行为时经济学有低度社会化缺陷，通过嵌入性、社会关系和社会网络的分析方法可以弥补这一缺陷。在全球生产分工体系中，如果仅考虑"量"的效应而抽象掉经济体之间的生产关联，则会脱离全球分工网络的

---

①　杜大伟，等.全球价值链发展报告（2017）.北京：社会科学文献出版社，2018：1.

②　刘军.社会网络分析导论.北京：社会科学文献出版社，2004：1-4.

"社会性"，难以反映网络中个体间的结群性、互惠性、级联性等特征（孙天阳，等，2018）。近年来，经济学、管理学领域学者开始引入社会网络分析方法，以推进相关研究，如 Amador et al.（2015）、若昂·阿马多尔等（2017）、Criscuolo et al.（2018）、Amat Adarov（2021）、陈银飞（2011）、许和连等（2018）、杜运苏等（2018）、孙天阳等（2018）、马述忠等（2016）、刘景卿等（2019）、吕延方等（2021）、刘林青等（2021）以及其他中外学者对全球生产网络、投资网络和贸易网络展开了研究。

相比经济学、管理学已有的研究方法，社会网络分析方法的优势在于①②：

第一，社会网络分析方法着眼于行动者（节点）、关系（边线）两个基本要素，形成了研究社会网络构件、类型及因果关系的社会网络分析框架。

第二，能够定量分析社会网络中行动者（节点）的地位或重要性，包括位置、权力、凝聚力等。这些在经济学中也是重点关注的问题。经济学中通常根据行动者之间交易数量来分析行动者及其关系的重要程度或位置，但是，位置与权力不一定是等同的，核心点未必有权力，而有权力则可以决定资源的分配。社会网络交换理论对群体的网络结构与资源分配之间的关系、权力来源等分析提供了独到的方法。

第三，社会网络分析的另一大优势在于，可以将个体层面（微观层面）的行为与宏观层面的环境相结合，从而帮助解释多层次的社会现象，而且，在网络的视角下，我们更易于在个体行为与系统性变化之间建立关联，这也是经济学理论发展的方向。例如，Hahn et al.（2015）研究发现，学生随机分配到其他具有高中心性的学生群体的表现要好于随机分配到其他具有低中心性的学生群体中。Criscuolo et al.（2018）对欧盟的研究认为，公司和产业是锁定于全球生产网络的中心枢纽，还是位于边缘位置，以及是否与更多的高生产率的外国供应商和销售商之间建立关联，对公司和产业的生产率起着关键的作用。并且，网络结构和关联方式对冲击的传播也发挥着关键作用（Acemoglu et al.，2012）。因而，两个学

① 对于社会网络分析方法及应用的详述，可参考：刘军. 整体网络分析——UCINET 软件实用指南. 第三版. 上海：格致出版社，上海人民出版社，2019：1-51.
② 杨松，弗朗西斯卡·B. 凯勒，郑路. 社会网络分析：方法与应用. 曹立坤，曾丰又，译. 北京：社会科学文献出版社，2019：1-18.

科之间具有相通之处。

第四，可视化展示方式。社会网络分析本身就具有跨学科的背景，将计量社会学和图论的研究成果纳入社会结构和关系分析，并且从 20 世纪 70 年代以来，数据处理技术和众多简便易行的分析软件开发，使得社会网络分析能够用定量和可视化方式来描述由节点及其关系构成的网络，直观地展示社会网络关系（Moreno et al.，1934；Scott et al.，2011；徐迪，2019）。在经济学中，也多用图表来呈现研究过程和结果，但更多是统计意义上的，缺乏网络结构的图示。采用网络分析，有利于对经济行动者（节点）之间的交互经济联系、关键因素、全球生产网络结构进行可视化，因此，这是经济学值得借鉴的。

二、网络构件

网络是点和线相连接而形成的一种拓扑结构形态，其数字形式可以用矩阵来表示，也可以用图形加以展示。构建网络所需的基本要件有点、线、方向、权重和模态。社会关系网络和全球生产网络在构件形式上是基本相同的，但由于社会关系与价值生产关系之间、社会关系矩阵与投入产出矩阵之间均存在着差异，因此，全球生产网络构件的含义不尽相同，我们在借鉴社会网络分析理论和方法时，需要以价值生产关系的特点来构建全球生产网络。

第一，网络中的点也称节点，代表的是行动者，既可以是个体也可以是组织，网络是具有相同属性的节点的集合。全球生产网络中的节点一般由参与全球生产的经济体和部门相匹配组成，以"经济体-部门"表示。①

第二，线为节点之间的连接线，也称边线，连接存在关系的节点。"关系"是社会网络分析的基本单位，指的是节点之间存在的直接或间接的联系。在全球生产网络中，若仅考虑生产过程，网络中各个行动者或生产者之间的关系以存在直接或间接的中间品投入产出或增加值的联系来反映。若将全球生产网络范围扩大到产出品的最终使用领域，则还应包括经济体之间的最终品贸易。当然，跨境的中间品投入产出联系也主要是通过贸易方式进行，可称为中间品贸易。在中间品投入产出网

---

① 本书在对各经济主体进行具体分析时，采用"经济体"称谓，在作一般分析，若不会对国家主权产生歧义时，"经济体""国家或地区"称谓有时混用。

络中，边线通常连接着存在直接投入产出联系的节点；在最终品贸易网络中，边线连接存在进出口联系的节点。全球生产网络主要是中间品投入产出网络。

第三，边线方向为产出发出和投入接收的指向，通常以箭头来表示。在社会网络分析中，边线可以是无向的也可以是有向的，代表"无向关系"和"有向关系"。无向关系意味着节点之间的关系是对称的。若为有向关系，则需要区分关系的发出者和接收者。节点发出关系的边线数量为出度，接收关系的边线数量为入度。全球生产网络中节点之间一般为有向关系，我们定义部门产出分配的边线数量为产出度，部门投入接收的边线数量为投入度。产出分配部门是投入产出矩阵中的行所在部门，以部门 i 表示，投入接收部门为列所在的部门，以部门 j 表示。部门 i 和部门 j 之间不一定存在对称的投入产出联系。

第四，权重为节点间关系的密切程度，一般采用自然数进行赋值，网络图中以连线粗细显示权重大小。投入产出矩阵的元素值是价值流量，结构矩阵的元素值是直接消耗系数，虽然其值大小能够反映权重，但为了有效地利用社会网络分析方法，有必要将投入产出矩阵的元素值转换成二值或多值。具体方式将在相关指标测量时进行说明。

三、网络层次和规模

对网络进行分层有利于将微观层面的个体行为与宏观层面的环境相结合，解释多层次的社会现象。在社会网络分析中，网络可分为整体网、个体网、局域网等几个层次，不同层次的网络规模不同，研究的侧重点也不同。整体网是由一个群体内部所有成员及相互间的关系构成的网络，研究的侧重点是网络的总体结构，而不关注节点的个体特征。个体网是由被考察的中心个体(节点)和与之直接相连的其他个体(节点)构成的独立网络，在形式上类似于整体网，但研究侧重点是中心个体之外其他个体之间联系的特点、属性以及网络结构对中心个体行为的影响，而不是考察中心个体本身，只是考察中心个体所处网络的属性。可见，整体网和个体网虽各有所长，但都缺乏对中心个体与其他个体之间联系的关注。而局域网则是将整体网与个体网相结合，由个体网加上与个体网络成员有关联的其他个体构成的网络。局域网中的节点及关系比个体网多但比整体网要少，网络的边界如何确定取决于研究的目的。刘军(2014)认为，在生活世界中，真正存在的网络既不是个体网也不是整体网，而是常人在其生活中每天都离不开的"局域网"。因此，局域网类似于从整体网中抽取的一部分。上述三个网络，尽管规模和层次不同，但每一个网络都应是相同属性的节点和关系的集合，因而在网络模态上是相同的，被称为1-模网络。还可以将两种不同模态的网络结合在一起进行分析，这被称为2-模网络。如果两种网络之间的节点存在关联，当这种关联属于隶属关系，亦可将2-模网络看作一种网络层次。

我们同样可以将全球生产网划分为不同层次。构建个体网来分析特定经济体-部门所处网络的特性；按照地理区域建立区域网，这有助于分析区域生产网络；以整体网分析全球生产网络的结构。如果将国际经济组织或协定、国际直接投资等各自作为一个网络，参与全球生产的经济体作为另一个网络，根据隶属关系将两个网络中节点进行连接，构成2-模网络，这有助于更好地探寻全球生产网络形成的原因、结构演变以及节点行为规律。

网络规模大小是按网络中所包含的节点数量计算的，显然网络层次越高，网络规模也越大，结构也越复杂。复杂的网络结构无论对研究还是图形的可视化效果都造成较大困难。在社会网络分析中，即便是整体网也要求节点数目不超过1000个，规模过大并无什么实际意义。[1]而对全球生产网络来说，仅按已经进行了简化的跨国投入产出表（ICIO）所列经济体和部门相匹配的数量，也远远超过1000个。为此，根据研究对象的特点和研究目的，尽可能分层次和对规模进行必要的缩减是需要做的一项工作，具体方式在相关章节进行说明。

但值得注意的是，其一，整体网分析和个体网分析的基本区别在于，个体网需要明确核心节点，而整体网则不需要。其二，独立构建的个体网和整体网、局域网在规模上是有所不同的。个体网规模不将核心节点本身计算在内，而整体网、局域网规模按所有的节点来计算。其三，在社会网络中，节点之间存在关系，通常意味着节点所代表的行动者之间可能会发生面对面接触。如果社会关系仅是就消息或指令的传递，则行动者之间是否会实际接触并不重要。而在全球生产网络中，节点之间的关系是通过包含在产品和服务中的增加值流转来反映的，

---

① 刘军. 整体网分析——UCINET软件实用指南. 第三版. 上海：格致出版社，上海人民出版社，2019：25.

这是全球生产网络分析的核心。对行动者之间，特别是存在间接联系的行动者之间是否发生接触并不关注，类似于社会关系分析中的消息或指令的传递。其四，社会网络分析理论认为，节点之间关系随距离延长影响力呈衰减趋势。而在全球生产网络中，掌握关键资源(包括生产要素、自然资源、市场控制权等)的行动者对其上游和下游的节点的影响力并不一定随距离的延长呈衰减趋势。这是价值生产关系与社会关系的一个重要不同之处，因而对全球生产网络中节点影响力分析所得的结论需要慎重。

四、全球生产网络和贸易网络

既然中间品投入产出联系、最终品进出口都是以贸易方式进行的，那么全球生产网络是否实际上就等同于贸易网络呢？并非如此。

首先，价值生产和贸易所涵盖的范围是不同的。价值生产涉及有形和无形产品价值创造的全过程，包括要素配置、中间投入品的流转、生产过程、销售过程以及售后服务等，而贸易只涉及有形和无形产品的流转。因此，价值生产比贸易要宽泛得多，也复杂得多。正由于价值生产的复杂性，加之数据资料缺乏以及分析技术的限制，至今还无法对价值生产的全部过程和内容进行分析，采用中间品贸易来对全球生产网络进行构造和分析便成为简便和可行的方法。

其次，全球生产网络的形成主要由跨国公司进行全球化要素和资源配置所主导，与跨境直接投资相伴而行。将跨境直接投资网络与产品贸易网络相匹配，有助于扩展和深化全球生产网络的分析。而单纯的贸易网络仅分析产品的跨境交易，与要素和资源的跨境流动并不一定有直接关联。

再次，全球价值生产联系与贸易联系在层次上也有区别。除了转口贸易，大多数贸易能够反映贸易双方有直接关系，而没有间接关系，也不能根据贸易网络中节点之间的连接关系推出间接关系。全球生产则可能因生产环节的分工而产生间接联系。如图1-1，中国、英国、芬兰、巴西四个国家中，中国与英国之间具有贸易联系，与芬兰、巴西没有直接贸易往来；英国与芬兰、巴西之间有直接贸易联系。无论这四个国家两两之间是否存在双向联系，都不能推出中国与芬兰、巴西之间存在间接贸易联系；而如果这四个国家在同一条价值链上，中国生产的中间品出口到英国，经过加工后再出口到芬兰、巴西，并生产出最终品，那么，中国与芬兰、巴西之间通过英国形成了间接的价值生产联系。这在社会网络理论中称为距离长度为 2 的间接关系，运用已有的全球价值链测度方法可以对此进行识别，从而为社会网络分析方法与全球价值链分析方法相结合构造和研究全球生产网络提供了条件。

图 1-1 四国之间的价值生产和贸易关系模拟图

注：作者自绘。

第三节 投入产出矩阵和社会关系矩阵

一、投入产出矩阵

全球价值生产分析大多基于投入产出矩阵，也称投入产出表（Input-Output Table，IOT）。全球投入产出矩阵是目前研究和测算全球生产和增加值流动所依赖的重要基础，据此可以构建起全球生产网络。这里以简略图的形式来说明全球投入产出矩阵的基本框架。

在图 1-2 中，假设全球由三个经济体组成：经济体 1、经济体 2、经济体 3；每个经济体各有三个相同的部门：农业、金属、商业。编码采用经济体-部门匹配，行所在的经济体-部门编码为 si，列所在的经济体-部门编码为 kj，s，$k = 1$，2，3，i，$j = 1$，2，3。

投入产出矩阵可分为三大块矩阵和两个向量：中间投入块矩阵、增加值块矩

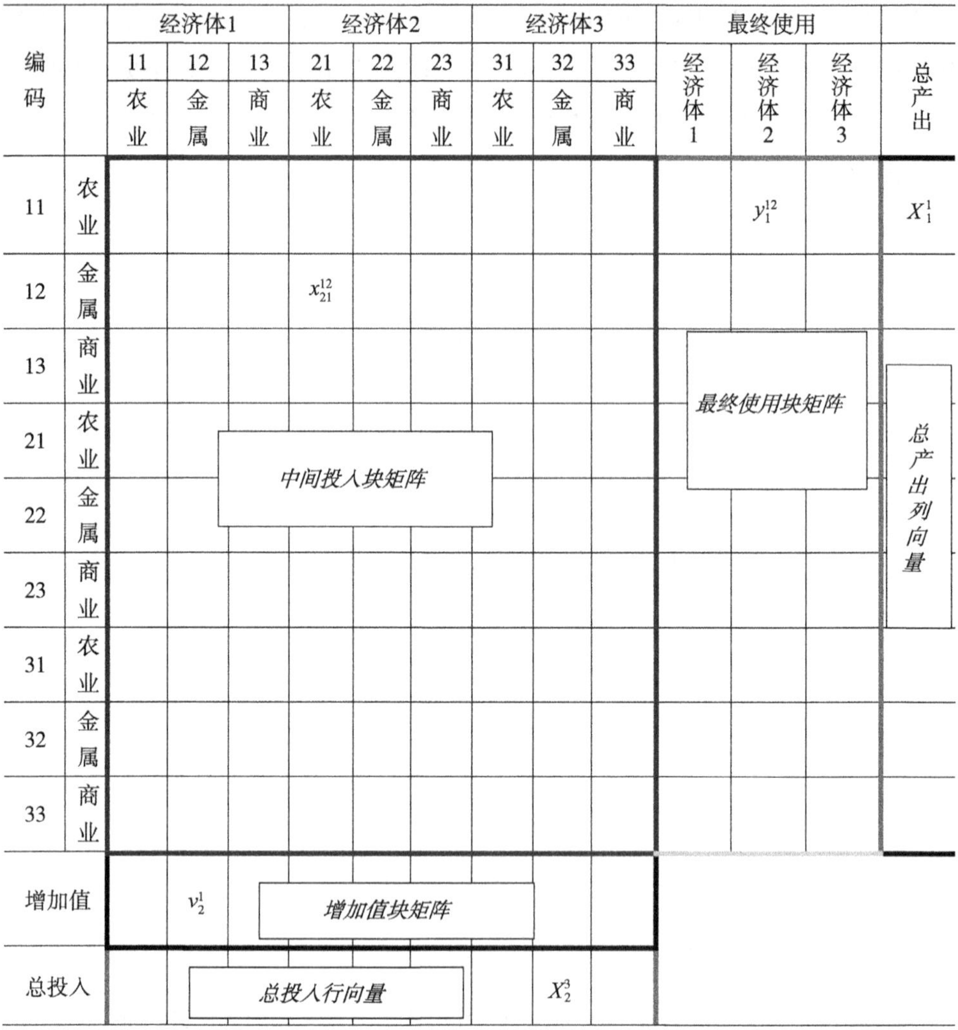

编码	经济体1			经济体2			经济体3			最终使用			总产出
	11 农业	12 金属	13 商业	21 农业	22 金属	23 商业	31 农业	32 金属	33 商业	经济体1	经济体2	经济体3	
11 农业											y_1^{12}		X_1^1
12 金属				x_{21}^{12}									
13 商业										最终使用块矩阵			总产出列向量
21 农业													
22 金属		中间投入块矩阵											
23 商业													
31 农业													
32 金属													
33 商业													
增加值	v_2^1	增加值块矩阵											
总投入		总投入行向量						X_2^3					

图 1-2　全球投入产出矩阵简略图

注：作者自绘。

阵、最终使用块矩阵、总投入行向量、总产出列向量。中间投入块矩阵中的元素为 x_{ij}^{sk}，上标为经济体编码，下标为部门编码，表示经济体-部门之间的中间投入或产出分配关系，如从行向看，x_{21}^{12} 表示经济体1-金属部门中间品产出分配给经济体2-农业部门的数量；从列向看，x_{21}^{12} 则为经济体2-农业部门生产中来自经济体1-金属部门的中间投入数量。最终使用块矩阵中，元素 y_1^{12} 表示经济体1-农业部门产出中出口到经济体 2 的最终品数量。增加值块矩阵中，元素 v_2^1 则为经济体 1-金属部门的增加值数量，一般由劳动者报酬、生产税净额、固定资产折旧、营业盈余等构成。总投入行向量的分量为 X_j^k，各分量由矩阵内所对应列中的所有元素加总而得；总产出列向量的分量为 X_i^s，各分量由矩阵内所对应行中的所有元素加总而得。

根据平衡原则，全球投入产出矩阵的基本恒等式为：

$$X_i^s = \sum_{k,\,j} x_{ij}^{sk} + \sum_k y_i^{sk}$$

$$X_j^k = \sum_{s,\,i} x_{ij}^{sk} + v_j^k$$

$$X_i^s = X_j^k, \quad 当 i=j,\ s=k \ 时$$

投入产出矩阵的基础矩阵是价值流量矩阵，据此可以测算出直接消耗系数矩阵和完全消耗系数矩阵。这里主要采用里昂惕夫的投入产出分析法对相关指标进行推导和测度，这也是全球价值链分析中最常用的方法。[1]

投入产出分析首先是要构建直接消耗系数矩阵和完全消耗系数矩阵。在里昂惕夫投入产出模型中，直接消耗系数是部门 j 生产总产出所消耗的部门 i 的产品占部门 j 总投入的比率[2]，即：

$$a_{ij} = \frac{x_{ij}}{X_j}, \quad x_{ij} = a_{ij}X_j$$

式中，a_{ij} 是直接消耗系数；x_{ij} 是部门 i 对部门 j 的产出分配额；X_j 是部门 j 的总投入额。

各部门的直接消耗系数构成的矩阵为直接消耗系数矩阵，也称经济的结构矩阵，即：

---

[1]　投入产出分析法主要有两种：一种是里昂惕夫(Leontief)法，另一种是高斯(Ghosh)法。里昂惕夫法是从部门的投入来源角度进行分析，而高斯法是从部门的分配去向角度进行分析。两者在部门之间投入产出联系的理论基础上是一致的，只是分析角度有所不同。由于投入产出矩阵可以看作一个封闭的自循环系统，因此，两者的测算方法可以相互转换。两种方法的关系推导可参见 Miller R，U Temurshoev. Output Upstreamness and Input Downstreamness of Industries/Countries in World Production. GGDG Research Memorandum，2013：133.

[2]　在作一般性表述时，可将全球矩阵退化为一国矩阵，故省去上标，只用下标表示部门。

$$A = \left[a_{ij} \right]$$

完全消耗系数是直接消耗系数和全部间接消耗系数之和。完全消耗系数揭示了部门之间的直接和间接的联系。里昂惕夫推导出完全消耗系数矩阵式为 $(I - A)^{-1} - I$，$(I - A)^{-1}$ 为里昂惕夫逆矩阵，I 为单位对角矩阵。它表明部门 j 增加一个单位最终使用时，对部门 i 的完全需要量。里昂惕夫逆矩阵是结构矩阵不断增加的幂的一个无限收敛级数的总和①，展开式为：

$$(I - A)^{-1} = I + A + A^2 + A^3 + \cdots + A^n = \sum_{0}^{n} A^n$$

这个展开式对清楚理解全球价值生产中投入产出的间接关系至关重要。

令 $B = (I - A)^{-1}$，则：

$$X = AX + Y, \quad Y = \left[\sum_{k} y_i^{sk} \right]$$

$$X = BY$$

可见，总产出价值就等于最终品中所包含的直接和间接投入消耗，从而能够反映部门之间投入产出的直接和间接联系。

为了推演间接关系，这里采用简化的形式，假定只存在三个部门：S1、S2、S3，且各部门之间最多存在 2 步间接联系，于是简化的里昂惕夫逆矩阵展开式为：

$$(I - A)^{-1} = I + A + A^2$$

$$A^2 = \{(I - A)^{-1} - I\} - A \tag{1-1}$$

等号右边第一项大括号中是完全消耗系数矩阵，第二项为直接消耗系数矩阵。等号左边是直接消耗系数的二次幂，反映的是部门 i 和部门 j 之间投入产出上的 2 步间接联系。

假设 S1 和 S2 只生产中间品，S3 只生产最终品，S1 投入 S2，再由 S2 生产出中间品投入 S3，S1 与 S3 之间没有直接中间投入联系，则：

$$A = \left[a_{ij} \right] = \begin{bmatrix} 0 & a_{12} & 0 \\ 0 & 0 & a_{23} \\ 0 & 0 & 0 \end{bmatrix} \tag{1-2}$$

---

① 里昂惕夫. 投入产出经济学. 北京：商务印书馆，1988：159.

$$(I - A)^{-1} - I = \begin{bmatrix} 1 & a_{12} & a_{12}a_{23} \\ 0 & 1 & a_{23} \\ 0 & 0 & 1 \end{bmatrix} - \begin{bmatrix} 1 & 0 & 0 \\ 0 & 1 & 0 \\ 0 & 0 & 1 \end{bmatrix} = \begin{bmatrix} 0 & a_{12} & a_{12}a_{23} \\ 0 & 0 & a_{23} \\ 0 & 0 & 0 \end{bmatrix} \quad (1\text{-}3)$$

从式(1-3)不难看出,完全消耗系数矩阵的各行和等于部门 i 产出直接和间接分配给其他部门的总和,各列和等于部门 j 直接和间接来自其他部门的总和。Miller et al. (2015)将各行之和作为产出上游度指标,各列之和作为投入下游度指标。

将式(1-2)和式(1-3)代入式(1-1),得:

$$A^2 = \begin{bmatrix} 0 & 0 & a_{12}a_{23} \\ 0 & 0 & 0 \\ 0 & 0 & 0 \end{bmatrix} \quad (1\text{-}4)$$

从式(1-4)可见,直接消耗系数矩阵二次幂 A^2 的结果正好反映了部门 i 与部门 j 之间的 2 步间接投入联系。

需要说明的是,当全球投入产出矩阵的维度扩展到 N 个部门时,直接消耗系数矩阵 A 和里昂惕夫逆矩阵 B 是反映投入产出关系的基础矩阵,现有的增加值核算方法均基于此确定部门 j 的产出中包含直接和间接来自部门 i 的增加值,但识别具体的间接来源路径仍存在困难。因此,我们在建立全球生产网络时,边线仅代表节点双边的直接增加值关联,而不讨论多个节点之间是否存在间接关联或中介关联。

二、社会关系矩阵

社会网络分析通过构筑社会关系矩阵来进行。社会关系矩阵有多种,包括邻接矩阵、多值关系矩阵、隶属关系矩阵等。其中,邻接矩阵是社会网络分析中最常用的一种方阵,也是构造社会关系网络以及测量相关指标所依赖的最基础矩阵。邻接矩阵中的行和列以相同节点的顺序排列,元素是行和列对应节点之间关系的赋值,一般采用二值(1 或 0),节点之间若存在直接关系赋值为 1,否则赋值为 0。邻接矩阵可以反映无向关系,也可以反映有向关系,分别称为无向邻接矩阵和有向邻接矩阵。因此,邻接矩阵是记录节点之间存在直接关系与否的列表，其长处是简洁明了，易于形成网络图示，关系分析以及指标测量也能够由繁化简，但隐含的前提是节点之间的关系是同质的。如果为了反映关系的强度，研究者可以根据事先设定的数值，按节点之间关系强度大小赋予不同数值，由此构造的矩阵称为多值关系矩阵。

社会关系矩阵与投入产出矩阵存在着一些异同。

第一，社会网络分析采用的邻接矩阵中元素值多为无向的二值或定性值，而基础的投入产出表中的元素值一般为流量值，行和列分别表示了方向。为表述方便，我们将社会网络分析方法中的邻接矩阵称为二值矩阵，将投入产出矩阵（IOT）称为多值矩阵或加权矩阵。

第二，从矩阵结构看，IOT 也是邻接矩阵的结构形式，这有利于将 IOT 与社会网络分析方法相结合。将 IOT 以及由此而得的价值生产矩阵（如增加值贸易矩阵等）转换为邻接矩阵，是首先要解决的问题。

第三，大部分社会网络分析方法只能运用于二值网络，对于多值矩阵，特别是多值有向网络，可用的分析方法是有限的。而在经济学、全球价值链网研究中，不仅要考察节点之间是否存在联系，更需要考察联系的权重，为此除了构建二值邻接矩阵外，一般还构建多值矩阵来进行经济学意义上的分析。

第四，网络分析的核心是行动者之间的"关系"，而非"自我"。社会网络的邻接矩阵中，对角线上的元素值为零，表示不考虑节点的"自我"关系。而 IOT 的对角线上的元素值为大于零的实数，反映国家-部门自身的投入产出。在运用社会网络分析方法时，通常需要将 IOT 以及相应的价值生产矩阵转化为对角线为零值的邻接矩阵，才能计算出相关的网络分析指标。这意味着只是考虑经济体-部门之间的联系，没有包括经济体-部门的自我联系。Dietzenbacher et al.（2005）在研究生产链平均传导长度时，也忽略了部门的自身投入，他认为，因为生产链传导依赖的是产业结构，部门的自身投入与之无关。①当然，其他学者也认为，若不考虑部门的自我联系，就难以说明增加值的来源，部门内的投入产出本身也是全球生产的重要组成部分。因此，在建立二值矩阵时，可以将对角线的元素设

① Dietzenbacher E, Luna I R, Bosma N S. Using Average Propagation Lengths to Identify Production Chains in the Andalusian Economy. Estudios De Economia Aplicada, 2005(2)：405-422.

为零，以反映节点之间的联系，而在建立多值矩阵用于分析增加值权重及流向时，则考虑部门本身。

第五，社会网络分析方法和投入产出模型都可以基于反映直接关系的邻接矩阵、IOT 来测度间接关系。如投入产出模型和方法可以测度直接消耗系数、间接消耗系数、生产链长度等；社会网络分析方法也测度间接关系，如关系距离或路径长度、六度分隔等。但是，能否将社会网络分析中反映间接关系的相关指标和方法运用于全球生产网络分析中，仍值得推敲。

在社会网络分析中，邻接矩阵表达的是节点之间可以直达的联系，用邻接矩阵之幂来反映节点之间存在的间接联系的途径数，或者用距离矩阵表示。下面以四个节点的有向关系图进行简要说明（如图 1-3 所示）。

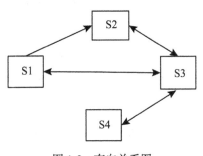

图 1-3　有向关系图

根据图 1-3 编制有向邻接矩阵、有向邻接矩阵二次幂和距离矩阵（如表 1-1 至表 1-3 所示）。

表 1-1　**有向邻接矩阵**

	S1	S2	S3	S4
S1	0	1	1	0
S2	0	0	1	0
S3	1	1	0	1
S4	0	0	1	0

表 1-2　**有向邻接矩阵二次幂**

	S1	S2	S3	S4
S1	1	1	1	1
S2	1	1	0	1
S3	0	1	3	0
S4	1	1	0	1

表 1-3　**距离矩阵**

	S1	S2	S3	S4
S1	0	1	1	1
S2	1	0	0	1
S3	0	1	0	0
S4	1	1	0	0

表 1-1 的有向邻接矩阵为二值矩阵，由于不考虑节点自身的关系，故有向邻接矩阵对角上的元素值为 0，节点之间有直接关系的元素值为 1，否则为 0。因此，邻接矩阵描述的是节点之间是否存在直接关系。表 1-2 是有向邻接矩阵二次幂，与表 1-1 不同的是，表 1-2 是多值矩阵，对角线上的元素值表示节点之间存在的直接双向关系数，非对角线上的各元素值表示节点之间 2 步到达的途径数。如表 1-2 中，$S_{21}=1$，反映节点 S2 和 S1 之间存在一条通过 S3 间接到达的途径。但 S3 与 S1 之间不存在间接到达的途径，因为 S2 只是 S1 的关系接受者，S3 无法通过 S2 间接到达 S1，故 $S_{31}=0$。表 1-3 的距离矩阵中的非零元素值表示节点之间存在的 2 步到达的途径数。

值得注意的是，将社会网络分析方法运用到全球生产网络中，投入产出矩阵和增加值贸易矩阵可以转换为邻接矩阵，并以此构建网络关系图，但邻接矩阵之幂或距离矩阵所反映的间接关系，并不一定符合经济学逻辑。正如表 1-3 中，S2 是 S1 和 S3 之间的中间节点，S1 是 S2 的发出方，S2 与 S3 之间存在双向联系，但并不能推断 S1 向 S2 的增加值经由 S2 转投入了 S3，从而 S1 与 S3 之间不一定通过 S2 存在间接投入产出关系，而只是存在着间接联系的可能途径。这与社会关系的连接性是不同的。从距离矩阵看，节点之间的元素值若为 1，只是表明节点之间存在间接到达的途径，但并不能识别出是通过哪个中间节点。因此，在运用社会网络分析方法分析全球生产网络中节点之间间接联系时，需要基于经济学逻辑关系来进行。

第四节　全球生产网络的主要指标及测量方法

至今，学者们已构建一套全球价值链分析的指标体系及测量方法。其中，增加值核算框架是基础，由此引申出全球价值链参与度、位置、长度等相关指标，这为全球价值链理论研究的深入提供了良好的条件。这一部分就全球价值链和全球生产网络的主要指标及测量方法进行概述，以便于后续的实证分析。

一、全球价值链测量方法的演进

全球价值链研究的一项重要工作是构建贸易增加值的指标体系和测量方法，从 20 世纪 90 年代以来，这一方面的研究进展大致分为两个阶段。

第一阶段，通过估算在生产或总投入中的直接进口投入份额来测算国内生产中的国内外增加值含量，并衡量垂直专业化分工程度。

这一工作主要反映在 Feenstra et al.（1996，1998，2012），Hummels et al.（2001），Hanson et al.（2005），Yi（2003，2010），Daudin et al.（2011），Dean et al.（2011），Johnson et. al.（2008，2012）等学者的研究成果中。相比之前的国际贸易测算，他们区分了一国产品生产中的中间投入的国内成分和进口成分，从而可以大体反映产品的跨境生产以及各国参与垂直化国际生产分工程度。

这一阶段代表性的成果是 Hummels et al.（2001）提出的"垂直专业化指数"，称为 HIY 方法。其基本思想是根据一国出口品生产中所含进口中间品的比重来衡量一国参与国际垂直专业化的程度。具体分为两个指标：垂直专业化分工程度绝对值（VS）和垂直专业化分工程度相对值（VSS）。

$$\mathrm{VS} = \sum_i^n \mathrm{VS}_i = \sum_i^n \left(\frac{\mathrm{II}_i}{\mathrm{TO}_i} \right) X_i \tag{1-5}$$

$$\mathrm{VSS} = \frac{\mathrm{VS}}{\mathrm{EX}} \tag{1-6}$$

式（1-5）和式（1-6）中，II 为中间品进口；TO 为总产值；X 为部门出口；EX 为总出口。

显然，这一方法简洁明了，可操作性强，相关数据可以从投入产出表或国际贸易数据库中直接获取，因而受到较多运用。但是，这一方法也存在诸多不足。

第一，容易低估一国参与国际垂直专业化程度。VS 值和 VSS 值测算的是一国出口值中进口中间品的含量和比例，但是，一国所有产品的出口中既有最终品也有中间品。若一国出口产品中的中间品比例高，并且该国更多地利用本国要素投入进行生产，则该国的 VS 值和 VSS 值均会较低，进而得出该国参与国际垂直专业化分工程度低，甚至地位不高的结论显然不能反映国际垂直专业化分工或价值链分工的实际状况。因为，中间品出口后还需要其他国家再加工成最终品，产品的生产链条会延长，这更能体现一国参与国际垂直专业化程度。因此，VSS 值只能反映出口品在生产国的国内这一生产区段的参与国际垂直专业化程度，而不能从全球整体上产品生产全过程来反映一国参与程度。

第二，该方法中的中间品进口值的测定较粗糙，只能以产品层面的进出口值，而不是以工序任务来反映一国参与国际垂直专业化分工与贸易。在现实的全球价值链分工中，各国可能只承担生产的某个环节，即便是中间品也会分解为多个环节分布于不同的国家，一国所进口的中间品可能会含有本国的生产成分，属于复进口，虽然复进口量大也能反映参与国际分工程度高，但相对等量的完全进口中间品的国家来说，两国参与国际分工的程度却是一样高的，这显然低估了前者参与程度，也高估了后者的参与程度。后来，Johnson et al.（2008，2012），Daudin et al.（2011）对 HIY 方法进行了改进，除了出口中的进口成分外，还测算了中间品出口的国内成分以及复进口成分，进一步细化了垂直专业化分工的研究。

第三，VS 值和 VSS 值不能反映国际垂直专业化分工的经济效应。无论是经济理论研究，还是实际经济活动，关注的重点是参与国际分工所带来的经济效应。经济效应既包括直接经济利益在参与国之间的分配，也包括分工对各国所带来的拉动和扩散效应等间接利益。虽然不可能要求一种方法能够解决所有问题，但中间品进出口对一国经济和世界经济所带来的扩散效应和反馈效应却是研究当代国际分工所必须重点探讨的核心问题（Miller & Blair，2009）。VSS 值反映的只是一国出口产品中内含的中间品进口成分，并以此来衡量参与国际分工的程度，这恰恰不是各国关注的核心问题。在国际分工和贸易中，各国追求的根本目的是自身要素投入所带来的增加值，特别是在与其他国家进行分工和贸易中收入或增加值的分配情形，而这又是 VSS 值所无法反映的。分工参与程度高低只是手段，不是目的，最多只是关注的次要问题。

第四，用 HIY 方法无论是测算 VSS 值还是测算增加值，采用的是国别的投入产出表，该表将出口作为一国的外部需求，对出口国而言是外生的、给定的，依此测算的出口或进口增加值，都只是一个总值，而看不到一国增加值出口的流向，也看不到进口的来源，因此，无法真正意义上探寻全球价值链分工和贸易的轨迹，更无法研究分工和贸易与增加值之间的内在机制。

正因上述不足，学者们努力改进国际垂直专业化分工或国际价值链分工的测算方法，以及构建国际投入产出表。这样就能够建立起基于国际投入产出表、进口内生化的模型来实现贸易量向收入量的转化，也可以明确地追踪全球价值链的轨迹。

第二阶段，在全球投入产出框架下对贸易增加值进行测算，并在此基础上测算全球价值链长度以及各个"经济体-部门"所处的位置。

这一阶段代表的成果反映在由 Dietzenbacher et al.（2005），Fally（2012），Antràs et al.（2012），Koopman et al.（2008，2010，2014），Miroudot et al.（2013），Timmer et al.（2013，2014），Miller et al.（2015），Los et al.（2016），Wang et al.（2013，2017，2018)等学者所进行的研究工作中。

全球价值链研究的关键问题包括增加值的来源与分配、国际生产份额以及产业间的供给-需求联系（Borin & Mancini，2020），而增加值的分解与核算是基础。Koopman et al.（2008，2010，2014），Miroudot et al.（2013），Timmer et al.（2013，2014），Wang et al.（2013，2017，2018)等学者从 21 世纪初开始就进行了创造性的研究工作，其中 Koopman et al.（2014)构建起了透明和统一的框架（简称 KWW方法）。在这一框架中，总出口被分解为 4 大类(国内增加值出口、复进口、国外增加值以及重复计算项)9 个小项，从而能够明确地追踪到增加值在全球生产和贸易中的来源与去向。这为全球价值链的细化研究奠定了基础，也成为多家国际组织建设全球价值链或增加值贸易数据库的基准。近 10 年来，全球价值链相关理论及实证研究也主要围绕这一框架而展开。

但是，全球价值链研究不仅需要测算全球总体层面和一国层面的增加值流转及平衡，还需要从区域、双边国家、部门等层面进行细分，并反映不同生产类型的全球安排。而基于标准里昂惕夫模型建立的 KWW 方法，虽然也能够对部门层面的增加值进行估计，但缺陷是只适用于国家总体层面，并且只是针对最终需求或出口，而无法解决双边和部门层面的中间品贸易流动的增加值分解。对此，

Los et al.(2016)提出了分解单边和双边贸易流的"情景假设法"。Wang、Wei、Zhu(2018)则通过改进里昂惕夫标准模型推导了一整套国家-部门、双边层面的增加值分解指标。①首先根据最终吸收地将中间品贸易流表示为最终需求，同时基于后向产业联系追踪最终品中的增加值来源，进而对中间品贸易流进行分解，建立起国家-部门以及双边部门层面的增加值分解框架，从而能够通过中间品在部门间的流转来追踪国际生产共享的结构(简称 WWZ 方法)。他们认为，这一框架是相对 KWW 方法的重大新进展。这里将主要借鉴 WWZ 方法进行全球生产网络分析，在后续章节中对此方法再作详细述评。

在增加值核算和分解基础上，学者还着力于量化全球价值链上的生产关联。Dietzenbacher et al.(2005)首次提出"平均传递步长"(Average Propagation Length，APL)指标，用于测量产品生产中产业间联系的"经济距离"，以形象化描述生产链形式上的生产结构。如果说此前经济学理论着眼于研究产业间的"联系强度"，那么，"平均传递步长"则将产业间联系的研究推进到"联系长度"。这引发了后续的价值链长度、位置以及生产复杂度等相关研究的兴起。最初，Dietzenbacher et al.(2005)主要是基于国内投入产出的增量变动推导 APL，并且不考虑产业自身的投入产出联系。后来，Dietzenbacher et al.(2007)以及 Inomata(2008)、Escaith et al.(2013)又将其拓展到跨国产业联系研究。倪红福(2016)证明，若纳入产业自身的联系以及总量变化，他所提出的广义增加值平均传递步长(VAPL)以及 Fally(2012)、Antràs(2012)等学者提出的上游度、下游度指标与 APL 只相差一个固定数值，说明现有的价值链或生产链长度、位置的测量方法在经济学理论和数理逻辑上是基本一致的，可以形成统一的逻辑框架。

Fally(2012)从产出分配角度提出了产品生产阶段数(N)和上游度(D)两项指标，以产业的增加值为权数测量生产链长度和生产环节位置。从其方法推导上看，D 反映的是产业的前向联系，N 反映的是产业的后向联系。Antràs et al.(2012)则从投入来源角度推导了价值链长度和上游度指标。他们将其上游度定义

①　王直(Wang Zhi)、魏尚进(Wei ShangJin)、祝坤福(Zhu KunFu)在 2013 年撰写的 NBRE 研究报告中就双边和部门层面国际生产分享的量化指标及测算方法进行了详细论述，2017 年和 2018 年作了修订和简化。这里主要参考 2018 年的版本。

为 U_{1i}，将 Fally（2012）的上游度（D）定义为 U_{2i}，并认为，两者是从不同方向来测算的，虽然在形式上有区别，但经过简单处理后，两者是相等的，即 $U_{1i} = U_{2i} = U$。正因如此，Miller et al.（2015）对这两种测算方法进行了梳理，提出了"产出上游度"（OU）、"投入下游度"（ID）两个指标，并将其运用于国际间上游度和下游度的测算。经过推导，OU 与 U_{1i} 是一致的，量化了从生产环节到最终使用部门的平均上游位置。类似地，ID 测量在数学上完全等价于 U_{2i}，量化了"序贯地包含在一定产品的生产中工厂的加权平均数目"。不过，各项指标的经济学解释会有所不同。Wang et al.（2017）也基于双边、部门层面的增加值分解，提出了衡量全球价值链参与度、生产链长度等指标。

　　总体而言，基于投入产出模型测算增加值贸易和研究全球价值链，近年来已取得一些实质性进展，也为全球生产网络分析提供了基础。但是，在实证研究中，全球价值链相关指标的测算，以及对全球生产活动特征的揭示与投入产出表部门细分程度、技术系数设定存在较大关系，这可能造成理论分析结果与实际状况并不完全对应。因而，利用投入产出表对全球价值生产深入研究，并作出更贴近现实的解释仍有较大的空间。①②

二、增加值分析指标及测算方法

　　正如前述，KWW 方法将一国的总出口分解为国内增加值出口、复进口、国外增加值以及重复计算项，这一方法得到广泛运用。在此基础上，WWZ 方法不仅将 KWW 方法延伸到双边、部门、双边-部门层面，而且将 KWW 方法的四个类别进一步分解为更精细的结构。为了与全球生产网络的分析相对接，这里主要概述全球及双边层面的增加值生产和流转以及其他相关指标，同时，对增加值指标及核算方法在全球生产网络分析中的运用进行探讨。

（一）国内增加值出口（DVT）

　　全球价值链的本质是增加值在各个经济体-部门之间序贯流转，体现了由供

---

　　①　若昂·阿马多尔，菲利波·迪毛罗. 全球价值链时代：测算与政策问题. 上海：上海人民出版社，2017：4-5.

　　②　倪红福. 全球价值链位置测度理论的回顾和展望. 中南财经政法大学学报，2019（3）：112-114.

给和需求带来的生产联系。在以增加值核算全球及双边贸易时，国内增加值出口（DVT）是一个净值概念，表达式如下：

$$\text{DVT}^{sr} = (V^s L^{ss})^{\text{T}} \# Y^{sr} + (V^s L^{ss})^{\text{T}} \# (A^{sr} B^{rr} Y^{rr}) + (V^s L^{ss})^{\text{T}} \#$$

$$\left[A^{sr} \sum_{t \neq s, r}^{G} B^{rt} Y^{tt} + A^{sr} B^{rr} \sum_{t \neq s, r}^{G} Y^{rt} + A^{sr} \sum_{t \neq s, r}^{G} B^{rt} \sum_{u \neq s, t}^{G} Y^{tu} \right] \qquad (1\text{-}7)$$

式（1-7）是基于WWZ（2018）中式（19）的重新表述。V代表直接增加值系数行向量；Y代表最终品列向量；$L^{ss} = (I - A^{ss})^{-1}$，是$s$国本地的里昂惕夫逆矩阵；$A$代表直接消耗系数矩阵；$B = (I - A)^{-1}$，是全球里昂惕夫逆矩阵；上标表示国家；"#"为元素式矩阵乘法运算（即两个矩阵的对应元素直接相乘）；T表示转置。

式（1-7）等号右侧的第一项是s国最终品出口中的国内增加值，吸收地为r国；第二项是s国中间品出口中的国内增加值，吸收地为r国；第三项是s国中间品出口中的国内增加值，经r国加工后再出口到t国，此项为s国到t国的国内增加值的间接出口。这三项均在出口之后被其他国家最终吸收，且对于s国而言不存在复进口的情况，是增加值的净出口，WWZ（2018）将其称为国内增加值出口。对增加值贸易尽管在核算框架上基本一致，但在理论研究和实际运用中也有着不同的表述，口径有所差异。具体细节在本章附录中进行了探讨。

基于DVT可以构建整体的增加值贸易网络，两个节点的边线表示两个经济体之间的"净直接联系"，不含国外成分，而且多次跨越同一边境的部分只在第一次跨境时计入两者的增加值贸易联系。

对s国和r国，式（1-7）中的第一项和第二项反映的是两国之间的最终品和中间品的直接贸易关系或生产联系，并且r国是最终吸收地，两国之间无疑可以直接连线，权重为s国向r国的增加值出口量。而第三项则有所不同，s国与r国之间仍有直接中间品贸易关系和生产联系，r国与t国之间也有直接中间品贸易关系和生产联系，s国与r国、r国与t国之间可以直接建立连线，但s国与t国之间只是间接的贸易关系或生产联系，s国的国内增加值是通过r国间接出口到了t国，在增加值贸易总体核算上，s国的国内增加值出口被重复计算了一次，因此，s国和t国之间不能直接建立连线，r国与t国之间的直接贸易关系的权重仅为它们之间本身的国内增加值往来数量。可见，式（1-7）等号右侧的前三项计算的是s国与r国之间的直接增加值出口数量，包括通过r国的间接出口。

(二)国内增加值复进口(RVT)

全球生产分工是指产品由多国共同生产,各企业凭借其自身的比较优势嵌入全球生产网络。这就意味着,s 国可能承担了其中的多个环节,也即 s 国出口中间品,经 r 国加工后返回,由 s 国生产最终品并在本地消费,或是 s 国出口中间品后以最终品返回。这些包含在产品中的国内增加值先出口又返回,属于国内增加值的复进口,表达式为:

$$\text{RVT}^{sr} = (V^s\, L^{ss})^{\text{T}} \# \left[A^{sr}\, B^{rr}\, Y^{rs} + A^{sr} \sum_{t \neq s,\, r}^{G} B^{rt}\, Y^{ts} + A^{sr}\, B^{rs}\, Y^{ss} \right] \tag{1-8}$$

式(1-8)右侧第一项是从直接进口国 r 复进口的最终品中所含的国内增加值;第二项是中间品经 r 国加工后,又出口到 t 国,并由 t 国生产出最终品,且回到 s 国消费;第三项是从 r 国复进口中间品,进而生产最终品并在本地消费。

由此可见,复进口可以是最终品,也可以是中间品,但后者必须在本地完成生产并消费。从贸易统计来看,复进口被记作 s 国的出口一次,又被记作 r 国或 t 国的出口一次,因而,这部分被多国重复出口。然而,对 s 国而言,这部分只出口一次,属于国内增加值净值而非重复计算项。从生产过程来看,复进口的三项均表示 s 国和 r 国参与了跨境生产,但需注意两点:

第一,如果第三国 t 参与了最终品的生产,则 t 国与 r 国或 s 国同样建立了生产联系,这一部分可通过分解 t 国和 r 国、t 国和 s 国之间的贸易流来反映,在讨论 s 国与 r 国的跨境生产联系时,暂不考虑第三国 t。

第二,在有向的跨境生产网络中,s 国的复进口所对应的边线究竟是 s 指向 r,还是 r 指向 s,这一问题取决于我们采用哪种增加值来反映跨境生产。由于 s 的复进口对 s 而言是出口中的国内增加值,对 r 而言是出口中的国外增加值,因此,如果用国内增加值来构建跨境生产网络,则应是 s 指向 r 的连线;如果用国外增加值来构建跨境生产网络,则应是 r 指向 s 的连线。

(三)出口中的国内增加值(DVX)

全球生产网络主要是基于双边层面的增加值生产和贸易关系来构建,作为"净值"的 DVT 是从全球总体来进行核算,而在双边层面上若采用"净值"核算则可能存在偏误，其中主要涉及复进口是否应该包含的问题。

以三个国家为例来说明，s 国中间品出口到 r 国，r 国生产中间品后返回 s 国，s 国再加工成中间品或最终品出口到 t 国并被当地吸收。将这三个国家作为一个整体来核算，s 国的国内增加值出口被重复计算了，但从双边层面来看则会存在遗漏。首先，对 s 国和 r 国双边贸易，s 国首次出口中间品所包含的国内增加值到 r 国，若核算"净值"，则不包括复进口部分，而后从 r 国返回到 s 国时，核算的只是 r 国的国内增加值，并不包括被返回的 s 国的国内增加值（因为 s 国出口到 r 国的国内增加值并非都会复进口），从而 s 国复进口的国内增加值从双边出口中均未核算，这就造成 s 国对 r 国出口的国内增加值被缩小，也就会对两国之间的生产联系程度的测量造成低估。其次，对 s 国和 t 国双边贸易，s 国将返回的国内增加值以及新增的国内增加值出口到 t 国，其中 s 国从 r 国复进口的国内增加值，在 s 国和 t 国双边层面并不存在重复计算问题。[1]若将复进口的国内增加值先就作了剔除，则必然大大缩小 s 国与 t 国之间的增加值贸易额。因此，在构建增加值贸易网络和分析双边生产关联程度时，采用出口中的国内增加值会更准确。当然，仅考虑双边贸易时纯重复计算的国内增加值部分也应包括在内，但这等同于贸易总额，并且，重复计算部分主要适用于反映跨境生产。这一方面我们在后续的跨境生产中加以处理。

在此，我们按 WWZ（2018）的 DVA_G 核算出口中的国内增加值（DVX），以用于全球生产网络的构建。

$$\mathrm{DVX}^{sr} = (V^s\,B^{ss})^{\mathrm{T}}\#\,Y^{sr} + (V^s\,L^{ss})^{\mathrm{T}}\#(A^{sr}\,B^{rr}\,Y^{rr})$$

$$+\,(V^s\,L^{ss})^{\mathrm{T}}\#\Big[A^{sr}\,B^{rr}\sum_{t\neq s,\,r}^{G} Y^{rt} + A^{sr}\sum_{t\neq s,\,r}^{G} B^{rt}\,Y^{tt} + A^{sr}\sum_{t\neq s,\,r}^{G} B^{rt}\sum_{u\neq s,\,t}^{G} Y^{tu}\Big]$$

$$+\,(V^s\,L^{ss})^{\mathrm{T}}\#\Big[A^{sr}\,B^{rr}\,Y^{rs} + A^{sr}\sum_{t\neq s,\,r}^{G} B^{rt}\,Y^{ts} + A^{sr}\,B^{rs}\,Y^{ss}\Big] \tag{1-9}$$

---

① 对增加值核算中的"重复计算项"，Borin et al. (2019) 提出了不同看法。他们认为是否存在重复计算取决于研究问题的边界和视角。在双边层面，两国之间的"净"增加值只取决于这两个国家之间的增加值贸易往来，它们各自与其他国家之间的增加值多次跨境并不能算作这两个国家的"重复计算"项。这一认识对我们具有启发意义。参见 Borin A, M Mancini. Measuring What Matters in Global Value Chains and Value-Added Trade. Policy Research Working Paper 8804, 2019：4（Background Paper for World Development Report 2020）.

式(1-9)右侧四项的含义分别为：第一项是最终品出口中的国内增加值；第二项是被进口国最终吸收的中间品出口中的国内增加值；第三项是中间品出口后，又间接出口(最终品或中间品)到第三国的国内增加值；第四项是复进口，从产品类型看，以最终品或中间品形式返回均可包含在内，但以中间品返回的部分不能再次出口(正如式(1-9)最后一行的最后一项，返回后生产供本地消费的产品)，若再次出口，则计入重复计算项；从返回的来源国看，可以是直接进口国 r，也可以是第三方国家 t。

这四项对应 WWZ(2018)总出口分解式(18)的 1，2，3，4 项，是出口中的国内增加值，不含国内重复计算部分(WWZ(2018)总出口分解式(18)的第 5 项)。

(四)出口中的国外增加值(FVT)

生产环节的分工意味着出口中还存在一个特殊子集——国外增加值(FVT)，这部分增加值先经中间品进口流入本国，待本国进一步加工之后又出口到其他国家。从全球范围来看，这部分增加值至少跨境两次，且其中至少有一次属于跨境生产(最终品出口所涉及的跨境属于跨境消费而不是跨境生产)，因而，可用来衡量特定经济体在全球生产中的中介作用。特定双边出口中的国外增加值 FVT^{sr} 为：

$$\text{FVT}^{sr} = (V^r B^{rs})^{\text{T}} \# Y^{sr} + \Big(\sum_{t \neq s,\, r} V^t B^{ts}\Big)^{\text{T}} \# Y^{sr} + (V^r B^{rs})^{\text{T}} \#(A^{sr} L^{rr} Y^{rr}) +$$
$$\Big(\sum_{t \neq s,\, r} V^t B^{ts}\Big)^{\text{T}} \#(A^{sr} L^{rr} Y^{rr}) \tag{1-10}$$

式(1-10)右侧前两项是最终品出口中的国外增加值，其中，第一项来自直接进口国 r，第二项来自第三国 t；后两项是中间品出口中的国外增加值，这两项分别来自 r 国和第三国 t。

这里的"国外"泛指所有除 s 国之外的其他国家，直接进口国 r 也包含其中，因而，可用来反映 s 国和 r 国之间的生产联系。由于在整体层面区分来自每个国家的增加值较烦琐，这里我们不再细分，而是将所有的国外增加值作为一个整体。

(五)跨境生产(PVT)

全球价值生产的表象是最终品和中间品的贸易流，其本质是生产环节的分工，只有为生产而跨境的物流才体现了国际生产联系。从价值核算的整体上讲，一种产品从初始投入到生产成最终品过程中的多个环节若跨境分布，就会涉及增加值的重复计算，重复计算的次数多少是基于产品的整个生产过程，即最终品来测算的。重复计算项对分析跨境生产是有意义的，它能够反映跨境生产共享安排结构，因而它与净增加值有着重要的不同经济含义。[①]为了刻画全球价值生产，我们设置"跨境生产"（PVT）这一指标，用以反映双边参与全球生产网络的复杂程度。

由此，可以确定核算跨境生产的基准：一是最终品，因为只有从初始投入到完成最终品的价值生产全过程才能确定跨境生产次数；二是只要涉及中间品贸易就一定存在着跨境生产，无论是跨境一次还是多次。

全球生产分工使得贸易中不仅含有国内成分，而且含有国外成分。就全球价值链理论而言，国内成分的子集和国外成分均可用于反映跨境生产[②]，前面对DVT、RVT、FVT的分析已说明这一点，这里我们重点分析纯重复计算的部分。纯重复计算又分国内纯重复计算和国外纯重复计算两种。国内纯重复计算指的是被 s 国多次出口的部分，多次出口便意味着无论最终品被谁生产、被谁消费，s 国和 r 国都参与了生产过程；国外纯重复计算，指的是 s 国中间品出口中来自其他国家的成分，被直接进口国 r 再次出口，在该情境下，s 国和 r 国同样均参与了跨境生产。因此，从生产的角度来看，纯重复计算项也反映了跨境生产联系。

需要注意的是，国内和国外只是相对概念。以三个国家为例，s 国出口中间品到 r 国，进一步加工之后 r 国又出口到 t 国，这一系列的贸易流表示，s 国创造的增加值经 r 国间接流转到 t 国。在第一次出口中，这部分增加值是 s 国到 r 国出口中的国内增加值；在第二次出口中，这部分增加值是 r 国到 t 国出口中的国外增加值。[③]因此，一国出口中的国内成分也会以国外增加值或国外纯重复计算的形式反映在其他国家的出口中。

---

① Wang Z，Wei S J，Zhu Kunfu. Quantifying International Production Sharing at the Bilateral and Sector Levels. NBER Working Paper 19677，2018：1.

② DVT 的第一项是双边之间的直接贸易联系，不是生产联系。

③ 这里用"增加值"可能并不合适，我们只是以一个简单的例子来说明国内成分和国外成分的相对性，不再深究到底是归为国外增加值，还是国外纯重复计算。

至此，一个关键的问题是，到底采用贸易的哪一部分来构建跨境生产网络？若基于国内成分的子集，则只能反映 s 国和 r 国之间的直接生产联系，而无法反映之后的生产状况。若利用国外成分来构建网络，则不仅揭示了 s 国和 r 国的生产联系，还表明这部分要素在到达 s 国之前便已经参与了跨境生产。对比来看，国外成分既衡量了双边之间生产联系的深度，还在一定程度上揭示了整个网络的分工复杂程度。因此，我们利用出口中的国外成分来表示跨境生产联系。

s 国出口中的国外成分在被 s 国出口之前，至少已经参与了一次跨境生产，这部分要素(既包含增加值，又包含重复计算)体现了不同国家间的生产联系，表达式为：

$$\mathrm{PVT}^{sr} = (V^r B^{rs})^{\mathrm{T}} \# Y^{sr} + \left(\sum_{t \neq s, r} V^t B^{ts} \right)^{\mathrm{T}} \# Y^{sr}$$

$$+ (V^r B^{rs})^{\mathrm{T}} \# (A^{sr} L^{rr} Y^{rr}) + \left(\sum_{t \neq s, r} V^t B^{ts} \right)^{\mathrm{T}} \# (A^{sr} L^{rr} Y^{rr})$$

$$+ (V^r B^{rs})^{\mathrm{T}} \# (A^{sr} L^{rr} E^{r*}) + \left(\sum_{t \neq s, r} V^t B^{ts} \right)^{\mathrm{T}} \# (A^{sr} L^{rr} E^{r*}) \qquad (1\text{-}11)$$

式(1-11)右侧的 6 项，对应于 WWZ(2018)总出口分解式(18)的第 6、7、8 项，可分为三类：

式(1-11)前两项是第一类，是 s 国到 r 国的最终品出口中的国外增加值，其中，第一项是来自 r 国的增加值，第二项是来自第三国的增加值。

第三、四项是第二类，是 s 国出口到 r 国的中间品中所含的国外增加值，第三项和第四项分别来自 r 国和第三国。

最后两项是第三类，是 s 国到 r 国的中间品出口中的国外纯重复计算部分，第五项和第六项分别来自 r 国和第三国。从增加值核算的角度来看，第三类属于重复计算；但从生产来看，这一部分恰恰反映了生产环节的分工，因此，应将该部分纳入跨境生产网络的核算范围。

(六)GVC 参与度

GVC 参与度是特定生产主体在国际生产网络中的嵌入度，揭示其与其他主体联系的紧密程度。从贸易的角度来看，在全球生产中，每一企业均使用上游企业的中间品投入，同时还生产下游企业所需要的中间品，也就意味着这些企业通过前向的生产联系和后向的生产联系紧密结合在一起。也可采用增加值术语描述这一关系，简单来讲，GVC 参与度表示一国生产的增加值中与全球生产活动相关的比例。基于对增加值和最终品的分解，WWYZ(2017a)构建了一对 GVC 参与度指数：

$$GVCPart\_f = \frac{\hat{V}L\,A^F BY}{Va'} \tag{1-12}$$

$$GVCPart\_b = \frac{VL\,A^F B\,\hat{Y}}{Y'} \tag{1-13}$$

式(1-12)是基于前向联系的 GVC 参与度，右边分母是国家-部门生产的总增加值，分子是国家-部门中间品出口中的国内增加值。式(1-13)是基于后向联系的 GVC 参与度，右边分母是国家-部门生产的最终品，分子是国家-部门中间品进口中的国外增加值。其中，$L=(I-A^D)^{-1}$，A^D 为国内直接投入，$A^F=A-A^D$ 为进口中间品投入。Va' 表示增加值行向量的转置，Y' 表示最终使用列向量的转置。前向联系的 GVC 参与度(GVCPart_f)反映了一国创造的增加值有多大份额用于其他国家的生产活动，是与其他国家的下游生产联系；后向联系的 GVC 参与度(GVCPart_b)反映了一国生产的最终品中有多大份额来自其他国家的生产活动，是与其他经济体的上游生产联系。

(七)GVC 生产长度

GVC 生产长度是指，在最终品的生产过程中，与一定初始投入相关的增加值被计为总产出的次数，也即这部分增加值在整个生产链中的流转次数。对于特定的国家-部门，其通过供给和需求嵌入在 GVC 中，因而，WWYZ(2017b)从两个方向考察生产长度：

$$PLv\_GVC = \frac{Xv\_GVC}{V\_GVC} = \frac{\hat{V}BBY - \hat{V}LLY}{\hat{V}L\,A^F BY} \tag{1-14}$$

$$PLy\_GVC = \frac{Xy\_GVC}{Y\_GVC} = \frac{VBB\,\hat{Y} - VLL\,\hat{Y}}{VL\,A^F B\,\hat{Y}} \tag{1-15}$$

式(1-14)对应于 WWYZ(2017b)的式(30)，是基于供给侧定义的前向生产长度(PLv_GVC)，表示国内增加值在最终品生产过程中的流转次数，这部分增加值由本国创造，并最终由下游国家生产出最终品，或是经中间品出口之后又回到本国生产出最终品。

式（1-15）对应于 WWYZ（2017b）的式（31），是基于需求侧定义的后向生产长度（PLy_GVC），表示国外增加值在最终品生产过程中的流转次数，这部分增加值由上游国家创造，并最终由该国生产出最终品。

（八）GVC 位置

GVC 位置是一个相对概念，与生产长度密切相关。对比来看，前向生产长度是以增加值的去向来揭示本部门到最终品的距离，也即到生产线终点的长度；后向生产长度是以最终品中的增加值来源来揭示本部门到初始投入的距离，也即到生产线起点的长度。因此，WWYZ（2017b）用两者的比值来反映某国家-部门在全球价值链中的位置（GVCPs）：

$$GVCPs = \frac{PLv\_GVC}{(PLy\_GVC)'} \tag{1-16}$$

若前向生产长度大于后向生产长度，则该比值大于 1，这意味着该部门在 GVC 中处于相对上游的位置；反之则位于相对下游的位置。式（1-16）还表明，为确定某一部门在 GVC 中所处的位置，必须首先确定与该部门相关的所有生产线的起点与终点，因此，GVC 位置也是一个相对概念。

三、全球生产网络分析指标及测量方法

将社会网络分析方法运用到全球生产网络研究中，在近 10 年逐渐受到重视。起初，相关文献主要集中于国际贸易网络和一国或区域的产业网络分析。之后，一些学者尝试将全球价值链方法与社会网络分析方法相结合，研究全球生产网络的拓扑特征、节点（国家-部门）的关联以及地位，包括网络的集约性、广延性、同配性、社团性等。这些都推动了全球生产网络的研究。但是，现有研究主要是通过构建增加值贸易网络对全球生产网络进行分析，虽然增加值贸易是全球生产的重要组成部分，但并不限于此，还应包括跨国直接投资、投资贸易制度安排等内容。如何将这些内容纳入，以拓展全球生产网络研究是今后研究工作的一个方向。

这部分我们借鉴已有的研究成果，对运用于全球生产网络分析的主要指标和

方法进行分述。

（一）网络密度

密度是网络分析中最常用的一种指标，反映的是网络中各个行动者或节点之间联系的密切程度。网络密度越大，说明网络中行动者之间联系越密切，反之，则行动者之间关系越松散。

网络密度分为整体网密度和整体网中的"个体网密度"。由于密度对网络规模很敏感，不同规模的网络密度不具有可比性，但可以就相同网络不同时期的密度进行比较分析。在针对全球整体性的生产网络时，我们采用整体网分析。后文我们在分析中国-部门参与全球生产网络时，采用的是局域网，是从全球生产整体网中提取，因而仍采用整体网分析方法。

整体网密度测量的是整个网络中所有节点之间的联系程度。有向二值矩阵的密度公式为：

$$D = \frac{\sum \sum x_{ij}}{N \times (N-1)}, \ i \neq j \tag{1-17}$$

式(1-17)中，D 为整体网密度；x_{ij} 为元素值；N 为网络规模。分子为节点之间实际关系数总和，分母为理论上最大可能关系数。

个体网密度测量的是某个核心节点和与之具有直接关系的其他节点组成的网络中，其他节点之间的直接关系。它反映的是核心节点所嵌入的个体网的联系程度。公式为：

$$D_i = \frac{\sum \sum x_{ij}}{(n-1) \times (n-2)}, \ i \neq j \tag{1-18}$$

式(1-18)中，D_i 为节点 i 的个体网密度；n 为个体网的所有节点数。由于整体网中个体网的规模不包括节点 i 本身，故分母为 $(n-1) \times (n-2)$。分子是与核心节点有直接关系的其他节点之间直接关系数的总和。

可以清楚地看出，网络密度利用节点之间实际关系总和占理论上最大可能关系数的比例来刻画网络的紧密程度。密度高则意味着整体网中节点之间联系密切，该网络属于紧密型，反之则呈松散型。

（二）联系广度

度数是社会网络分析中最基本的指标，以节点之间联系的数目来测算。在二值有向邻接矩阵中，度数可分为出度和入度。出度 out_{ij} 指的是节点 i 向其他节点 j 的直接输出关系个数，入度 in_{ji} 是节点 j 来自节点 i 的直接输入关系个数，两者均为绝对值。为了使同一个节点的度数在不同网络中具有可比性，需要进行标准化处理，将出度与节点可能存在的最大出度（$N-1$）之比定义为出广度 $\text{ext}_i^{\text{out}}$，将入度与节点可能存在的最大入度（$N-1$）之比定义为入广度 ext_j^{in}。在全球生产网络中，这两个指标反映节点（国家-部门）之间联系广度。公式为：

$$\text{ext}_i^{\text{out}} = \frac{\sum_{j \neq i}^{N} \text{out}_{ij}}{N-1} \tag{1-19}$$

$$\text{ext}_j^{\text{in}} = \frac{\sum_{i \neq j}^{N} \text{in}_{ji}}{N-1} \tag{1-20}$$

式（1-19）和式（1-20）中，N 为网络中的节点数，（$N-1$）意味着不考虑节点自身。

网络密度和联系广度都是基于二值矩阵进行测算的，两者有相似之处，但也有着不同。网络密度反映的是整体网中所有节点之间的联系状况，而联系广度是所需考察的节点与其他节点之间的联系状况，因而考察的层面或视角有所不同，并不能完全等同。在社会网络分析方法中，联系广度可以用于衡量特定节点在网络中的地位，特定节点联系广度较大，意味着该行动者在网络中的中心性高，影响力强，反之影响力则弱。

（三）联系强度

不论是出广度还是入广度，都是基于二值矩阵提出的概念，也即从关系存在性的视角分析网络中各节点的重要性。然而，在不同属性的网络中，节点的重要性不仅仅和联系其他节点的数目有关，更与联系的具体内容以及权重相关，也即网络中的边线到底传递的是什么以及传递了多少。在社会网络分析中，虽然节点度数的高低能够反映节点在网络中的权力、地位和影响力,但节点之间联系的次数以及传输的信息流不同,节点的影响力程度也会不同。Granovetter(1973)和Brown et al.(2001)在研究社会关系时就专门阐释了社会网络联系强度。在生产网络中,节点之间的生产和贸易联系,无论是直接的还是间接的,一定会伴有物质上的往来,可以是物品也可以是货币资本,从而,经济联系往往可以通过物品或货币运动轨迹来识别出。事实上,投入产出模型以及由此衍生的价值链或生产链、供应链参与程度和长度等就是基于此来研究主体之间的经济联系。这意味着特定节点在网络中的影响力大小不仅取决于与多少个节点存在着联系,还取决于联系的物质流量或价值流量大小。刘景卿等(2019)采用网络集约性和网络广延性两项指标考察 FDI 流动与全球价值链分工中各个节点的关联强度和广度。在增加值贸易网络中,最具影响力的国家既和许多国家存在增加值贸易往来关系,同时其与各国之间的增加值流量在伙伴国的增加值贸易总额中所占比重也可能会相对较大,这就需要考察节点之间的联系强度。一些学者在研究 GVC 网络时构建了新的指标——出强度与入强度,揭示一国输出或接收价值流的能力,从而更准确地反映参与 GVC 生产的各国之间的相对重要程度(马述忠,2016;Hao Xiao et al.,2017;孙天阳等,2018)。参照该思路,本书以出强度来衡量一国直接输出的价值流占整个网络价值流输出总量的比重,以入强度来衡量一国直接接收的价值流占整个网络价值流接收总量的比重。

$$\text{int}_i^{\text{out}} = \frac{\sum\limits_{j=1}^{n} w_{ij}}{\sum\limits_{j=1}^{n} \sum\limits_{i \neq j}^{n} w_{ij}} \tag{1-21}$$

$$\text{int}_j^{\text{in}} = \frac{\sum\limits_{i=1}^{n} w_{ji}}{\sum\limits_{j=1}^{n} \sum\limits_{i \neq j}^{n} w_{ij}} \tag{1-22}$$

式(1-21)和式(1-22)中,w_{ij} 和 w_{ji} 分别为节点的直接输出和直接接收的价值流。

显然,强度侧重于网络中节点联系的流量值,是基于加权矩阵构建的指标;而广度侧重于节点连接边线的条数,根据二值邻接矩阵计算而得。两者各从一个侧面反映节点之间的联系程度。

经济学中也有强度指标，如出口强度，指企业出口额占总产值的比例。全球价值链中 VSS 值反映一国或一产业参与全球价值链的程度，它是出口品中进口中间品所占比例。无论是出口强度还是 VSS，都只是基于总额计算的比例值，而无法反映经济主体之间的关系数量，也即没有反映一国与多少个伙伴具有生产和贸易关系。如果用社会网络分析方法中的强度指标，则可以测度全球生产整体网中行动者之间的相互关系及程度。

第五节　本章小结

在第一章我们的主要任务是对全球价值链理论的基本分析框架与方法、社会网络分析方法进行简介，基于这两种理论构建全球生产网络，为后续的研究提供基础。这一章的主要内容总结如下：

1. 20 世纪下半叶以后，经济全球化逐步走向产品生产环节"碎片化"，从设计理念到最终使用的各个环节分布于不同的经济体，各个环节承担相应的工序任务并创造价值，整个产品的价值形成过程宛如链条，被称为"全球价值链"。在空间分布上，跨国公司在全球范围内配置资源，构建生产经营体系，各个环节以及产业间关联既表现为"链"状，也表现为"网"状，构成一个复杂的、不断演化的网络结构，这就是"全球生产网络"。

2. 对全球价值链的研究，近 20 年已得到快速而深入推进，已形成较清晰的理论分析框架和测算方法体系。将社会网络分析方法（SNA）与全球价值链理论（GVC）相结合，一些学者尝试运用全球生产和贸易网络的研究，这对经济全球化理论显然是一种新的拓展，也是一项跨学科的创新工作。

3. 经济学理论研究经济行为人及其相互关系，社会网络分析方法基于行动者（节点）、关系（边线）两个基本要素，研究关系网络构件、类型及因果关系，并通过定量方法分析节点的位置、权力、凝聚力等。社会网络分析采用的是邻接矩阵形式，而全球价值链定量分析也是基于投入产出矩阵，可见两者研究问题的出发点和基本逻辑是相通的。社会网络分析方法将计量社会学和图论相结合，开发数据处理技术和应用软件，使得社会网络分析能够用定量和可视化方式来描述由节点及其关系构成的网络，这是社会网络分析方法的一大优势，将其引入经济学研究中，有利于对经济行动者(节点)之间的交互经济联系、关键因素、全球生产网络结构进行可视化，从而丰富经济学的研究方式和方法。

4. 全球生产网络的基础是产品生产环节的空间分布，核心是中间品、最终品贸易及其增加值流转。将社会网络分析方法运用于投入产出关系分析时需要做一些转换工作。一是全球生产网络的节点由参与全球生产的经济体和部门相匹配组成，以"经济体-部门"表示；边线连接存在关系的节点，在总体层面上表示节点之间存在的直接和间接联系，在双边层面上表示节点之间存在的直接联系，以此构建全球生产的二值矩阵和多值(权重)矩阵。二是社会网络分析方法和投入产出模型都可以反映节点之间的直接联系和间接联系。如投入产出模型和方法可以测度直接消耗系数和间接消耗系数、生产链长度等；社会网络分析方法也测度间接关系，如关系距离或路径长度、六度分隔等。但是，能否将社会网络分析中反映间接关系的相关指标和方法运用于全球生产网络分析，需要依据经济学的逻辑关系来判别。三是全球生产网络中节点之间经济联系的定量分析需要将社会网络分析方法与全球价值链方法相结合。社会网络分析中的中心性、影响力、关联性以及凝聚性等核心指标及方法是网络拓扑特征分析的有力工具，可以弥补经济学对经济关系分析在方法上的不足。全球价值链的增加值贸易、嵌入度、生产位置及长度等核心指标及方法为网络联系强度的测算提供了基础。

5. 根据研究需要，可以设定网络层次和规模。整体网分析着重于全球生产网络总体结构，局域网可以分析地理区域生产网络，个体网用于分析单个经济体-部门的全球生产网络。还可以构建2-模网络将两个不同属性的网络，如国际经济组织或协定、国际直接投资等作为一个网络，参与全球生产的经济体作为另一个网络，根据隶属关系将两个网络中节点进行连接，探寻全球生产网络形成的原因、拓扑特征以及节点行为规律。

6. 网络密度、联系广度和联系强度是社会网络分析的几个最基础性的指标。

网络密度反映各个行动者或节点之间联系的密切程度，一般用节点关系数量即边线数占理论上最大可能关系数的比重来表示。通过网络密度的大小及变化可以刻画网络联系的松紧程度以及演化态势。边线方向为产出发出和投入接收的指向，在图形上以箭头表示。边线的数量反映节点的联系广度，分为出广度和入广度。网络密度和联系广度都是基于二值矩阵进行测算的，两者有相似之处，但也有着不同。网络密度反映的是整体网中所有节点之间的联系状况，而联系广度可以用于衡量特定节点在网络中的地位。特定节点联系广度较大，意味着该行动者在网络中的中心性高，影响力强；反之影响力则弱。在经济活动中，行动者之间的经济联系以及在网络中的影响力，不仅取决于联系广度，还取决于联系的物质流量或价值流量大小，因此，需要构建在全球生产网络中各个节点的输出或接收价值流的能力的指标，即联系强度，分为出强度和入强度，以揭示各节点在网络中的相对重要程度。

7. 在全球生产网络中，节点之间价值流的度量，从而联系强度的测算以全球价值链的增加值分解与核算方法为基础。Koopman et al. (2014)构建起了透明和统一的框架，一国的总出口被分解为4大类(国内增加值出口、复进口、国外增加值以及重复计算项)9个小项，从而能够明确地追踪到增加值在全球生产和贸易中的来源与去向(简称 KWW 方法)。后来，Wang，Wei，Zhu(2018)则在此基础上，通过改进里昂惕夫标准模型推导了一整套国家-部门、双边层面的增加值分解指标(简称 WWZ 方法)，建立起经济体-部门以及双边部门层面的增加值分解框架，由此可以根据中间品在部门间的流转来追踪国际生产共享的结构。本书将主要借鉴 KWW 方法和 WWZ 方法进行全球生产网络分析。

8. 本书主要采用出口中的国内增加值(DVX)和跨境生产(PVT)等指标对全球生产网络进行定量分析。DVX 包括一国出口品中所含的国内增加值净值和复进口两项，它能够更准确地反映双边层面的增加值联系。PVT 反映的是生产环节序贯衔接而引起的增加值多次跨境流转，虽然造成价值的重复计算，但对分析跨境生产是有意义的，可以刻画特定双边参与全球生产网络的复杂程度。除了增加值联系之外，有关嵌入度或参与度、生产位置和生产长度等指标也将运用于全球生产联系的分析之中。

附录：几种增加值贸易概念的辨析

一、增加值贸易和贸易增加值

以增加值作为国际生产和贸易统计的标准，需要区分两个术语："Trade in Value Added"（TiVA）和"Value Added in Trade"（VAiT）。TiVA 是基于最终品核算直接和间接包含在另一个国家最终需求中的一个国家创造的增加值，而 VAiT 则是基于总贸易核算国与国之间的增加值流动（Stehrer，2012）。

TiVA 和 VAiT 虽然核算的标准都是增加值，核算的基础方法一致，但核算的基准、范围和目的都有所不同。前者侧重于从特定国家的角度核算本国生产的产品中所包含的国内增加值和国外增加值，继而在全球总的最终需求中直接和间接包含的一国所创造的增加值，核算的目的是特定国家的增加值创造或对最终品价值形成的贡献。后者侧重于核算国与国之间贸易流量中的增加值含量，核算的目的是国家之间以及全球的贸易平衡。①②经济合作与发展组织（OECD）和世界贸易组织（WTO）采用的是 TiVA 核算体系，并建立 TiVA 数据库。相关指标测算的是一国货物和服务进出口贸易中所包含的国内增加值和国外增加值。

这两个术语涉及的另一个问题是中文译名各不相同，易产生理解和使用上的混淆。多数国内学者将 TiVA 译为"贸易增加值"，将 VAiT 译为"增加值贸易"，也有学者采用的译名正好相反。盛斌（2013）在有关 OECD-WTO 的 TiVA 统计体系解读的一篇文献中，采用的译名是"贸易增加值"，而夏明和张红霞（2015）则主张将 TiVA 译为"增加值贸易"，将 VAiT 译为"贸易增加值"。由于多数研究主要是测量和分析特定国家在全球生产和贸易中所创造的增加值，或者对最终品价值形成的贡献，采用"贸易增加值"这一译名更能明确测量和分析的侧重点在于对外

---

① Robert Stehrer. Trade in Value Added and the Value Added in Trade. WIIW Working Papers 81, 2012：1-19.

② 夏明，张红霞. 增加值贸易测算：概念与方法辨析. 统计研究，2015(6)：28-35.

贸易中的增加值，而"增加值贸易"着重于全球贸易，这可能是造成译名各不相同的主要原因。尽管如此，对 TiVA 和 VAiT 仍不能混同。这里为了与已有的多数研究和数据库相衔接，也出于测量和分析的主要目的是全球价值生产中国家之间的增加值流转，故将 TiVA 作为"贸易增加值"，将 VAiT 作为"增加值贸易"，并主要测量和分析"贸易增加值"，必要时也对"增加值贸易"的测量方法作出说明。

二、增加值跨境生产与消费

我们还需要厘清"增加值跨境生产""增加值贸易"或"贸易增加值""增加值跨境消费"之间的差异。

增加值由产品生产过程中各个环节使用生产要素所创造。在全球生产分工和贸易下，特定国家-部门在某一生产环节上创造的增加值通过前向联系跨境到其他生产环节进一步生产，直至凝结到最终品中，这一过程是由中间品在国家-部门间的贸易而连接的，包含于中间品的增加值也随之流转，而在最终品生产完成之前，中间品及增加值得到不断生产，因而称为"增加值跨境生产"。最终品生产完成后，无论是在最终品生产国家本地消费还是出口，均不存在进一步生产而只是消费，因而最终品出口/进口称为"增加值跨境消费"。由此，当我们将全球价值链生产活动界定为至少发生一次及以上跨境生产过程时，只有有形的和无形的生产要素以及中间品为了产品生产活动进行了跨境，才算作全球价值链生产活动或"增加值跨境生产"。最终品贸易中所包含的增加值可以计在"增加值贸易"或"贸易增加值"之中，但不应多计算一次"增加值跨境生产"。例如，完全由 A 国生产要素生产的最终品出口到 B 国，最终品中包含的 A 国增加值跨境了一次被 B 国消费，但没有进行跨境生产。同理，由 A 国生产的中间品出口到 B 国进一步加工成最终品再出口到 C 国，那么，A 国的中间品到 B 国进行跨境生产一次，但 B 国加工的最终品出口到 C 国时，既不存在 A 国的中间品，也不存在 B 国的增加值跨境到 C 国再生产一次，只是 A 国和 B 国包含在最终品中的增加值在 C 国进行跨境消费而不是跨境生产，A 国的增加值跨境了两次，B 国的增加值跨境了一次。因此，B 国加工的最终品仍只存在跨境生产一次，跨境消费一次，而不是跨境生产两次。

Wang et al.（2017a）将企业参与国际生产的途径分为四种：（1）包含国内增加

值的中间品出口，由直接进口国生产并供本地消费的最终品；(2)包含国内增加值的中间品出口，由直接进口国为第三国生产产品；(3)进口中间品生产出口品；(4)进口中间品生产国内使用的产品。显然，从国际生产角度讲，完全由一国生产或供本地消费，或出口的最终品并不在其内，应归为"传统贸易"（Wang et al.，2017a；Borin et al.，2020）。一种产品从初始投入到进入最终使用领域之前的生产过程至少存在跨境生产一次才属于国际生产的范畴。这在理解全球生产和贸易之间的差异，以及测量生产链长度时是需要注意的。

第二章　全球生产网络的拓扑特征

第一节　数据来源及说明

一、数据来源

本书采用的全球投入产出数据来源于经济合作与发展组织（Organization for Economic Cooperation and Development，OECD）开发的跨国投入产出表（ICIO）数据库。其中，OECD-ICIO 表（2021 年版）提供了 67 个经济体单位①，基于 ISIC 第 4 版划分的 45 个部门，时期为 1995 年到 2018 年的各年份全球投入产出表。OECD-ICIOMNE 表（2018 年版）提供了 60 个经济体单位，34 个部门，时间跨度为 2005—2016 年区分内外资的各年份全球投入产出表。

为了后续研究的需要，这里先按照 OECD 发布的《2021 年版 OECD-ICIO 使用指南》，对 ICIO 表的结构、67 个经济体单位名称、45 个部门名称及编码等进行列表说明（见表 2-1 至表 2-4）。OECD-ICIOMNE 表在第三章再作简介。

---

① OECD-ICIO 数据库中所划分的 67 个经济体单位，包括 66 个单独经济体和 1 个由其他国家和地区综合而成的经济体（称为"其他经济体"）。单独经济体包括具有国家主权和经济管辖权的国家，以及不具有国家主权但有经济管辖权的地区，如中国的台湾地区、中国香港特别行政区、中国澳门特别行政区等。

表 2-1   OECD-ICIO 表行名称及含义

行序号	行名称	含义
行 2~3196	经济体-部门编码	67 个经济体-45 个部门
其中：		
行 1082~1126	墨西哥-部门编码	流量数据为 0
行 1937~1981	中国-部门编码	流量数据为 0
行 3017~3061	MX1-部门编码	MX1：墨西哥除全球制造以外的活动
行 3062~3106	MX2-部门编码	MX2：墨西哥全球制造活动
行 3107~3151	CN1-部门编码	CN1：中国除出口加工以外的活动
行 3152~3196	CN2-部门编码	CN2：中国出口加工活动
行 3197~3263	经济体名-TAXSUB	TAXSUB：中间品和最终品的税收减补贴
行 3264	VALU	增加值（按基础价格）
行 3265	OUTPUT	总产出或总投入（按基础价格）

注：根据 2021 年版 OECD-ICIO 表（Excel 格式）编辑行序号。

从表 2-1 中可以看到，ICIO 表中的行 1082~1126 的墨西哥-部门、行 1937~1981 的中国-部门流量数据为 0，这两个经济体-部门的数据被分解为行 3017~3061 的 MX1-部门、行 3062~3106 的 MX2-部门、行 3107~3151 的 CN1-部门、行 3152~3196 的 CN2-部门。MX2 和 CN2 分别为两国的全球制造活动和出口加工活动，这类活动在中国的政策以及统计工作中称为加工贸易，MX1 和 CN1 则为一般贸易。近几十年，加工贸易在中国和墨西哥最盛行且体量较大，这种分解无疑为这两个国家的加工贸易和一般贸易进行比较分析提供了便利。而当作经济体-部门层面的总体研究时，我们将这两个国家的加工贸易和一般贸易数据分别合并为墨西哥-部门、中国-部门数据，以便各经济体-部门的分析口径统一。

表 2-2   OECD-ICIO 表列名称及含义

列序号	列名称	含义
列 2~3196	经济体-部门编码	67 个经济体-45 个部门
列 3197~3598	经济体-HFCE	HFCE：家庭最终消费支出

续表

列序号	列名称	含　义
	经济体-NPISH	NPISH：非营利机构的家庭服务
	经济体-GGFC	GGFC：政府最终消费
	经济体-GFCF	GFCF：总固定资本形成
	经济体-INVNT	INVNT：存货和价值变更
	经济体-DPABR	DPABR：居民在国外直接购买
列 3599	TOTAL	总产出

注：根据 2021 年版 OECD-ICIO 表（Excel 格式）编辑列序号。

ICIO 表中的行 2～3196 与列 2～3196 构成中间投入矩阵，行 2～3196 与列 3197～3598 构成最终需求矩阵。对墨西哥和中国所在列的数据处理与上述对行的数据处理方法相同。各经济体-部门的总最终需求由表 2-2 中 6 项最终需求加总而得。

表 2-3　　　　　　　　　　　　　经济体名称及所属区域

	序号	缩写	经济体名称	区域	序号	缩写	经济体名称	区域
OECD 经济体	1	AUS	澳大利亚	大洋洲	13	DEU	德国	欧洲
	2	AUT	奥地利	欧洲	14	GRC	希腊	欧洲
	3	BEL	比利时	欧洲	15	HUN	匈牙利	欧洲
	4	CAN	加拿大	美洲	16	ISL	冰岛	欧洲
	5	CHL	智利	美洲	17	IRL	爱尔兰	欧洲
	6	COL	哥伦比亚	美洲	18	ISR	以色列	亚洲
	7	CRI	哥斯达黎加	美洲	19	ITA	意大利	欧洲
	8	CZE	捷克	欧洲	20	JPN	日本	亚洲
	9	DNK	丹麦	欧洲	21	KOR	韩国	亚洲
	10	EST	爱沙尼亚	欧洲	22	LVA	拉脱维亚	欧洲
	11	FIN	芬兰	欧洲	23	LTU	立陶宛	欧洲
	12	FRA	法国	欧洲	24	LUX	卢森堡	欧洲

续表

序号	缩写	经济体名称	区域	序号	缩写	经济体名称	区域
25	MEX	墨西哥	美洲	32	SVN	斯洛文尼亚	欧洲
26	NLD	荷兰	欧洲	33	ESP	西班牙	欧洲
27	NZL	新西兰	大洋洲	34	SWE	瑞典	欧洲
28	NOR	挪威	欧洲	35	CHE	瑞士	欧洲
29	POL	波兰	欧洲	36	TUR	土耳其	亚洲
30	PRT	葡萄牙	欧洲	37	GBR	英国	欧洲
31	SVK	斯洛伐克	欧洲	38	USA	美国	美洲
39	ARG	阿根廷	美洲	54	MAR	摩洛哥	非洲
40	BRA	巴西	美洲	55	MMR	缅甸	亚洲
41	BRN	文莱	亚洲	56	PER	秘鲁	美洲
42	BGR	保加利亚	欧洲	57	PHL	菲律宾	亚洲
43	KHM	柬埔寨	亚洲	58	ROU	罗马尼亚	欧洲
44	CHN	中国	亚洲	59	RUS	俄罗斯	欧洲
45	HRV	克罗地亚	欧洲	60	SAU	沙特阿拉伯	亚洲
46	CYP	塞浦路斯	欧洲	61	SGP	新加坡	亚洲
47	IND	印度	亚洲	62	ZAF	南非	非洲
48	IDN	印度尼西亚	亚洲	63	TWN	中国台湾	亚洲
49	HKG	中国香港	亚洲	64	THA	泰国	亚洲
50	KAZ	哈萨克斯坦	亚洲	65	TUN	突尼斯	非洲
51	LAO	老挝	亚洲	66	VNM	越南	亚洲
52	MYS	马来西亚	亚洲	67	ROW	世界其他经济体	
53	MLT	马耳他	欧洲				

（左侧表格纵向标注：OECD 经济体（序号25—38），非 OECD 经济体（序号39—67））

注：（1）表中经济体英文名称及缩写来源于 2021 年版《ReadMe_ICIO2021》；中文名和区域由本书作者编辑。

（2）各经济体所属区域参照联合国贸易和发展组织编辑的《世界投资报告》中所作的划分。

表 2-4 部门编码及名称

行业及代码	部门编码	部 门 名 称
农业（A）	01T02	农、猎、林
	03	渔和水产养殖
采矿业（B）	05T06	矿业和能源产品开采
	07T08	矿业和非能源开采
	09	矿业支持性服务活动
制造业（C）	10T12	食品、饮料和烟草
	13T15	纺织、服装、皮革和相关产品
	16	木材和草编制品
	17T18	纸制品和印制
	19	焦炭和精炼石油产品
	20	化学和化学产品
	21	医药、医药化学和植物产品
	22	橡胶和塑料制品
	23	其他非金属矿物制品
	24	基本金属
	25	金属制品
	26	计算机、电子、光学产品
	27	电器设备(含电子、家电)
	28	未另分类的机械和设备
	29	汽车、挂车和半挂车
	30	其他运输设备
	31T33	机械；设备的修理和安装
电气供应业（D）	35	电力、煤气、蒸汽、空调的供应
水供应和处理业（E）	36T39	供水、排水、废物和修复活动
建筑业（F）	41T43	建筑业
服务业（S）	45T47	批发和零售、机动车修理
	49	陆上运输和管道运输

续表

行业及代码	部门编码	部门名称
服务业（S）	50	水路运输
	51	航空运输
	52	仓储及运输支持活动
	53	邮政和快递活动
	55T56	住宿和餐饮服务活动
	58T60	出版、音像和广播活动
	61	电信
	62T63	IT和其他信息服务
	64T66	金融和保险活动
	68	房地产活动
	69T75	专业、科学和技术活动
	77T82	管理和支持服务
	84	公共管理和国防；强制性社保
	85	教育
	86T88	人体健康和社会工作活动
	90T93	艺术、消遣和娱乐
	94T96	其他服务活动
	97T98	家庭雇员的服务生产活动

注：表中部门编码来源于2021年版 ReadMe_ICIO2021，行业分类、代码以及部门的中文名称参照国家统计局颁布的《国民经济行业分类》（GB/T 4754—2017），为简化起见，将服务业代码统一为S。后文中所用部门代码由该表中行业代码与部门编码匹配而得，如"农、猎、林"部门代码为A01T02。

二、多值矩阵和二值矩阵

运用社会网络分析方法进行全球生产网络研究，需要建立多值矩阵和二值矩阵。具体步骤如下：

首先，按照第一章第四节所述的全球生产网络的指标及测算方法，测算出口中的国内增加值(DVX)和跨境生产的增加值(PVT)两个增加值流量矩阵。

其次，对增加值流量矩阵进行阈值处理，形成多值矩阵。由于采用增加值流量矩阵绘制网络图时会使节点之间的联系过于稠密，从而影响网络图的可视化效果和对网络基本特征的清晰刻画，在实证研究中通常设置阈值进行简化处理。不同的研究对阈值的设置也各不相同，有的采用比例法，有的采用基准值法。但无论采用何种方法，阈值设置都应遵循的基本原则是，节点之间联系的理论逻辑关系不被破坏，阈值大小设定应确保所用数据总量占原有数据总规模的绝大部分，以至于不会漏失研究对象的主要信息。

令增加值发出经济体 i 为起始节点，经济体 j 为增加值流入的目的节点，则流量矩阵 $\boldsymbol{W} = [w_{ij}](i, j = 1, 2, \cdots, n)$。设置阈值 z，以流量矩阵中各行增加值流量之和的1‰作为阈值，$z_i = 0.001 \times \sum_{j=1}^{n} w_{ij}$，当 $w_{ij} \geq z_i$ 时，$w'_{ij} = w_{ij}$；当 $w_{ij} < z_i$，以及 $i = j$ 时，$w'_{ij} = 0$，得到筛选后的矩阵 $\boldsymbol{W}' = [w'_{ij}](i, j = 1, 2, \cdots, n)$，我们称为多值矩阵。经对比多值矩阵和流量矩阵，各年份多值矩阵的各行之和占原流量总和的99%以上(少数小型经济体占97%以上)，因此，采用多值矩阵进行全球生产网络相关分析和绘制网络图并不会对实际结果产生大的偏差。

最后，以多值矩阵为基础，将 $\boldsymbol{W}'$ 中的非零元素值转换为1，构建二值矩阵 $\boldsymbol{F} = [f_{ij}](i, j = 1, 2, \cdots, n)$。

第二节　全球生产整体网密度

一、整体网密度变化趋势

本部分采用第一章中的式(1-17)计算全球生产整体网的密度，其中节点设为经济体，边以二值表征经济体双边层面是否存在生产联系，将多值矩阵中各经济体-部门的增加值流量加总为各经济体层面，再转换为二值，形成67×67维度的有向二值矩阵。需要说明的是，网络密度值的大小与原始流量矩阵向二值矩阵转化过程中所取阈值有着密切关系，因而将基于不同阈值计算的密度绝对值进行比较是没有意义的，但是，根据统一的阈值设定，比较网络密度在不同年份的变化对揭示网络特征仍是可行的。

上一章指出，出口中的国内增加值(DVX)表示双边之间的增加值贸易联系；跨境生产的增加值(PVT)涉及多次跨境，反映了各经济体之间生产分工的复杂程度。我们测算 1995—2018 年这两个网络的密度并分析其变动特征，见图 2-1。

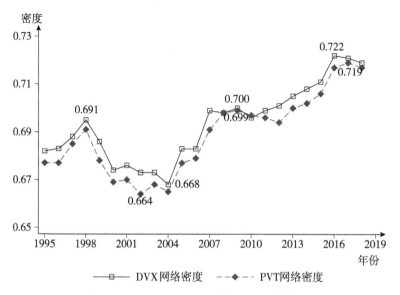

图 2-1　1995—2018 年全球生产整体网密度

注：根据 OECD-ICIO 数据库计算而得，作者自绘。

根据图 2-1，两个网络的密度较接近，DVX 网络的密度略高，在考察期内总体上呈现振荡上升的趋势。DVX 网络密度的区间为［0.668，0.722］，PVT 网络密度的区间为［0.664，0.719］，最高值与最低值的差值仅有 0.05。这表明各经济体倾向于同多个伙伴建立生产联系，而双边之间分工的复杂程度并未显著加深。分时期段看，21 世纪以来全球生产网络得到快速拓展，但历次重大的不利外部冲击都会对全球生产网络密度产生影响，从而造成一定程度的波动幅度。如1998 年东亚金融危机、2002 年日本海啸、2008 年全球金融危机等事件发生前后，网络密度均出现一定程度的下降，但冲击之后又能得到迅速恢复并呈现不断上升的趋势。相对而言，21世纪第一个十年是全球生产网络密度上升速度最快的时期，2008年金融危机后，上升速度则明显趋缓，并且PVT网络密度与DVX网络密度之间差距增大，说明跨境生产的联系程度有所减弱。

为了直观描绘全球生产网络，我们绘制2018年各经济体双边DVX网络图，见图2-2。

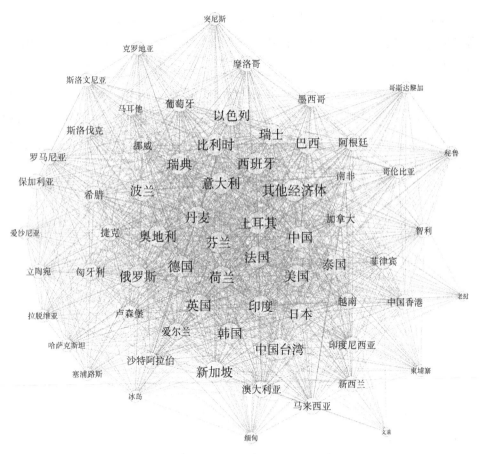

图2-2　2018年各经济体双边DVX网络图

注：根据DVX二值矩阵，利用Gephi软件绘制。

图2-2中各经济体相连的边线只是表征是否存在增加值贸易联系，并不反映联系强度。网络图反映两个基本特征：其一是边线数量反映各经济体之间联系的

疏密程度；其二是各经济体在网络中所处的位置反映其联系广度的大小或中心地位。网络由中间到外围，依次反映经济体的联系广度的高低。这一点在后文的全球生产网络的"核心-半边缘-边缘"结构分析中也能够得到印证。

二、节点联系动态变化的 QAP 分析

密度是基于整体视角来分析网络中所有节点联系数的波动情况，而不能反映其中每个节点的联系数目在不同年份是如何变动的。QAP 方法正是对矩阵的行和列同时进行置换，以测度两个矩阵中对应元素的相似性，进而揭示这两个网络的相关性。QAP 相关系数的取值范围为[-1，1]，若结果大于零，表示网络之间是正相关关系，且取值越接近于 1，相关性越强；若结果小于零，表示网络之间是负相关关系，且取值越接近于-1，相关性越强。为此，我们分别对 DVX 网络和 PVT 网络进行 QAP 分析，进而刻画全球生产网络中各节点联系的动态变化，利用 UCINET 软件得到的结果见表 2-5。

表 2-5　　　　　　　**1995—2018 年 DVX 和 PVT 网络的 QAP 值**

	1995	1999	2003	2007	2011	2015	2018
1995	1.000	0.797	0.751	0.704	0.705	0.695	0.694
1999	0.782	1.000	0.800	0.746	0.742	0.725	0.728
2003	0.717	0.795	1.000	0.811	0.776	0.751	0.747
2007	0.675	0.738	0.803	1.000	0.825	0.790	0.785
2011	0.685	0.734	0.769	0.822	1.000	0.847	0.837
2015	0.679	0.722	0.748	0.779	0.836	1.000	0.907
2018	0.679	0.723	0.737	0.775	0.821	0.900	1.000

注：表中所有系数均在 1% 显著水平下显著。

表 2-5 以"1.000"为对称轴(即左上至右下对角线上方格)，右上三角区域是不同年份 DVX 网络的 QAP 值，左下三角区域是不同年份 PVT 网络的 QAP 值，例如，第一行第二列的 0.797 表示 1995 年 DVX 网络和 1999 年 DVX 网络的 QAP

相关系数为 0.797；第二行第一列的 0.782 表示 1995 年 PVT 网络和 1999 年 PVT 网络的 QAP 相关系数为 0.782。对于 DVX 网络，各行分别表示特定年份的 DVX 网络与此后不同年份 DVX 网络的相关性。可以看出，各行均呈递减趋势，这一方面表明相邻年份 DVX 网络之间的相关性更强；另一方面也说明，随着时间推移，这种相关性逐渐减弱，也即各节点的联系数在长期会发生一定的变动。总之，DVX 网络是渐近变化的，并未发生突变状况，具有较强的稳定性。对于 PVT 网络，各列分别表示特定年份的 PVT 网络与此后不同年份 PVT 网络的相关性，表中显示，各列同样基本呈下降态势，这意味着 PVT 网络也表现出较强的稳定性。此外，以"1.000"为对称轴可比较分析 DVX 网络和 PVT 网络。对比来看，DVX 网络的 QAP 值略大于相应年份的 PVT 网络的 QAP 值，这说明 DVX 网络的自稳性稍强于 PVT 网络。综合这些事实，DVX 网络和 PVT 网络均具有较强的稳定性，且前者的自稳性略强于后者，但从长期来看，各节点的联系数是动态变化，而非一成不变的。

第三节 全球生产网络的匹配性特征

密度从联系广度的视角揭示网络中总联系数的变动，并未反映节点之间联系的具体内容，也未反映联系的偏好性。匹配性恰恰解决了这一问题，对于多值矩阵来讲，匹配性越高则意味着联系强度大的经济体之间倾向于相互联系。Newman(2003)基于无权的有向网络提出了匹配度的测算公式，我们将其拓展到加权有向网络(在本书中加权即多值)，揭示全球生产网络中各经济体之间联系的匹配性特征，匹配度的表达式如下：

$$r = \frac{\sum\limits_{i \to j} h_i^{out} h_j^{in} - H^{-1} \sum\limits_{i \to j} h_i^{out} \sum\limits_{i \to j} h_j^{in}}{\sqrt{\left[\sum\limits_{i \to j} (h_i^{out})^2 - H^{-1} \left(\sum\limits_{i \to j} h_i^{out}\right)^2\right]\left[\sum\limits_{i \to j} (h_j^{in})^2 - H^{-1} \left(\sum\limits_{i \to j} h_j^{in}\right)^2\right]}} \tag{2-1}$$

其中，H 是多值矩阵所有元素之和，h_i^{out}（h_i^{in}）是出（入）强度，根据式(1-21)与式(1-22)测算，$i \to j$ 表示的是网络中节点 i 指向节点 j 的连线，也即经济体 i 向经济体 j 输出价值流。匹配度 $r \in [-1, 1]$，若 $r > 0$，说明网络具有同配性，各经济体倾向于与具有相似强度的经济体建立生产联系；若 r < 0，说明网络具有异配性，较大的经济体更倾向于与小的经济体建立生产联系。

　　DVX 和 PVT 两个网络的匹配度变化趋势如图 2-3 所示，DVX 网络具有同配性，而 PVT 网络则表现出异配性，并且 PVT 网络的匹配度绝对值要高于 DVX 网络匹配度，表明跨境生产的异匹配性更高，较大的经济体更愿意与较小的经济体发生跨境生产联系，这也是跨国公司在全球范围内配置资源，按比较优势进行生产环节分工的一种必然，跨境生产具有一定的分散化趋势。但是，这种趋势亦受到不利外部冲击的影响。1998 年的东亚金融危机短暂地削弱了 DVX 网络的同类相聚倾向，匹配度由 1995 年的 0.2761 降至 2000 年的 0.2533。与此同时，PVT 网络的匹配度则反方向变动，由 1995 年的 -0.3281 升至 2000 年的 -0.3067，在 2008 年全球金融危机以及此后地缘政治风险等因素的影响下亦同样如此，由 2009 年的 -0.3981 升至 2015 年 -0.3571，2016 年才有所恢复。可见，在全球经济正常增长时期，经济体更倾向于与强度相似的经济体建立生产联系，同时联系强度差异大的经济体之间跨境生产也会扩大。而在受到大的不利外部冲击下，PVT 网络的异配性又会在短期内有所减弱。

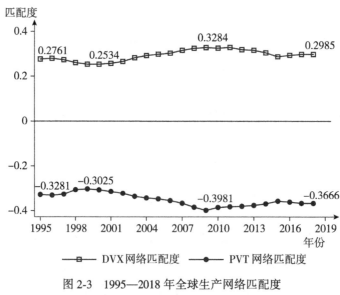

图 2-3　1995—2018 年全球生产网络匹配度

注：为了具有可比性，这里不考虑其他经济体（ROW）。

第四节　核心-半边缘-边缘结构

早在 20 世纪 40 年代末，阿根廷经济学家 Prebisch R. 在研究拉丁美洲经济发展及存在的问题时就提出了"中心-边缘"理论（Core and Periphery Theory），用以分析具有差异性和不平衡特征的世界经济体系。之后，Friedman J R.（1966）在区域经济发展理论研究中将社会变迁理论和空间理论相结合，形成了一套较完整的"核心-边缘"理论框架，认为具有竞争优势的经济体形成核心区，缺乏竞争优势的则成为边缘区，从而依附于核心区，并且这种空间分布格局会随着时间的推移而不断强化。Wallerstain I.（1974）也以"核心-半边缘-边缘"结构审视现代世界体系。Krugman P.（1991）所创建的新经济地理学中，基于垄断竞争理论的"核心-边缘"模型是该学说的基础模型之一，后来还得到不断完善和广泛运用。在社会网络分析理论中，"核心-边缘"结构也是研究的重要内容，并且对核心、边缘以及相互之间关联性建立了定量分析方法。1999 年，Borgatti 和 Everett 在以往核心-边缘理论基础上提出了连续模型，采用连续性的网络数据，基于各节点的核心度，即关系强度，划分核心、半边缘和边缘三类分区。他们还为此专门编写了电脑程序，现已成为 UCINET 软件中的一个重要程序。①将社会网络分析方法运用于世界经济贸易中核心-边缘结构的演化研究，学者们也进行了有益的尝试。Snyder et al.（1979）、Garlascheli et al.（2004）、Bhattacharya et al.（2008）、Criscuolo et al.（2018）构建世界贸易网络，论证了世界贸易体系中存在"核心-边缘"结构。陈银飞（2011）、潘峰华等（2015）、邹嘉玲等（2016）、詹森华（2018）、姚星等（2019）、张昱等（2020）、臧新等（2021）对中国参与全球经济的环境、地位所作的网络分析，也刻画了核心-边缘结构特征。总的来看，已有的研究所用具体模型及指标有所不同，研究的侧重点也有所不同，对全球生产网络的核心-边缘分析还有待于深化。

---

① 刘军．社会网络分析导论．北京：社会科学文献出版社，2004：266-291.

一、结构形成

在本部分，我们主要采用 Borgatti & Everett（1999）的方法进行全球生产网络的核心-半边缘-边缘结构分析。

我们先利用核密度分布图描绘各节点的联系状况，并据此来判别全球生产网络是否存在核心-边缘结构。图 2-4 报告了 1995 年、2007 年及 2018 年全球生产网络出强度的核密度分布，整体来看，3 个年份的全球生产网络都呈现较明显的"幂律分布"或非匀质分布特征，存在核心-边缘结构，并且具有内在稳定性。具体而言，DVX 网络和 PVT 网络的出强度均呈右偏分布，表明只有少数经济体的出强度较大，处于相对核心的位置；而多数经济体的出强度较小，处于相对边缘的位置。对比来看，DVX 网络峰度要高于 PVT 网络，DVX 网络向右拖尾也更长。这意味着 DVX 网络中各经济体的差距更大。随时间变化看，整体分布都呈现逐年右移的趋势，PVT 网络更明显，表明全球生产网络中各经济体之间的联系变得日益紧密。

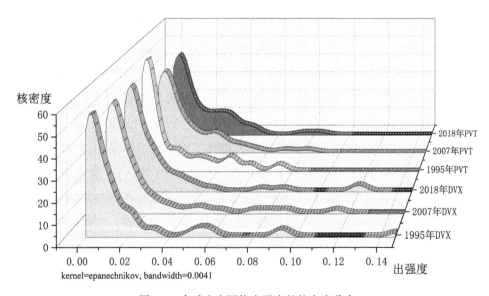

图 2-4 全球生产网络出强度的核密度分布

接下来，按照以下步骤来构造和展示全球生产网络的"核心-半边缘-边缘"结构，并对此进行具体分析。

首先，采用 DVX 多值矩阵计算各经济体的核心度。由 Borgatti 和 Everett (1999)创立的核心度指标及算法，以及后来其他学者设计的不同核心-边缘检测模型，都是基于各种质量函数的定义，以及它们在某些离散或连续的向量集上的优化。在这种设置中，每个节点都得到一个测量值，值越大核心度越高。①

其次，设置核心、半边缘、边缘的临界值，以此形成核心-半边缘-边缘结构。如何设置临界值，已有的相关研究主要是根据研究对象的特性以及实际数据状况而定，并未形成可遵循的基准以及理论依据。鉴于此，我们以各年份的核心度均值作为划分三种类型临界值的基本依据。具体而言，利用 UCINET 计算程序得到各年份各经济体的核心度指数（ C_i ）以及均值（ $\overline{C}$ ）。将 $C_i \geq 2\overline{C}$ 的经济体归为核心；确定核心后，再计算除核心经济体以外的经济体核心度均值（ $\overline{C'}$ ），当 $C_i \geq \overline{C'}$ 时，该经济体为半边缘，否则为边缘。以 1995 年为例， $\overline{C} = 0.062$ ，故核心的临界值为 $2\overline{C} = 0.124$ ； $\overline{C'} = 0.031$ ，以此作为半边缘与边缘的临界值。其他年份的处理方法相同，从而尽可能保证各年份之间在划分标准上保持一致性。

再次，由于"其他经济体"是全球投入产出矩阵（ICIO）中除 66 个经济体以外的所有经济体综合，其中个体的规模体量小，但总量较大，与 66 个独立经济体并不具有可比性，由此，我们将"其他经济体"列为边缘。

虽然无论采取怎样的划分基准，核心-半边缘-边缘的构造都只是相对的，能否尽可能地与现实贴近，仍然要以实际数据为判断依据。为了避免采用经过阈值筛选后多值矩阵计算可能带来的偏误，我们采用 DVX 原值进行对比，发现上述计算的各经济体核心度排序与按 DVX 原值计算的各经济体的排序高度一致。这不仅说明我们对数据所进行的阈值处理并没有损失重要信息和破坏数据的基本逻辑结构，而且表明按上述方法构建的核心-半边缘-边缘结构可以较好地反映各经济体的影响力，这一结构也是全球生产网络的一个显著的拓扑特征。

基于上述方法，我们构建了 1995 年、2007 年、2018 年 3 个年份的全球生产

---

① Olivera Kostoska, Sonja Mitikj, Petar Jovanovski, Ljupco Kocarev. Core-periphery structure in sectoral international trade networks: A new approach to an old theory. PLOS ONE, 2020: 1-24.

网络的核心-半边缘-边缘结构，相关信息报告在表 2-6 中。在此基础上，运用 Gephi 软件绘图，各圈层节点大小、边的粗细均为统一设定，不与各节点的 DVX 多值成比例。以便清晰地展示核心-半边缘-半边缘的圈层结构。

表 2-6　　　　　　　　　　核心-半边缘-边缘结构的基本信息

年份	类型	核心度均值	临界值	经济体数
1995	全球	0.062	—	67
	核心	0.290	0.124	8
	半边缘	0.057	0.031	22
	边缘	0.015	—	37
2007	全球	0.068	—	67
	核心	0.260	0.136	9
	半边缘	0.064	0.038	21
	边缘	0.023	—	37
2018	全球	0.065	—	67
	核心	0.309	0.130	6
	半边缘	0.075	0.041	22
	边缘	0.022	—	39

注：核心度采用 UCINET 中的核心度计算程序而得。

从表 2-6，以及图 2-5 至图 2-7 可以清楚地看到，全球生产网络在近 20 年虽有快速发展，但核心-半边缘-边缘结构整体上呈现较稳定的状态。美国、德国、日本、法国、英国等几个发达经济体始终处于核心圈层中。进入 21 世纪后，中国的核心度迅速上升。1995 年，中国的核心度为 0.0936，处于半边缘圈层；2007 年进入核心圈层，核心度为 0.331，仅次于美国和德国；2018 年中国的核心度达到 0.521，位列全球第二，而其他几个核心经济体的核心度呈下降趋势。2018 年，核心圈层形成"二亚四欧美"的格局(二亚：中、日；四欧美：美、德、英、法)。半边缘、边缘圈层的经济体构成上无大的变动，但各经济体的核心度以及平均值都有所上升，这在一定程度上说明，半边缘-边缘圈层中多数经济体在全球生产网络的影响力正在提升。

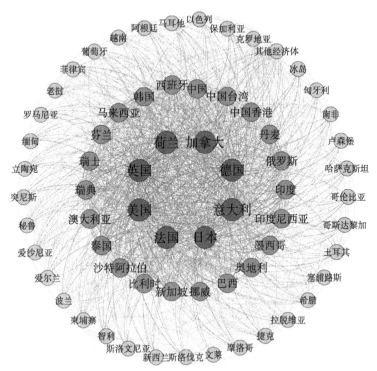

图 2-5　1995 年全球生产网络核心-半边缘-边缘结构图

注：整图由三个圈层构成，由内至外分别为核心层、半边缘层、
边缘层。采用 Gephi 软件自绘。

总体而言，全球生产网络现已形成"二亚四欧美"为核心圈、部分欧美发达经
济体和亚洲新兴经济体位于半边缘圈、多数发展中经济体处于边缘圈的核心-半
边缘-边缘结构。

二、结构分析

承接上一部分，我们将从各圈层的经济体占比、各圈层内外占比及产品类型
三个层面分析网络的核心-半边缘-边缘结构。

1. 核心经济体存在"退化"现象

从各圈层的经济体的占比来看，核心经济体存在"退化"现象。表 2-7 揭示了
这一趋势，从中可以看出，各网络中核心经济体所贡献的份额均有不同程度的下

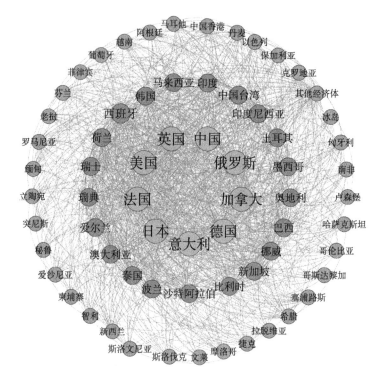

图 2-6　2007 年全球生产网络核心-半边缘-边缘结构图

降，其中，DVX 网络和 PVT 网络中核心经济体占比的降速分别为 24% 和 30.2%。而半边缘和边缘经济体在两个网络中所贡献的份额都在上升，特别是边缘经济体对两个网络的贡献份额的增速分别达到 44.1% 和 65.3%。这说明，随着国际分工的发展，半边缘和边缘经济体越来越深地参与国际分工，不断嵌入全球生产网络。

表 2-7　　　　　　　　各圈层的经济体增加值贸易份额

圈层	DVX 网络				PVT 网络			
	1995 年	2007 年	2018 年	增速（%）	1995 年	2007 年	2018 年	增速（%）
核心	56.00	51.67	42.56	−24.0	43.16	40.43	30.13	−30.2
半边缘	30.34	29.67	37.76	24.5	43.57	40.41	47.93	10.0
边缘	13.66	18.66	19.68	44.1	13.27	19.16	21.94	65.3

注：根据各年份多值矩阵计算而得；增速是 2018 年相比 1995 年的增长率。

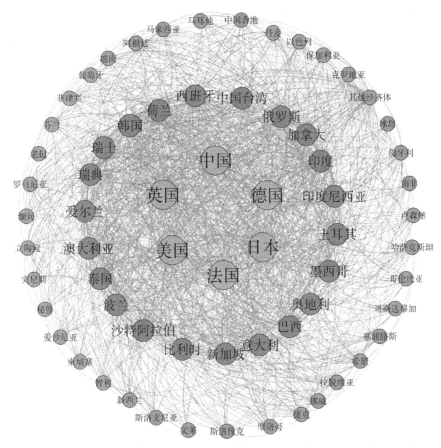

图 2-7　2018 年全球生产网络核心-半边缘-边缘结构图

2. 各圈层的经济体之间生产联系逐步紧密

从各圈层的经济体内外联系来看，国际生产日益分散化，半边缘经济体的地位日益突出。我们分别绘图来描述 DVX 网络、PVT 网络中各圈层的经济体内外联系的占比。综合图 2-8 和图 2-9 来看，早些年份核心经济体在全球生产网络中占据主导地位，如 1995 年和 2007 年，DVX 网络以及 PVT 网络中核心经济体内部的生产联系均超过 50%；但近年来这一比例有所下跌，2018 年在两个网络中核心经济体内部的联系仅占不到 35%，而核心与边缘之间、半边缘与边缘之间的占比都在上升，表明核心经济体正在将一些生产活动转移到半边缘和边缘经济体上，边缘经济体更积极地参与全球生产分工，三个圈层经济体之间生产联系日益紧密。同时还注意到，半边缘与核心、半边缘与边缘之间的跨境生产份额正在增大，这意味着核心和边缘经济体越来越倾向于同半边缘经济体加强跨境生产联系。

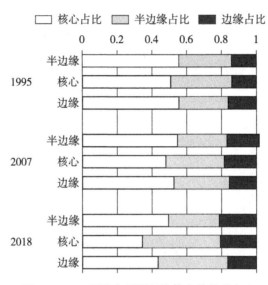

图 2-8　DVX 网络各圈层经济体内外联系占比

3. 边缘经济体的出广度明显高于入广度，核心经济体正好相反

联系广度和联系强度是反映各个经济体在全球生产网络中作用的重要指标。由于各圈层的划分依据是增加值流量，故核心经济体的联系强度高自不待言，数据分析的结果亦未相左，在此不做赘述。那么，联系广度是否也是如此呢？

我们将各经济体在两种增加值贸易网络中的出广度和入广度进行排序，计算位列前 20 位中各圈层经济体所占比例（见表 2-8），可以发现，各圈层经济体的联系广度与联系强度有着显著的不同。边缘经济体的出广度要明显高于入广度。在两个网络的出广度前 20 位中，边缘经济体占比都相当高，并且远高于核心经济体的占比，而入广度却很低。入广度偏低一定程度上说明边缘经济体参与全球生产网络的方式和产品类别较单一。核心经济体的表现正好相反，出广度占比要远低于入广度占比。按各年份核心经济体的个数来看，绝大多数核心经济体进入了

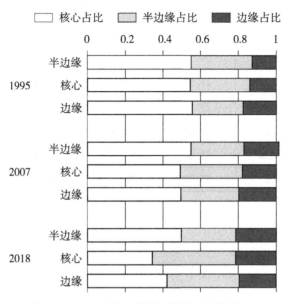

图 2-9　PVT 网络各圈层经济体内外联系占比

入广度前 20 位,但出广度前 20 位中只有美国、德国、英国是常客。半边缘经济的出广度和入广度相对比较均衡,入广度也要略高于出广度。

　　总体而言,各个圈层的经济体联系广度所体现的不同特征,从一个侧面反映出核心经济体将生产环节碎片化外包,主导着全球生产体系,半边缘、边缘经济体承接加工环节来嵌入全球生产网络,并且嵌入的深度和广度也在日益增强。

表 2-8　　　　　　　　　联系广度列前 20 位的各圈层经济体占比(%)

年份	圈层	DVX 网络		PVT 网络	
		出广度	入广度	出广度	入广度
1995	核心	22.73	40.00	25.00	34.78
	半边缘	40.91	45.00	40.00	52.17
	边缘	36.36	15.00	35.00	13.05

续表

| 年份 | 圈层 | DVX 网络 | | PVT 网络 | |
		出广度	入广度	出广度	入广度
2007	核心	29.17	39.13	28.00	42.86
	半边缘	41.67	52.17	40.00	52.38
	边缘	29.16	8.70	32.00	4.76
2018	核心	20.00	30.00	20.00	28.57
	半边缘	35.00	65.00	40.00	66.67
	边缘	45.00	5.00	40.00	4.76

第五节　区域生产网络

生产网络或价值链是呈全球性还是区域性？观点不一。

一种观点认为，全球生产网络以区域块为标志，可以称为亚洲工厂、北美工厂和欧洲工厂。即使在区域内，距离和邻近似乎也非常重要（Johnson et al.，2012；Baldwin et al.，2013）。另一种观点则认为，进入 21 世纪后，价值链本质上已经变得相当程度的全球化了。尽管区域性维度仍占据着主导地位，但正逐渐让位于日益全球化的网络，"世界工厂"的建设正迅速发展（若昂·阿马多尔等，2017）。但是，对于不同行业，不同规模的经济体，生产网络是全球性还是区域性也存在着差异。Baldwin et al.（2011，2013）发现，在全球价值链贸易中，大多数研究中使用的标准引力模型在分析零部件成分情况下的双边贸易时表现不佳。与产品贸易相比，服务供应链贸易的区域化程度要低得多。他还提出了"区域价值链"这一概念，并认为"产品各价值环节的全球化特征并不十分显著，反而更多地呈现区域化特征"。巴特·洛斯等（2017）对 14 个制造业产品和 40 个完成国的价值链之间比较证明，全球性分散化对价值链国际分散化增长的推动作用要大得多。全球性分散化全面快于区域性分散化。但小经济体仍然主要依赖于相关的区域性网络，其全球性国外增加值份额始终小于区域性国外增加值的份额。①
各个学者对全球化还是区域化得出不同结论，与所采用的指标不同有一定关
系。

全球性还是区域性的形成原因是多方面的，主要有贸易成本、要素、制度包
括贸易协定等。国际贸易领域也一直存在着"距离之谜"的争议。Hubert Escaith
（2017）、段玉婉等（2021）学者从全球价值链角度对"距离之谜"的原因作出了解
释，认为全球价值链下跨境次数增加使得贸易成本具有叠加效应，贸易额对贸易
成本的敏感程度不断加大。即使过去数十年中，随着技术进步和贸易政策的改
进，贸易成本持续下降，但是随着全球价值链的参与度逐渐加深，成本累积和放
大效应的影响会越来越强。那么，价值生产网络在全球范围内呈现怎样的演进趋
势？各区域内外生产网络的关联性是否具有不同的特征？不同行业的生产网络在
全球性或区域性上是否具有差异性？这些方面的深入研究对我们认识全球生产网
络的基本特性仍有着积极的意义。

一、区域间生产联系

（一）各区域的生产联系强度

为了便于分析，我们根据表2-3中所列各经济体所属区域，将大洋洲的澳大
利亚和新西兰与亚洲合并，称为"亚大"区域，将非洲与其他经济体合并为"非洲
和其他"，由此主要分为欧洲、亚大、美洲、非洲和其他四个区域进行研究。

表2-9的数据显示，1995年以来，全球生产在各区域都得到快速发展，2018
年全球 DVX 网络中出口额总规模是1995年的3.5倍。虽然 PVT 网络的总规模相
比 DVX 网络要小得多，但上升更快，2018年是1995年的4.9倍。分区域看，欧
洲无论是出强度还是入强度在全球两个网络中均存在下降趋势，亚大则处于上升
趋势，2018年，亚大区域的两个网络的增加值出（进）口规模和出（入）强度已接

---

① 巴特·洛斯，马塞尔·蒂默，盖泽·德弗里斯：全球价值链："世界工厂"正在崛
起//若昂·阿马多尔，菲利波·迪毛罗. 全球价值链时代：测算与政策问题. 上海：上海人
民出版社，2017：23-32.

近欧洲。美洲、非洲及其他的占比变动幅度很小，分别略有下降和上升。这些说明欧洲仍是全球生产网络的主要区域，而亚大区域成为全球生产规模和比重快速上升的重要力量。

表2-9　　　　　　　　　　　各区域网络联系强度　　　　　　单位：10亿美元

年份	区域	DVX 网络				PVT 网络			
		出口额	出强度（%）	进口额	入强度（%）	出口额	出强度（%）	进口额	入强度（%）
1995	全球	4750.79	100	4750.79	100	970.51	100	970.51	100
	欧洲	2173.78	45.76	2110.35	44.42	505.74	52.11	446.78	46.04
	亚大	1233.04	25.95	1260.69	26.54	271.60	27.99	237.19	24.44
	美洲	1033.97	21.76	1069.79	22.52	153.76	15.84	223.15	22.99
	非洲及其他	310.00	6.53	309.96	6.52	39.40	4.06	63.39	6.53
2007	全球	11727.51	100	11727.51	100	3315.50	100	3315.50	100
	欧洲	4954.26	42.24	4997.50	42.61	1670.61	50.39	1487.75	44.87
	亚大	3362.49	28.67	3124.63	26.64	1070.30	32.28	841.20	25.37
	美洲	2263.20	19.30	2664.54	22.72	412.18	12.43	716.26	21.60
	非洲及其他	1147.57	9.79	940.84	8.02	162.40	4.90	270.29	8.15
2018	全球	16733.18	100	16733.18	100	4781.61	100	4781.61	100
	欧洲	6131.38	36.64	5898.25	35.25	2232.01	46.68	1814.25	37.94
	亚大	5921.62	35.39	5942.75	35.51	1786.10	37.35	1582.09	33.09
	美洲	3205.70	19.16	3524.69	21.06	567.32	11.86	989.23	20.69
	非洲及其他	1474.48	8.81	1367.49	8.17	196.18	4.10	396.04	8.28

注：（1）区域出口额由区域内各经济体向全球各经济体出口的增加值加总而得；区域进口额为区域内各经济体从全球各经济体进口的增加值加总而得。

（2）出（入）强度为区域增加值出（进）口额占全球增加值出（进）口总额的比例。

（二）各区域的网络凝聚度

1. 各区域的 E-I 指数

在社会网络分析方法中，E-I 指数通过派系内外联系来分析派系林立的程度。这里我们将该指数用于测量各区域的凝聚度，公式为：

$$E\text{-}I \text{ index} = \frac{EL-IL}{EL+IL} \tag{2-2}$$

式中，EL 为区域之间的关系数；IL 为区域内部的关系数。E-I 指数的范围为 [-1，1]，E-I 指数越接近于 1，表明节点之间的联系趋向于发生在区域之外；E-I 指数越接近于 -1，则节点之间的联系趋向于发生在区域内部；该值越接近于 0，意味着区域内外关系数量分布较均匀。

各区域的 E-I 指数变动趋势如表 2-10 所示。

表 2-10　　　　　　　　　　　各区域的 E-I 指数变动趋势

	DVX 网络				PVT 网络			
	欧洲	亚大	美洲	非洲及其他	欧洲	亚大	美洲	非洲及其他
1995	-0.009	0.266	0.628	0.895	-0.004	0.267	0.614	0.902
1999	-0.030	0.269	0.632	0.882	-0.022	0.270	0.610	0.882
2004	-0.087	0.257	0.624	0.885	-0.088	0.260	0.613	0.881
2007	-0.087	0.255	0.636	0.870	-0.084	0.267	0.627	0.871
2011	-0.058	0.256	0.628	0.885	-0.049	0.263	0.626	0.897
2015	-0.038	0.229	0.631	0.873	-0.034	0.227	0.616	0.868
2018	-0.042	0.238	0.633	0.886	-0.035	0.242	0.623	0.884

从表 2-10 可以看到，无论是 DVX 网络还是 PVT 网络，在 1995—2018 年，美洲、非洲及其他的 E-I 指数比较稳定，其中，非洲及其他的 E-I 指数更接近于 1，表明联系明显趋于本区域外；美洲次之。亚大的 E-I 指数总体在下降，区域内外联系的分布相对较均匀，但区域内联系有上升趋势。欧洲的 E-I 指数均为负值，虽存在小幅波动但总体趋向于 0，可见欧洲相对另三个区域具有明显的区域内

部集聚性特征。下述分析将更清楚地展示四个区域内外联系的具体情况。

2. 各区域内外生产联系强度

由于 DVX 网络和 PVT 网络的区域间联系强度较接近，这里我们只展示 PVT 网络的各区域内外联系强度分布（如图 2-10、图 2-11 所示）。

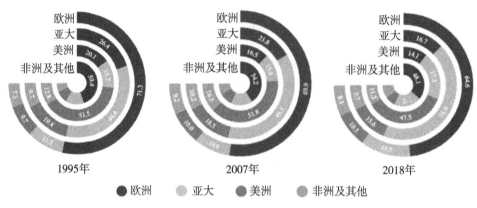

图 2-10 PVT 网络的区域内外出强度（%）

注：区域内出强度为区域内各经济体之间的增加值出口占本区域增加值出口总额的比率；区域外出强度为区域内的增加值出口到另一区域占本区域增加值出口总额的比率。

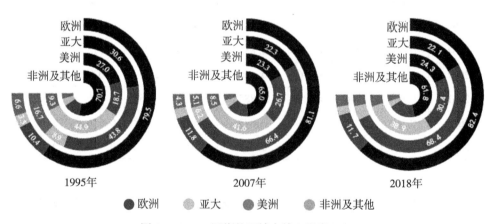

图 2-11 PVT 网络的区域内外入强度（%）

注：区域内入强度为区域内各经济体之间的增加值进口占本区域增加值进口总额的比率；区域外入强度为区域内各经济体从另一区域进口增加值占本区域增加值进口总额的比率。

图 2-10 和图 2-11 分别反映的是 PVT 出强度和入强度的区域内外联系占比。我们可以清晰地看到：

(1) 四个区域中，欧洲的区域内联系份额最高，PVT 出强度在 64% 以上，入强度更是高达 80% 及以上。欧洲与另三个区域间的联系强度也较稳定。

(2) 亚大区域的跨境生产联系也主要发生在区域内，并且区域内强度不断提高。特别是 2007 年相比 1995 年，无论是 PVT 出强度还是入强度，区域内提升都很大，反映了这一期间亚大区域生产网络迅速发展的态势。

(3) 美洲 PVT 网络区域内外联系强度在 3 个年份中表现稳定，与亚大、欧洲的联系强度大体相当，亚大占比已超过欧洲，成为美洲 PVT 网络联系的最主要区域。

(4) 非洲及其他的区域内联系份额非常低，历年均低于 10%，这与该区域的经济体数目少有密切关系。该区域经济体主要是与欧洲建立跨境生产联系，但强度有所下降，与亚大之间的跨境生产联系正在扩大。

总体而言，欧洲和亚大在跨境生产联系上表现出很强的区域性，并且持续稳定；美洲、非洲及其他的跨境生产联系则较分散，这是否意味着他们的跨境生产联系更具有全球性呢？目前尚不能轻易下此结论，还须结合各区域的内部特征进一步分析。

二、区域内生产网络

1. 欧洲区域生产网络

在 OECD-ICIO 数据库中，欧洲被采集的经济体样本数目最多，共有 32 个经济体。他们经济发展水平较高，相互之间的生产分工和贸易联系密切。E-I 指数也反映出欧洲的生产网络具有很高的区域集聚性。从 2018 年欧洲 PVT 网络图 (图 2-12) 可以看到，欧洲也已形成以德国、法国、意大利、英国、荷兰、比利时、西班牙、爱尔兰、波兰 9 个经济体为第一集团，奥地利、瑞士、捷克等 17 个经济体为第二集团，克罗地亚、爱沙尼亚、马耳他、拉脱维亚、塞浦路斯、冰岛 6 个经济体为第三集团的格局。第一集团大多为传统发达经济体，PVT 体量大，9 个经济体 PVT 总值占到欧洲 PVT 总值的 2/3，其中，德国在欧洲生产网络中处于中心地位。虽然不同集团的经济体的 PVT 规模大小有所不同，但各个经济体之间的互惠性很高，即互有出度和入度联系，并没有出现区域分派情形。

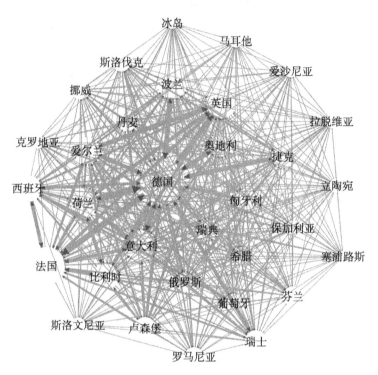

图 2-12　2018 年欧洲 PVT 网络图

注：节点大小和边线粗细与各经济体的 PVT 规模成比例。

在全球范围内，欧洲的价值生产网络的区域集聚程度最高，1995 年 PVT 区域内入强度为 79.52%，近 20 年呈上升趋势，到 2018 年达到 82.42%；PVT 区域内出强度虽然要低些，但也维持在 64% 以上（见图 2-10 和图 2-11）。

欧洲的区域集聚程度高的原因主要在于：一是欧洲的整体发展水平高，国际组织公认的发达经济体中，欧洲经济体占到 3/4。良好的经济社会基础有利于区域生产网络的形成，生产分工和贸易的"邻居效应"明显。二是欧洲各经济体的要素禀赋互补性强。德国、法国、意大利、英国、荷兰、西班牙等传统发达经济体的对外直接投资规模大，技术创新能力强。北欧的挪威、瑞典、芬兰，以及俄罗斯等经济体具有较丰裕的能源和矿产资源。东欧和南欧的经济体拥有素质高、成本相对较低的劳动力资源。①这些为区域生产网络的形成和稳定运行提供了有利条件。三是欧盟的作用。欧洲联盟(European Union，简称欧盟)作为世界上最大的区域一体化组织，对欧洲区域生产网络的高集聚性有着明显促进作用。截止到2022 年底欧盟共有 27 个成员国，②其中，马耳他、塞浦路斯、波兰、匈牙利、捷克、斯洛伐克、斯洛文尼亚、爱沙尼亚、拉脱维亚、立陶宛 10 个经济体在 2004年 5 月 1 日正式加入欧盟，这是加入欧盟的经济体最多的年份。2007 年和 2013年，保加利亚、罗马尼亚、克罗地亚又先后加入欧盟。它们主要是东欧转型经济体，在加入欧盟后，其在欧洲区域内的 PVT 规模呈现快速增长趋势，1995—2003 年年均增长 13%，2004—2007 年年均增长率达到 33%，2008—2018 年受到世界经济衰退的影响，年均增长率下降到 4%。这些转型经济体的区域内入强度多数在 80%以上，与传统发达经济体建立着密切的联系，PVT 区域内出强度也要高于传统发达经济体(见表 2-11)。这些正是欧洲 PVT 区域内出强度高的重要原因。Adarov(2021)的研究也证实了这一点。

表 2-11　　　　　欧洲各经济体 PVT 网络区域内联系强度(%)

经济体名称	1995 年		2007 年		2018 年	
	入强度	出强度	入强度	出强度	入强度	出强度
爱尔兰	66.72	70.91	73.61	60.67	78.44	54.38
爱沙尼亚	99.13	83.39	99.47	85.49	93.85	75.17
奥地利	90.14	81.17	86.85	75.78	86.05	70.98
保加利亚	37.96	56.79	81.09	67.98	85.65	63.86
比利时	84.50	78.81	80.02	78.37	84.40	73.43
冰岛	100.00	57.97	100.00	67.41	100.00	59.47
波兰	81.39	81.54	80.91	84.70	79.16	80.07
丹麦	82.61	65.38	82.14	58.87	79.94	54.60

---

① 捷克、拉脱维亚、波兰等东欧转型经济体，平均工资虽然远高于很多发展中经济体，但单位劳动成本(平均工资与人均 GDP 之比)却要低，2011 年相比 2000 年甚至还有所降低。这成为它们参与全球生产活动的一大比较优势。Ceglowski et al. (2015)在他们的研究报告"Can Africa Compete with China in Manufacturcing? The Role of Relative Unit Labor Costs"中有相关分析。

② 英国已于 2020 年 1 月 31 日正式宣布退出欧盟。

续表

经济体名称	1995 年		2007 年		2018 年	
	入强度	出强度	入强度	出强度	入强度	出强度
德国	79.07	67.39	77.15	66.84	77.58	58.86
俄罗斯	46.08	43.47	58.08	43.21	54.18	36.28
法国	78.49	67.87	75.97	65.47	75.25	58.30
芬兰	80.21	67.72	75.42	66.20	82.88	59.65
荷兰	78.40	75.85	72.32	74.64	72.29	72.29
捷克	91.64	83.55	83.38	86.44	82.92	81.72
克罗地亚	90.79	78.93	89.63	69.41	92.90	70.85
拉脱维亚	78.51	79.73	93.22	82.08	100.00	76.62
立陶宛	71.88	82.09	91.86	78.47	93.80	72.05
卢森堡	60.72	86.11	84.19	74.75	81.00	78.18
罗马尼亚	78.24	66.76	85.54	71.69	89.79	75.08
马耳他	76.30	71.87	87.20	50.26	82.52	49.75
挪威	80.00	60.85	77.93	62.80	73.33	61.48
葡萄牙	86.50	78.35	88.20	71.54	89.54	67.87
瑞典	87.02	66.71	86.44	68.44	86.48	67.09
瑞士	85.37	61.51	85.81	59.18	79.01	48.86
塞浦路斯	72.36	59.79	68.20	72.95	77.22	61.44
斯洛伐克	93.60	89.11	70.68	85.58	81.98	75.99
斯洛文尼亚	96.68	86.34	91.16	80.68	91.77	78.65
西班牙	79.90	72.82	75.59	71.05	73.54	64.51
希腊	72.88	55.16	66.15	55.86	73.48	40.51
匈牙利	89.64	82.88	78.70	79.35	86.29	74.26
意大利	78.98	63.11	76.45	63.20	78.57	55.77
英国	68.91	58.01	71.06	56.88	73.56	49.60
欧洲均值	79.52	71.31	81.08	69.88	82.42	64.61

注：各经济体区域内出（入）强度为各经济体与区域内其他经济体之间增加值出（进）口额占自身增加值出（进）口总额的比率。

2. 亚大区域生产网络

亚大区域的经济体数目仅次于欧洲,共有 22 个经济体(见图 2-13)。

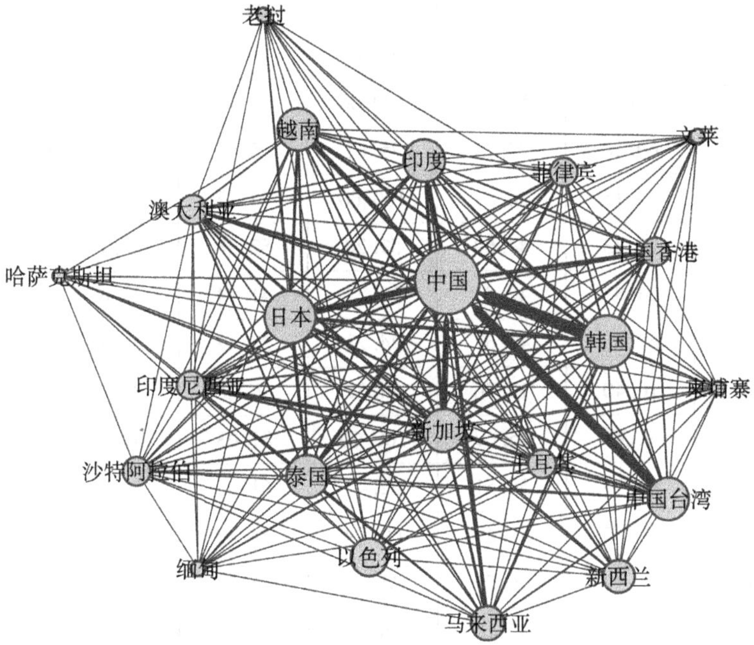

图 2-13 2018 年亚大区域 PVT 网络图

注:节点大小和边线粗细与各经济体的 PVT 规模成比例。

近 20 年,亚大区域的各经济体发展迅速,生产联系日益紧密,具有较高的区域集聚度。结合图 2-13 和表 2-12,可以看出亚大区域生产网络的几个突出特点:

表 2-12　　　　　　　**亚大各经济体 PVT 网络区域内联系强度(%)**

经济体名称	1995 年		2007 年		2018 年	
	入强度	出强度	入强度	出强度	入强度	出强度
澳大利亚	49. 92	66. 06	58. 55	65. 63	65. 77	80. 84
菲律宾	32. 15	46. 28	80. 72	66. 16	81. 83	61. 76
哈萨克斯坦	3. 88	16. 86	18. 19	21. 39	17. 73	34. 31
韩国	52. 04	49. 41	62. 24	51. 84	62. 12	67. 70

续表

经济体名称	1995 年		2007 年		2018 年	
	入强度	出强度	入强度	出强度	入强度	出强度
柬埔寨	1.78	28.68	100.00	21.89	99.84	32.24
老挝	100.00	51.04	100.00	68.46	100.00	87.35
马来西亚	69.40	49.24	75.61	55.07	79.24	62.94
缅甸	14.15	30.87	100.00	75.47	97.47	72.15
日本	53.33	44.69	57.28	52.28	60.19	59.34
沙特阿拉伯	24.87	42.83	32.74	41.44	37.42	46.82
泰国	62.60	44.67	74.23	55.42	76.32	62.86
土耳其	16.40	13.76	24.32	7.59	32.01	12.39
文莱	4.38	75.67	100.00	81.03	100.00	92.06
新加坡	68.59	56.51	62.46	61.83	58.99	67.21
新西兰	60.75	58.49	69.79	54.20	66.08	68.07
以色列	13.39	16.57	23.48	16.32	32.61	27.11
印度	38.55	37.16	48.23	29.08	57.60	37.00
印度尼西亚	61.83	48.51	78.10	64.19	82.79	68.27
越南	33.21	56.34	85.10	47.43	85.08	58.09
中国	67.50	47.38	68.05	33.88	61.32	40.70
中国台湾	60.88	46.29	68.82	61.39	69.07	71.94
中国香港	73.22	53.63	73.71	56.85	81.27	65.90
亚大均值	43.76	44.59	66.44	49.49	68.40	58.05

　　第一，东亚的中国、韩国、日本、中国台湾等经济体在本区域中占据很高的中心地位，与区域内其他的经济体都有着密切的生产联系。日本、韩国在20世纪后半段，更多地是寻求与欧美经济体进行国际生产合作，进入21世纪后，重心转向了亚大区域内。中国在区域内的 PVT 强度虽不太高，但与区域内各经济体之间的增加值往来的绝对值却是最大的，远高于其他经济体之间的相互联系规模。

　　第二，东盟10个经济体的跨境生产联系主要在区域内。东南亚国家联盟

（Association of Southeast Asian Nations，以下简称东盟）成立于 1967 年，发展进程中一直积极寻求东盟以外的经济合作，建设全球供应链重要基地。2002 年启动建设中国-东盟自由贸易区，2012 年发起筹建更广泛的自由贸易区，2020 年与中国、日本、韩国、澳大利亚、新西兰正式签署区域全面经济伙伴关系协定（Regional Comprehensive Economic Partnership，RCEP），并于 2022 年正式实施。东盟自由贸易区建设以及 RCEP 极大地推动了东盟成员间以及与亚大合作伙伴之间的经济合作和跨境生产联系。表 2-12 的数据显示，不仅东盟成员在亚大区域内强度逐年上升，澳大利亚、新西兰、日本、韩国在区域内的强度也不断提升。柬埔寨、缅甸、文莱因产业基础薄弱，主要利用低廉劳动力资源加工纺织品等轻工产品以及资源类产品出口到欧美地区，近年来在区域内生产联系强度也已大幅上升。2018 年，东盟 PVT 总额（包括增加值进出口）占亚大区域的 31.65%，RCEP 的 15 个经济体 PVT 总额占亚大区域的 80.11%，成为亚大区域生产网络的主体骨架。

第三，以色列、土耳其、哈萨克斯坦处于亚洲与欧洲交界处，由于历史、文化等传统，更多地与欧洲加强往来，在亚大区域内强度很低。土耳其为欧盟考察国，一直积极争取加入欧盟。

3. 美洲生产网络

美洲生产网络具有典型的"星形"网络结构，美国居于网络的中心，8 个经济体与美国之间的 PVT 联系强度占到各自的 60% 以上。近 20 年美洲区域集聚程度明显低于欧洲和亚大区域，在区域内部，北美经济体的区域内强度要明显高于南美经济体，并且总体上变动不大（见图 2-14 和表 2-13）。

北美洲和南美洲存在较大差异。北美洲的加拿大、美国、墨西哥以及中美洲的哥斯达黎加（为分析方便，这里将该四个经济体归于北美洲），自 1994 年开始实施的《北美自由贸易协议》（NAFTA）后也已形成稳固的"小群体"。2018 年，加拿大区域内 PVT 的 96.93%、美国的 94.76%、墨西哥的 95.02%、哥斯达黎加的 85.32% 集中在北美，出强度也大致相同（见表 2-13），并且，这四个经济体的 PVT 总额占美洲 PVT 总额的 90%，占全球 PVT 总额的 10.4%，成为全球三大"制造中心"之一。2019 年年底，美国、加拿大、墨西哥签署了《美加墨协定》（USMCA），替代《北美自由贸易协议》，并于 2020 年 7 月 1 日正式生效。新的协

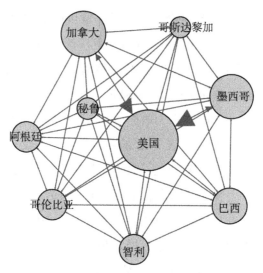

图 2-14　2018 年美洲 PVT 网络图

注：节点大小和边线粗细与各经济体的

PVT 规模成比例。

议一个重要特点是强化了原产地条款，例如，要求每辆汽车零部件的 75%，钢铁和铝原料的 70%以上必须来自协议成员国等。这势必对三方之间以及全球区域生产网络产生长远的影响。

表 2-13　　　　　　美洲各经济体 PVT 网络区域内联系强度(%)

经济体名称	1995 年		2007 年		2018 年	
	入强度	出强度	入强度	出强度	入强度	出强度
加拿大	57. 72	78. 90	50. 99	78. 38	46. 31	72. 72
美国	35. 50	32. 71	28. 93	37. 26	30. 98	36. 59
墨西哥	64. 71	88. 60	45. 02	87. 52	38. 33	84. 17
哥斯达黎加	64. 56	45. 67	57. 14	44. 96	65. 35	44. 09
阿根廷	32. 20	51. 21	40. 60	48. 77	31. 58	44. 27
巴西	26. 41	40. 09	22. 48	40. 99	20. 89	33. 86

续表

经济体名称	1995 年		2007 年		2018 年	
	入强度	出强度	入强度	出强度	入强度	出强度
哥伦比亚	40.30	47.24	43.57	39.92	38.62	49.76
秘鲁	46.92	38.86	53.13	52.40	43.50	34.32
智利	36.22	40.13	32.20	35.70	34.91	27.70
美洲均值	44.95	51.49	41.56	51.77	38.94	47.50

相比北美，南美各经济体的 PVT 规模较小，区域内强度低，2018 年，哥伦比亚、巴西、秘鲁、智利的 PVT 入强度和出强度大多低于 50%。而且，南美各经济体在区域内主要是与北美建立生产联系，南美各经济体之间的生产联系强度要低得多。

分区域联系看，南美各经济体与亚大区域之间的联系强度高，不仅高于与欧洲、非洲及其他区域，也要高于区域内与北美以及南美内部的强度。这表明南美洲各经济体的生产联系较稀疏，各经济体主要寻求与区域外的生产联系(见表 2-14)。之所以如此，与南美洲的资源禀赋和经济结构有着很大关系。南美洲拥有极丰富的自然资源，市场广阔，历史上长期受到殖民统治，成为欧洲列强的农作物和矿产资源等初级品的供应基地和工业制成品的销售市场。19 世纪后，南美洲各经济体逐步走上民族独立道路，并先后实施了不同类型的工业化发展战略，也曾通过引入外资和实施宽松政策谋求发展自身的工业和参与国际分工。但外资进入南美洲采取市场占有型的国际化经营战略，通过购买和兼并当地的民族企业控制了东道国的制造业，而并未将东道国引入国际生产体系，导致本国民族企业缺乏竞争力，制造业发展缓慢，经济绩效较差，初级品的生产和出口一直是南美洲各经济体的经济支柱。[①] 1990 年，南美洲大多数经济体初级品部门的产值占

①　对于拉美国家的发展模式已有大量文献做过深入的剖析，并且理论界对其划分、绩效评价等也有争议。如，加里·杰里菲，唐纳德·怀曼. 制造奇迹——拉美与东亚工业化的道路. 上海：上海远东出版社，1996；联合国拉美和加勒比经济委员会的研究报告；中国对外经贸大学全球价值链研究院编著的《全球价值链发展报告》；等等。江时学、苏振兴等国内学者对拉美国家也有丰富的研究。

GDP 的 1/4，出口占货物出口总额的比重在 70% 以上；到 2018 年，初级品出口比重仍维持在 70% 以上。虽然初级品生产和出口曾一度给南美洲各经济体带来快速经济增长和巨大的贸易利益，但初级品部门的产业链条短，运行成本高，也缺乏强大制造业以及良好的基础设施的支持，贸易成本相对较高，这些都不利于南美洲各经济体参与全球生产网络，也难以在区域内部形成经济联系。

此外，南美洲地区也曾谋求抱团发展，积极探索区域经济合作途径。从 20 世纪 40 年代开始，一方面与中美洲国家联合成立了拉丁美洲经济委员会。①该委员会的基本工作是为拉美地区建立地区性市场制定政策和方案，推动成员国之间的政府合作和经济一体化，如建立关税同盟，创立共同市场等。另一方面，南美洲各经济体之间也开展合作，成立经济合作组织，签订各类协议，如 1969 年 5 月，秘鲁、玻利维亚、厄瓜多尔、哥伦比亚和智利签署了《安第斯区域一体化协议》；1969 年 4 月，阿根廷、玻利维亚、巴西、乌拉圭和巴拉圭成立了拉普拉塔河流协定组织；1991 年签订，1995 年 1 月正式启动的南方共同市场（MERCOSUR），这是世界上第一个完全由发展中经济体组成的共同市场，共有 5 个成员国，7 个联系国。但由于南美洲各经济体之间经济结构的竞争性强、互补性差，加之协定之间重叠，管理成本高，各经济体之间政治纷争大，各种协定和组织缺乏有效的协调性，使得南美洲地区虽然签订的协定多，但雷声大雨点小，并未对地区的经济合作以及区域生产网络的发展起到很好的推动作用。进入 21 世纪以来，南美洲的开放程度进一步提升，中国和印度成为该地区重要的投资和贸易伙伴，南美洲各经济体加强了与亚大区域的生产和贸易联系，由此也促进了南美洲出口的强劲增长和良好的经济表现。②从表 2-14 可以看到，2018 年，南美洲的 5 个主要经济体与亚大之间 PVT 入强度和出强度占比均已超过北美、欧洲，而本地区内的 PVT 联系仍然偏低。

---

①　拉丁美洲经济委员会于 1948 年 2 月 25 日建立，办事处设在墨西哥城。1984 年重新命名为拉丁美洲/加勒比海经济委员会，成为联合国五个地区性委员会之一。

②　美洲发展银行（IADB）在《中国的崛起：对拉美和加勒比的机遇和挑战》（2005）和经济学人智库（EIU）在《拉丁美洲商业》（2008）的研究报告中，均认为中国的崛起以及对拉美地区初级产品的特殊需求是该地区 21 世纪初强劲经济表现的主要因素之一，并期望中国需求依然保持强劲。

表 2-14　　**2018 年美洲各经济体 PVT 网络区域内外联系强度(%)**

入 强 度

经济体名称	区 域 内		区 域 间				
	北美	南美	北美	南美	欧洲	亚大	非洲及其他
加拿大	96.93	3.07	44.89	1.42	24.00	27.10	2.59
美国	94.76	5.24	29.35	1.62	28.92	37.07	3.04
墨西哥	95.02	4.98	36.42	1.91	20.02	40.08	1.57
哥斯达黎加	85.32	14.68	55.76	9.59	6.67	4.77	23.21
哥伦比亚	81.51	18.49	31.48	7.14	25.86	29.46	6.05
阿根廷	44.37	55.63	14.01	17.57	31.53	31.80	5.09
巴西	72.72	27.28	15.19	5.70	42.69	31.18	5.24
秘鲁	70.40	29.60	30.63	12.88	12.96	37.67	5.86
智利	62.10	37.90	21.68	13.23	26.30	34.90	3.89

出 强 度

经济体名称	区 域 内		区 域 间				
	北美	南美	北美	南美	欧洲	亚大	非洲及其他
加拿大	98.32	1.68	71.49	1.23	7.81	15.90	3.57
美国	84.04	15.96	30.75	5.84	20.46	33.26	9.69
墨西哥	95.63	4.37	80.49	3.68	4.78	7.32	3.74
哥斯达黎加	94.63	5.37	41.73	2.37	19.93	16.08	19.90
哥伦比亚	72.23	27.77	35.94	13.82	13.37	19.76	17.11
阿根廷	26.26	73.74	11.62	32.65	16.69	23.79	15.25
巴西	64.53	35.47	21.85	12.01	16.94	37.79	11.42
秘鲁	64.02	35.98	21.97	12.35	14.59	38.29	12.79
智利	65.92	34.08	18.26	9.44	11.92	53.25	7.14

注：表中的北美地区包括哥斯达黎加。

4. 非洲和其他经济体

非洲尚未形成一个区域性的生产网络。位于非洲北部的突尼斯、摩洛哥利用接近欧洲的地理位置条件，主要是参与欧洲生产网络。位于非洲最南端的南非则主要是与亚大经济体建立生产联系。非洲三个经济体之间生产联系规模极小，它们在区域内的生产联系主要是与其他经济体建立生产联系（见表 2-15）。显然，由于非洲的样本数少，影响到对非洲地区的生产联系更全面细致的分析，获取更充分的数据资料，加强对非洲及其他经济体参与全球生产网络的研究是今后工作的一项重要内容。

表 2-15　　**2018 年非洲及其他经济体 PVT 网络区域内外联系强度(%)**

经济体名称	欧洲		亚大		美洲		非洲及其他	
	入强度	出强度	入强度	出强度	入强度	出强度	入强度	出强度
突尼斯	81.50	76.19	6.95	8.35	0.00	5.46	11.55	10.00
摩洛哥	77.00	62.32	13.82	15.17	4.51	11.75	4.67	10.77
南非	43.56	19.30	42.11	42.31	6.37	8.30	7.95	30.09
其他经济体	45.20	34.72	41.78	46.00	10.59	17.59	2.43	1.69

第六节　本 章 小 结

第二章对数据来源进行了简介，采用 OECD-ICIO 表（2021 年版）构建了 DVX 和 PVT 的二值矩阵和多值矩阵。在此基础上，从网络密度、节点联系动态变化、全球生产网络的匹配性、核心-半边缘-边缘结构、四大区域的生产网络等方面刻画了全球生产网络的拓扑特征。这一章研究的主要结论有：

1. 运用社会网络分析方法进行全球生产网络研究，需要基于全球投入产出表建立二值矩阵和多值矩阵。具体步骤是先按第一章所述全球生产网络的指标及测算方法测算出口中的国内增加值（DVX）和跨境生产的增加值（PVT）两个增加值流量矩阵，再对增加值流量矩阵进行阈值（1‰）处理，形成多值矩阵，然后将多值矩阵中的非零元素值转换为 1，构建二值矩阵。

2. 密度是网络分析中最常用的一种测量，反映的是网络中各个行动者或节点之间联系的密切程度。我们测算了 1995—2018 年 DVX 和 PVT 两个网络的密度。在总体变化趋势上，两个网络的密度较接近且呈振荡上升的趋势，但 QAP 分析表明两个网络都是渐近变化的，具有较强的稳定性。21 世纪头 10 年是全球生产网络密度上升速度最快的时期，2008 年金融危机后，上升速度则明显趋缓。相对而言，无论是网络的联系程度还是自稳性，DVX 网络都要略强于 PVT 网络。从长期看，各节点的联系数是动态变化的，而非一成不变。

3. 通过对全球生产网络的匹配性分析发现，DVX 网络具有同配性，在全球经济正常增长时期，经济体倾向与强度相似的经济体建立生产联系。而 PVT 网络则表现出异配性并且程度更高，表明较大的经济体更愿意与较小的经济体发生跨境生产联系。但两个网络的匹配性容易受到大的不利外部冲击的影响。

4. 依据 DVX 多值矩阵计算各经济体的核心度，可以构造全球生产网络的"核心-半边缘-边缘"结构。全球生产网络在近 20 年虽有快速发展，但核心-半边缘-边缘结构整体上呈现较稳定的状态。美国、德国、日本、法国、英国等几个发达经济体始终处于核心圈层中。进入 21 世纪后，中国的核心度迅速上升。全球生产网络现已形成以"二亚四欧美"为核心圈、部分欧美发达经济体和亚洲新兴经济体位于半边缘圈、多数发展中经济体处于边缘圈的核心-半边缘-边缘结构。

5. 核心经济体存在"退化"现象。在 DVX 网络和 PVT 网络中，核心经济体所贡献的份额均呈现不同程度下降，半边缘和边缘经济体的地位日益突出，边缘经济体的出广度明显高于入广度，核心经济体正好相反，从一个侧面反映出核心经济体仍主导着全球生产体系，半边缘、边缘经济体承接生产环节来嵌入全球生产网络。各圈层经济体之间生产联系逐步紧密，特别是核心和边缘经济体越来越倾向与半边缘经济体加强跨境生产联系。

6. 分区域研究发现，区域性仍然是全球生产网络的主基调。欧洲和亚大在跨境生产联系上表现出很强的区域性。美洲、非洲及其他经济体的跨境生产联系则较分散，亚大区域成为美洲 PVT 网络联系的最主要区域，非洲及其他经济体主要与欧洲建立跨境生产联系，但强度有所下降，与亚大之间的跨境生产联系正在扩大。

7. 欧洲的区域集聚程度高的主要原因在于，欧洲的整体发展水平高，区域内经济体之间的互补性强，"邻居效应"明显，欧盟的建立及常态化运行对欧洲区域生产网络的高集聚性有着明显促进作用。

8. 近 20 年，亚大区域的各经济体发展迅速，生产联系日益紧密，具有较高的区域集聚度。中国、韩国、日本在该区域内占据很高的中心地位。东盟 10 个经济体的跨境生产联系主要在区域内，并不断追求外部合作，建设全球供应链重要的基地。RECP 的 15 个经济体成为亚大区域生产网络的主体骨架。

9. 美洲生产网络具有典型的"星形"网络结构，美国居于网络的中心，区域内 8 个经济体与美国的跨境生产联系强度占到各自的 60% 以上。北美 4 个经济体的联系强度明显高于南美经济体，并且总体上变动不大。南美各经济体的次区域内生产联系较稀疏，各经济体主要寻求与区域外的生产联系。这与南美洲各经济体之间经济结构相似度高、竞争性强、社会经济环境稳定性差、区域经济合作协调性低有着密切关系。

10. 非洲尚未形成一个区域性的生产网络，其他经济体与欧洲、亚大区域的生产联系占据主导地位。由于非洲及其他经济体在数据库中所含的样本数过少，对非洲及其他经济体的生产联系的研究结果难以反映实际状况，相关研究有待于加强。

第三章　FDI 与行业的全球生产网络

第一节　FDI 与全球生产的演变特征

全球生产体系的核心是跨国公司将自身及母国的特定所有权优势与东道国的区位优势相结合，并且跨国公司作为主导方，通过国际经营战略、对外直接投资（Foreign Direct Investment，FDI），在全球范围内配置资源，分解、外包生产业务，布局生产环节，协调活动联系，以追求最大化收益和更强的国际竞争力。联合国贸易和发展组织（UNCTAD）估计，遍布全球近百万家跨国公司及其国外分支机构组成了跨国生产与服务网络，全球贸易出口总额的大约80%与跨国公司的国际生产网络有关，全球价值链中的增加值模式在很大程度上是由跨国公司的投资决定塑造的。东道国企业通过股权和非股权等方式引入 FDI、接受外包业务，完成特定环节的任务和价值增值，参与国际生产活动，尤其是发展中经济体政府和企业更希望借此吸收先进的技术和管理经验，提升经营绩效，实现企业升级和产业升级（UNCTAD，2013）。毫无疑问，跨国公司的国际经营战略的演变，特别是 FDI 的变动趋势对增加值类型、收益分配、全球生产网络的发展产生着至关重要的影响。本节我们首先对近几十年 FDI 与全球生产演变特征进行分析。

一、全球 FDI 流量呈周期性增长

图 3-1 显示，在 20 世纪 90 年代之前，全球 FDI 年均流量相对较小，1970—1994 年 FDI 年均流量不到 900 亿美元。90 年代中期之后，全球 FDI 流量得到快

速增长。从经济体类型看,发达经济体在多数年份是 FDI 的主力,1995—2007
年,发达经济体国际直接投资流入 IFDI(Inward Foreign Direct Investment, IFDI)
年流量占全球 IFDI 年总量的 67.46%,国际直接投资流出 OFDI(Outward FDI,
OFDI)年流量占全球 OFDI 总量的 88.24%;2008—2020 年,发达经济体的 IFDI
年流量和 OFDI 年流量占比分别为 52.31%和 68%。而发展中经济体无论是 IFDI
流量还是 OFDI 流量增长则更迅速,已逐渐接近发达经济体水平。发展中经济体
之间相互投资日渐增大,成为国际直接投资的重要组成部分。

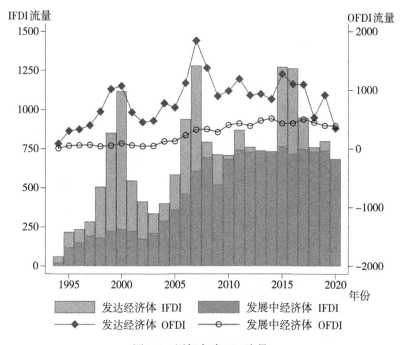

图 3-1 历年全球 FDI 流量

注:(1)IFDI 流量为 FDI 流入流量,OFDI 为 FDI 流出流量,单位:十亿美元,现价。

(2)图中左 1 条形和曲线点分别为 1970—1994 年 IFDI 和 OFDI 均值;

(3)发达经济体和发展中经济体划分根据联合国贸发组织数据库,发展中经济体包含转
型经济体。

数据来源:联合国贸发组织数据库。

21 世纪以来一个重要特征是,全球 FDI 流量变动随全球经济周期也呈现明

显的周期波动。2001 年泡沫经济破灭，全球 IFDI 流量从 2000 年的 13566.13 亿美元逐年降至 2003 年的 5506.15 亿美元，2004 年开始回升。2008 年全球金融危机爆发导致全球 IFDI 流量再度下降，虽然在 2015 年全球 IFDI 流量有大幅回升，达到 20417.70 亿美元，为历年最高值，但地缘政治风险、金融风险、贸易紧张关系、新冠疫情等多种因素叠加，2016 年开始进入新一轮衰退期，2020 年全球 IFDI 流量降至 9980.89 亿美元，回到 2005 年水平。自 2010 年以后，跨国公司的海外子公司的销售额、增加值、就业率、年均增长率等国际经营指标均出现下降，海外扩张明显放慢。未来相当长一段时期全球经济、政治的前景不确定性强，各国政府和跨国公司将对投资及政策作出新调整，增强供应链韧性和安全，全球 FDI 和国际生产增长将进入重大变革时期。

然而，一个值得注意的现象是，在全球经济衰退期，发达经济体的 FDI 流量大幅缩减，发展中经济体依赖全球价值链密集型产业和采掘业的投资也因此受到严重冲击，但 FDI 流量却不减反增。2013 年和 2014 年的 IFDI 流量、2020 年的 IFDI 流量和 OFDI 流量，发展中经济体均超过发达经济体，成为拉动与稳定全球 FDI 和国际生产的重要力量。

二、全球 FDI 分布格局依然是"大三角"

在地理分布上，20 世纪后 20 年，跨国公司投资行为集中于"大三角"（北美、欧洲经济区、日本），并且采取低股权、非股权安排以及战略联盟等投资形式建立区域性的简单一体化国际生产网络。全球绝大多数经济体的 FDI 主要来自位于同一地理区域的"大三角"经济体，"大三角"经济体之间交叉投资占比也非常高，国际直接投资呈现集聚化（UNCTAD，1991，1992）。

进入 21 世纪以后，随着众多发展中经济体参与经济全球化和经济快速增长，国际直接投资规模日益扩大，大型跨国公司也不断构建全球生产网络，推动国际生产向复杂一体化方向发展，但"大三角"主导国际直接投资的格局依然没有改变。表 3-1 显示，2000—2019 年 IFDI 流量和 OFDI 流量的年均占比，欧洲、亚洲及大洋洲、美洲三分天下，欧洲仍是 FDI 最大区域。相比 1980—2000 年的年均占比，欧洲和美洲有所下降，亚洲及大洋洲呈现大幅上升。

表3-1　　　　　　　　　　各区域 FDI 分布(%)

区域	1980—1999 年		2000—2019 年		2018 年 OFDI 存量占比			
	IFDI 流量占比	OFDI 流量占比	IFDI 流量占比	OFDI 流量占比	欧洲	亚大	美洲	非洲
欧洲	40.95	58.00	37.87	47.40	69.88	8.56	20.80	0.76
亚大	20.13	16.55	30.22	27.96	14.06	69.90	15.73	0.31
美洲	36.98	24.97	28.94	24.16	63.50	14.64	21.67	0.19
非洲	1.94	0.48	2.97	0.48	39.85	47.27	12.84	0.04

数据来源：(1)IFDI 流量占比为各时期段年均值，根据联合国贸发组织(UNCTAD)的 FDI 数据库计算而得；

(2)2018 年 OFDI 存量各区域占比根据国际货币基金组织(IMF)的国际直接投资数据库相关数据计算而得。

根据 2018 年各经济体双边 OFDI 存量数据计算，欧洲、亚洲及大洋洲近70%的 FDI 流向本区域内部，美洲内部投资占比较低，只有 21.67%。美洲与欧洲之间的交叉投资占比较高，美洲 60%以上的 FDI 流向欧洲，欧洲的 FDI 流向美洲占到 20%。非洲的直接投资一直处于很低水平，区域内部 OFDI 占比只有 0.04%，亚洲及大洋洲、欧洲是非洲 FDI 的主要流向区域。与此同时，跨国公司全球化经营呈现"双层区域一体化"的网络。一层是形成洲际层面的区域一体化网络，另一层是次国家层面的地域集群，即 FDI 流向或定位于拥有独特的产业集群的地区，地区总部、研发技术活动也放在具备条件的地区，而不是分散布局。相对而言，外资的研发活动的地理分布比其他职能更加集中。对于 FDI 和国际生产的区域一体化，《世界投资报告》认为一个重要原因是存在着"串绕效应"。以"大三角"成员经济体为核心的串绕性投资既是经济一体化的结果，有利于促进成员经济体的经济增长，又会非正式加强区域一体化的趋势，邻近地区经济体之间需要更大程度上的政策协调与政策趋同(UNCTAD，1992)。Baldwin et al.(2003)、许培源等(2019)的研究也表明，签署区域投资和贸易协定会产生 FDI 由区域外向区域内的转移效应。新近的自由化规则已成为左右国际投资布局的大趋势和主导力，并且对区域内大型经济体的 FDI 流入促进作用更大，区域内投资转移效应显著，对非成员经济体的 FDI 产生了负向影响。

从图 3-2 可以看到，各大洲都有少数几个经济体占据 FDI 较大份额。除了几个世界金融自由港外，欧洲的德国、法国、荷兰、英国、瑞士、比利时、丹麦一直是全球 OFDI 和 IFDI 主要经济体；美洲的美国、加拿大、墨西哥 2019 年 IFDI 流量占全球总流量的 21.4%，OFDI 占比为 16%，其中美国的 FDI 流入和流出量一直在全球占据首位，1995—2019 年 OFDI 年均流量约占全球总额的 19%。在亚洲及大洋洲地区，日本、中国、新加坡、韩国、澳大利亚是该地区几个主要经济体。日本一度是亚洲的 OFDI 的龙头，在全球也占有重要地位，IFDI 规模却要小得多，21 世纪头 10 年日本 OFDI 年均流量有所下降，近 10 年又开始回升。中国近 20 年发展迅速，已超过日本成为亚洲及全球重要的 IFDI 和 OFDI 经济体之一。

总体而言，近 20 年全球 FDI 增长迅速，相比以往 FDI 分布格局发生了一些明显变化，但总体上依然呈现"大三角"主导态势，欧洲、亚大区域的 FDI 主要集中在区域内，全球 FDI 集聚化程度仍然较高。随着近年来各国政府和跨国公司强化供应链安全，对投资及政策的新调整，上述格局仍将会持续下去。

三、跨国并购和绿地投资是国际生产的两大动能

跨国公司以股权模式和非股权模式进行对外投资和国际生产管理。股权模式主要是采取跨国并购和绿地投资等直接投资方式，非股权模式包括专利授权、许可经营、业务外包等方式。有关非股权模式将在下一部分进行描述，这里着重分析股权模式变化态势。

回顾 20 世纪 80 年代以来的此类活动，可以发现，不同经济体、行业、时期呈现出不同特征。首先，从经济体来看，发达经济体主要通过跨国并购参与国际分工，其在全球跨国并购出售额中的占比大多超过 75%；发展中经济体是绿地投资的重要目的地，其在全球绿地投资总价值中的占比始终在 65% 左右。①其次，

---

①　本部分有关跨国并购和绿地投资的数据来自历年《世界投资报告》，其中，跨国并购统计数据包括外国分支机构和处于同一东道国家和地区的企业之间的并购，这部分属于 FDI；还包括通过国内和国际资本市场进行的收购，这部分不属于 FDI。发达国家跨国并购额在全球跨国并购中的份额仅在 2014 年低于 75%，为 68%。由于缺乏 20 世纪八九十年代的绿地投资数据，这里我们重点分析 21 世纪以来绿地投资的变动。

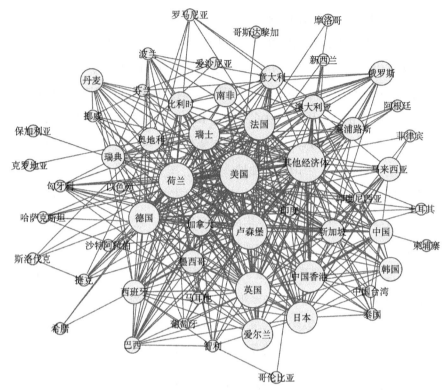

图 3-2　2018 年全球主要经济体双边 FDI 网络图

注：节点大小和边的粗细与节点间双边 2018 年 OFDI 存量规模成比例。

数据来源：国际货币基金组织（IMF）的国际直接投资数据库。

从行业来看，自 1995 年起服务业取代制造业成为跨国并购的主要领域，在 21 世纪头 10 年前者约是后者的 2 倍，最近 10 多年两者的差距有所减小；自 2012 年起服务业的绿地投资超过制造业，近年来由于数字经济和新冠疫情的影响，绿地投资主要发生在信息与通信、电子和电气设备、化学和化学产品等行业。最后，从不同时期来看，跨国并购和绿地投资由交替发挥主导作用逐渐转变为共同推动国际生产，具体而言：

在 1980—2007 年，国际生产主要由跨国并购推动，这一时期，跨国并购收购额净值快速增长，由 20 世纪 80 年代的不足 1000 亿美元上升到 1999 年的 7660 亿美元，2007 年达到峰值水平（16371 亿美元）。同时，全球范围内的并购数量也以年均 42% 的速率急剧上涨。

在 2008—2014 年，绿地投资转变为国际生产扩张的重要动因，原因在于，2008 年全球金融危机对跨国并购产生较大的负面冲击。在这几年间，绿地投资实现赶超，其项目价值在股权投资中的比重维持在 60%以上；同时，历年项目数量也比跨国并购高出 1 万个左右。相较而言，跨国并购净交易额在股权投资中的份额较低，①如 2014 年的这一比值仅为 38%。因而，在金融危机之后的这段时期，跨国公司主要通过绿地投资拓展海外市场。

在 2015—2021 年，跨国并购和绿地投资共同驱动国际生产。在该时期，跨国并购和绿地投资在股权投资总价值中的占比相当，均保持在 50%左右。而在 2019 年后者比前者高出 25%，这是因为部分经济体考虑到国家安全和公共利益等因素而加强了对外国投资的审查，导致该年份的多项跨国并购交易失败。

由上述可见，跨国并购和绿地投资是国际生产的两大动能，2015 年之前两者交替变动，近年两者并驾齐驱，共同推动国际直接投资和国际生产。

四、国际直接投资和生产呈现轻型化

近年来，由于技术进步与数字经济的驱动以及多种不利外部因素冲击，跨国公司调整战略布局，国际投资和生产呈现轻型化趋势。②

一是跨国公司缩减海外投资规模，更偏重海外销售。21 世纪头 10 年，跨国公司国外分支机构总资产的增长速度明显高于海外销售和雇员的增长速度。然而，自 2011 年起，这一局势有所改变。图 3-3 展示了 2011—2019 年各项国际生产指标的增长状况，从中不难发现，国外分支机构销售额的增长率在多数年份要高于总资产及雇员的增长率，特别是 2017 年以来这三项指标的差距在不断扩大，可见跨国公司以轻型化的国际投资实现海外扩张。

二是数字跨国公司迅猛发展。数字化的广泛应用是过去一段时间国际生产的

---

①　《世界投资报告》公布的 2008 年以来的跨国并购多为净额，从东道国来看，跨国并购净出售额＝东道国公司出售给外国跨国公司的交易额－东道国外国子公司出售的交易额；从母国来看，跨国并购净购入额＝国内跨国公司购买国外公司的交易额－以母国为基地的跨国公司国外子公司的出售额。

②　UNCTAD 在《世界投资报告 2017》中，专门就跨国公司对外直接投资轻型化趋势进行了论述。本文在此基础上，结合其他数据和资料加以综述。

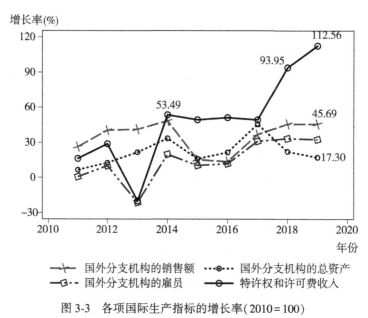

图 3-3　各项国际生产指标的增长率(2010=100)

数据来源：根据历年《世界投资报告》公布的各指标数据计算而得。

又一重要特征，主要体现为信息和通信技术行业的跨国公司数量增长，海外资产规模排名前 100 强跨国公司中，数字企业已从 2006 年的 5 家扩大至 2015 年的 10 家；海外销售额排名前 100 强跨国公司中，数字企业已从 2006 年的 9 家增加到 2015 年的 14 家。另外，2018 年的世界百强跨国公司榜单显示，资产较重的工业企业在其中的排名有所下滑，数字跨国公司显示出更高的海外销售份额，海外资产的轻度化比率较高。这说明跨国公司正在更多地借助在线市场和数字化价值链进入国际市场。

三是海外直接投资倾向轻资产行业。轻型化还表现为轻资产行业逐渐成为股权投资的重要领域。首先，从三大产业来看，在 21 世纪之初服务业便已是最大的 FDI 吸收阵地，在 IFDI 存量中的占比高达 60%，制造业次之，初级产业最低。在此后 20 年间也大体保持了类似的情形，仅 2010 年服务业在股权投资中的份额低于制造业，这可能与 2008 年的全球金融危机有关。其次，从各细分行业来看，计算机、电子和光学设备、化学和医药制品、汽车等技术密集型行业在制造业股权投资中占比较高，自 2016 年以来，这一比值始终维持在 60%以上；服务业中信息和通信行业的比重较大，2021 年在服务业股权投资中的占比为 30%，比2020 年上涨了 45.45%。上述行业层面的投资数据表明，技术密集型行业与服务业等轻资产行业成为股权投资的主要目的行业。

四是非股权模式的增势明显。除了股权投资外，跨国公司还利用非股权形式的伙伴关系参与全球生产，主要形式有合同制造、服务外包、特许经营、许可经营、管理合同等。近年来的数据也反映了非股权模式的重要性，此类活动在 2010年创造了约 2 万亿美元的销售额，其中，合同制造和服务外包占 55%~65%，特许权和许可经营占 35%左右，管理合同约占 5%。2017 年以后，特许权和许可费收入的增长率直线上升，远高于海外分支机构总资产、销售额等指标的增长速度（如图 3-3 所示）。

总而言之，从微观层面来看，跨国公司一方面偏重其附属子公司的销售而非资产，另一方面倾向于利用数字技术进入国际市场；从行业层面来看，股权投资更偏向于投入轻资产行业；从投资方式来看，非股权模式逐渐显现出其对国际生产的重要性。

五、全球 FDI 规则及体系面临重构

影响 FDI 的一个重要因素是相关规制及政策。从总体趋势看，FDI 的规制及政策以自由化为主旋律，但管制措施仍大量存在，当今世界 FDI 规则及体系正面临着重构。

经合组织（OECD）计算了全球 84 个经济体的 FDI 监管限制指数，①在所考察的时期内，除阿根廷、澳大利亚外，其他的经济体均出现下降趋势，且平均数趋于持平。相对而言，发展中经济体自由化趋势更明显，亚洲、非洲的发展中经济

---

①　经合组织的外国直接投资监管限制指数涵盖三大产业的 22 个部门，时期为 1997 年、2003 年、2006 年以及 2010—2020 年。指数评价了允许的外国股本所有权水平、外国直接投资的筛选和批准程序、对关键外国人员的限制，以及其他限制水平，如土地所有权、公司组织（如分支机构）等。对限制的评价是以 0（开放）到 1（封闭）为标准。总的指数是单个部门得分的加权平均。该指数所考虑的措施仅限于对外国直接投资的法定限制，不考虑经济特区的优惠待遇和对出口型投资者的优惠待遇。

体通过建立经济特区、推动国有公司私有化等措施积极推行自由化政策。发达经济体自由化时间早且程度深，但近年来有加强管制的趋向。仅 2020 年，发达经济体制定法规或限制的管制措施数量增加至 50 项，是历史最高数。而发展中经济体则积极寻求自由化，共推出 72 项便利措施。

分部门看，与国家安全密切相关的经济部门，如渔业、水路运输、出版、音像和广播活动等部门是各个国家重点管制对象，FDI 监管指数普遍接近于 1。其余各部门都历经了自由化变革。目前，部分经济体对运输、能源、农业、电信、金融等行业放松了对外国直接投资的准入限制，其中亚洲发展中经济体最积极。以中国为例，2010 年，运输、移动电信、金融部门的 FDI 监管指数分别为 0.625、0.75 和 0.598，在 2020 年下降为 0.395、0.715 和 0.5，自由化趋势明显。

国际投资和生产顺利开展需要各方有效地协调，建立和实施合理规则、政策加以保障。第二次世界大战以后，世界贸易组织（WTO，前身为 GATT）积极推进多边贸易体系的谈判与建设，关税减让、原产地规则、市场准入是主要议题。当今世界经济政治格局发生重大变革，全球投资、贸易规则和体系正面临着重构。其一，对原有的议题提出更高的标准。其二，规则由"边境"逐步转向"边境内"。规则谈判焦点集中于监管一致、竞争中性、负面清单、电子商务、环境与劳工标准、知识产权等新议题。其三，特大区域国际投资和贸易协定谈判势头强劲。目前特大区域国际投资协定主要包含非洲大陆自由贸易区（AFCFTA）的可持续投资议定书、欧盟-英国贸易协定、中欧全面投资协定（CAI）、区域全面经济伙伴关系（RCEP）、美国-墨西哥-加拿大协定（USMCA）和跨太平洋伙伴关系全面进步协定（CPTPP）等。特大区域国际投资协定的出现虽然使得国际投资协定的数量有减少趋势，但是由于存在多个缔约方，规模庞大，大大扩展了投资条约网络，所产生的影响也更大。

六、FDI 和国际生产转型新趋势

近 30 年，国际直接投资和国际生产经历了 20 年高速增长，10 年停滞的历程。当今世界正处于一个重要的转型时期，联合国贸易和发展组织（UNCTAD）在《世界投资报告 2020》中专题分析了未来 10 年投资模式和国际生产的转型趋势。该报告认为，2010 年以来，物质生产资本的跨境流动停止增长，国际生产与贸易放缓。而智能机器人、加强版供应链数字化和 3D 打印三项关键技术的广泛使用，以及国际政治、经济、政策环境的变化，正改变着国际直接投资模式、全球生产的走势。

跨国公司的对外直接投资模式正发生转变，具体反映在三个"关注点"的改变上：其一是关注于投资与出口的结合，形成"出口++"模式，也即将出口与区域市场的生产投资、对更广泛的产业基础能力以及基础设施的投资相结合，而不再关注于在狭小的专业化 GVC 片段上的效率寻求型投资；其二是关注于生产链和供应链的"便利性""韧性"，追求多元化投资竞争；其三是关注于投资的"可持续性"和"潜力"，将投资促进战略转向绿色经济、蓝色经济和以新一代信息网络为核心的新型基础设施等领域，谋求拥有"精简基础设施"，以利于小规模制造和服务的发展。

新技术广泛运用、跨国公司对外直接投资理念转变以及国际环境的变化相互作用，正加速着国际生产的转型。未来 10 年国际生产将沿着 4 个轨迹转型：(1) 外资回流将导致 GVC 长度变短，这对 GVC 密集型行业，以及发展中经济体的价值链升级产生较大影响。(2) 国际生产管理"扁平化"和"近岸化"，全球生产网络的区域化程度提高。区域经济合作、产业政策和投资促进将成为建立区域价值生产网络不可缺少的一部分。(3) 跨国公司的对外直接投资和国际生产组织倾向重平台、轻资产，数字化技术发展和运用也将为中小型企业参与全球价值链创造机会。对外直接投资和国际生产无论在经营主体还是行业分布上都将呈现多样化趋势，全球价值链加速向无形资产和服务型转变。(4) 生产复制化通过将生产模式、流程标准化复制运用到不同区域、领域，从而引发全球生产网络重构，大规模生产活动转向轴辐式制造，生产环节的地理分布变得更广，这会在适合于轴辐式的加工业和区域加工业体现得更明显，生产网络中的中心节点地位更突出，以中心节点为枢纽将碎片化的生产环节链接成产品的生产全过程。

FDI 和国际生产转型新趋势，对各方既是挑战也是机遇。大型跨国公司所面临的 FDI 竞争将更加激烈，中小型企业借助数字化技术和平台将会寻求到对外直接投资和参与国际生产的更多机会。各经济体，尤其对发展中经济体需要对产业能力、新型基础设施、创新平台加强建设。

第二节　行业的全球生产网络

国际生产体系的核心是跨国公司将自身及母国的特定所有权优势与东道国的区位优势相结合，在全球范围内进行资源配置，实施国际经营战略，从而驱动着不同行业形成各具特征的全球生产网络。本节中，我们分别研究初级行业、制造行业、服务业的全球生产网络。

一、初级行业生产网络

初级行业包括农、畜、林、狩猎（A01T02），渔业和水产养殖（A03），矿业和能源产品的提取（B05T06），矿业和采石（B07T08），矿业支持性服务活动（B09）五大部门。①本部分主要关注初级行业各部门如何参与全球生产活动。首先利用各经济体 DVX 出强度分析其生产集中程度，然后对初级行业 FDI 的驱动因素进行分析，最后观察 PTV 网络密度与 GVC 生产长度间的联系。

1. 初级行业的 DVX 出强度

DVX 主要反映了基于双边层面的各个经济体出口中的国内增加值的大小。我们先按各经济体的 DVX 总额进行排序，然后测算不同位次区段经济体的初级行业各部门 DVX 之和占全球初级行业各部门 DVX 总额的比率，作为 DVX 出强度，结果报告在表 3-2 中。通过比较不同位次区段经济体 DVX 出强度，来反映初级行业各部门国际生产的集中与分散状况。

表 3-2　　　　　不同位次经济体初级行业 DVX 出强度（%）

部门编码	1995 年			2007 年			2018 年		
	1~10 位	11~40 位	41~67 位	1~10 位	11~40 位	41~67 位	1~10 位	11~40 位	41~67 位
A01T02	54.8	24.8	20.3	48.3	27.7	24.0	48.7	27.4	24.0
A03	55.8	28.8	15.4	48.6	27.6	23.8	54.5	25.5	20.1

---

① 若无其他说明，本书中的所列部门名称和编码均与第二章中表 2-4 保持一致。

部门编码	1995 年			2007 年			2018 年		
	1~10 位	11~40 位	41~67 位	1~10 位	11~40 位	41~67 位	1~10 位	11~40 位	41~67 位
B05T06	51.0	9.3	39.6	49.8	7.50	42.7	53.4	8.8	37.8
B07T08	65.0	16.1	18.9	64.4	12.3	23.3	67.2	11.5	21.3
B09	83.8	9.8	6.4	71.1	12.2	16.7	66.9	13.9	19.2

数据来源：表中数据为 1995 年、2007 年和 2018 年各部门不同位次区段经济体 DVX 之和占该部门全球 DVX 总和的比率；"其他经济体"归在第 41~67 位中。根据 OECD-ICIO 表（2021 版），作者自算。

表 3-2 显示，前 10 位经济体初级行业各部门的 DVX 出强度最高，这表明各部门生产活动在全球具有集中性，但不同部门的集中程度具有差异，并随时间不断波动。

农业的 2 个部门，农、畜、林、狩猎（A01T02），渔业和水产养殖（A03）占比较稳定，三个位次经济体占比基本维持在 50%∶25%∶25% 水平上，并且在 1995 年、2007 年和 2018 年 3 个年份只发生了小幅变动。

在采矿业中，矿业和能源产品的提取（B05T06）、矿业和采石（B07T08）两部门中 DVX 出强度前 10 位经济体在 50% 左右，而矿业和能源产品提取（B05T06）的第 41~67 位经济体出强度较大，主要是由于其他经济体的 DVX 较高。位于第 11~40 位的经济体不到 10%，这也表明发展水平较低的经济体仍凭借自然资源禀赋参与国际生产和贸易。此外，矿业支持性服务活动（B09）的 DVX 出强度前 10 位经济体，在 1995 年超过 80%，之后一直呈下降趋势，2018 年下降到 66.9%。相对应地，第 11~40 位和第 41~67 位经济体的出强度都呈现快速上升趋势。这与发展中经济体自身服务活动部门发展以及科技进步等因素有着密切关系。

2. 初级行业主要 DVX 来源地

我们进一步分析初级行业各部门年度 DVX 出强度排名前 10 位的经济体（见表 3-3），以反映主要的生产来源。

表 3-3　　　　　初级行业各部门 DVX 出强度排名前 10 位的经济体

部门编码	年份	前 10 位经济体
A01T02	1995	美国(16.9)　荷兰(8.3)　法国(7.6)　加拿大(4.6)　西班牙(4.0)　澳大利亚(3.4)　巴西(2.6)　阿根廷(2.6)　哥伦比亚(2.5)　德国(2.4)
	2007	美国(14.9)　荷兰(5.2)　巴西(5.0)　法国(5.0)　加拿大(4.1)　西班牙(3.7)　中国(3.0)　阿根廷(2.8)　澳大利亚(2.3)　俄罗斯(2.3)
	2018	美国(12.0)　巴西(10.2)　加拿大(4.2)　中国(3.9)　法国(3.7)　西班牙(3.5)　荷兰(3.3)　俄罗斯(3.2)　澳大利亚(2.4)　墨西哥(2.3)
A03	1995	美国(15.7)　韩国(7.7)　澳大利亚(6.1)　挪威(5.9)　荷兰(3.6)　丹麦(3.5)　英国(3.5)　智利(3.4)　菲律宾(3.3)　加拿大(3.0)
	2007	美国(13.2)　挪威(8.7)　俄罗斯(6.1)　中国(3.9)　加拿大(3.8)　英国(2.8)　中国台湾(2.8)　印度尼西亚(2.5)　冰岛(2.4)　澳大利亚(2.3)
	2018	挪威(16.8)　美国(10.7)　俄罗斯(6.1)　中国(3.6)　加拿大(3.5)　越南(3.5)　新西兰(2.9)　澳大利亚(2.9)　英国(2.4)　印度(2.0)
B05T06	1995	沙特阿拉伯(18.7)　挪威(7.8)　印度尼西亚(6.1)　加拿大(3.9)　墨西哥(3.3)　澳大利亚(3.1)　英国(2.6)　俄罗斯(2.5)　美国(1.9)　荷兰(1.6)
	2007	沙特阿拉伯(16.9)　俄罗斯(7.4)　挪威(6.9)　加拿大(5.5)　墨西哥(3.3)　澳大利亚(2.4)　印度尼西亚(2.2)　哈萨克斯坦(2.1)　英国(1.9)　马来西亚(1.3)
	2018	沙特阿拉伯(15.7)　俄罗斯(10.2)　澳大利亚(5.3)　美国(5.0)　挪威(4.7)　加拿大(4.2)　印度尼西亚(2.6)　英国(2.1)　哈萨克斯坦(2.0)　墨西哥(1.6)
B07T08	1995	南非(16.8)　加拿大(8.5)　澳大利亚(8.1)　美国(7.9)　印度尼西亚(5.7)　智利(5.0)　巴西(4.4)　英国(3.3)　俄罗斯(2.6)　秘鲁(2.5)
	2007	澳大利亚(11.6)　南非(11.5)　加拿大(8.3)　智利(7.1)　巴西(6.2)　秘鲁(5.2)　美国(4.9)　俄罗斯(4.8)　印度尼西亚(3.4)　印度(1.4)
	2018	澳大利亚(22.2)　南非(8.2)　巴西(8.2)　智利(6.9)　秘鲁(5.4)　俄罗斯(4.3)　加拿大(4.3)　美国(4.3)　印度尼西亚(1.7)　哈萨克斯坦(1.7)

部门编码	年份	前 10 位经济体				
B09	1995	美国(26.5) 德国(3.3)	荷兰(23.5) 波兰(1.8)	英国(15.1) 西班牙(1.3)	俄罗斯(5.8) 意大利(1.3)	日本(4.1) 法国(1.0)
	2007	荷兰(19.7) 德国(3.5)	美国(19.6) 加拿大(2.7)	俄罗斯(7.8) 中国(2.1)	挪威(7.1) 日本(1.6)	英国(5.6) 罗马尼亚(1.4)
	2018	美国(16.4) 英国(4.9)	荷兰(11.4) 中国(3.1)	挪威(9.6) 加拿大(2.5)	俄罗斯(7.5) 菲律宾(2.4)	波兰(7.1) 印度(1.9)

数据来源：根据 OECD-ICIO 表(2021)计算和编制。括号中数据为经济体的 DVX 出强度(%)。

从表 3-3 可以发现，在初级行业中，各部门的国内增加值生产都主要集中在资源禀赋较丰裕的经济体中，并随时间变化，一些经济体后来居上占据主要生产地位，但全球整体格局并未发生较大变化。

在农业中，农、畜、林、狩猎(A01T02)主要集中于美国、法国、加拿大等发达经济体，此外，巴西、中国凭借耕地面积广阔，发展特色农业在国际农业市场上占据优势。渔业和水产养殖(A03)的主要生产地集中于美国、挪威、俄罗斯等，这些经济体都坐落在临海、世界四大渔场周围，先天地理位置与丰富的渔业资源促使这些经济体在这一部门占据全球主要生产地位。

在矿业和能源产品的提取(B05T06)中，沙特阿拉伯、俄罗斯、挪威、澳大利亚等经济体是能源矿产资源的主要生产地。矿业和采石(B07T08)中，南非、智利、澳大利亚、巴西等是全球生产网络中重要的增加值来源地。矿业支持性服务活动(B09)集中于美国、荷兰、俄罗斯、挪威、日本、德国等经济体中，为全球矿业提供支持活动。这体现了该类活动仍由发达经济体所掌控。

结合表 3-4 可以看到，初级行业 DVX 出强度排名靠前的几个经济体，初级行业的出口占各自总出口的比重均超过 60%，尤其是沙特阿拉伯，占比高达 75.5%。俄罗斯、沙特阿拉伯、挪威主要依靠矿物燃料、润滑油出口；澳大利亚主要出口自然资源、动物和植物油；智利则集中于食品、动物、酒水、烟草以及自然资源、动物和植物油进行出口活动。

表 3-4　　　　　　**2019 年部分经济体总出口及初级行业出口额**　　　单位：亿美元

经济体	总出口	食品、动物、酒水、烟草		自然资源、动物和植物油		矿物燃料、润滑油		初级行业出口/总出口
	金额	金额	占比(%)	金额	占比(%)	金额	占比(%)	
俄罗斯	4267.20	203.24	4.8	210.76	4.9	2216.89	52.0	61.7
澳大利亚	2663.77	284.49	10.7	866.60	32.5	504.18	18.9	62.1
沙特阿拉伯	1836.04	34.30	1.9	18.12	0.1	1350.01	73.5	75.5
挪威	1040.30	127.54	12.3	21.48	2.1	582.44	56.0	70.4
智利	696.81	179.24	25.7	261.59	37.5	6.03	0.9	64.1

数据来源：《2020 年国际贸易统计年鉴》（UNCTAD）。

注：《2020 年国际贸易统计年鉴》将初级行业分为三大部门，分别为食品、动物、酒水、烟草；自然资源、动物和植物油；矿物燃料、润滑油。沙特阿拉伯为 2016 年数据。

综上所述，不管是农业部门还是采矿业部门都主要集中于资源型经济体，例如俄罗斯、挪威、沙特阿拉伯、澳大利亚等经济体，这些经济体充分利用本土资源进行生产活动，参与全球生产网络，在全球生产中占据优势地位。

3. 初级行业的 FDI

OECD 统计了 38 个成员经济体分行业 FDI 数据，尽管多数自然资源禀赋丰裕的经济体不在其中，但 OECD 成员经济体之间 FDI 总额占到全球总额的 70% 以上，因而其数据能够反映全球 FDI 行业分布的大体格局。从 FDI 流入看，1989 年至 2019 年，初级行业 FDI 流入量占 OECD 成员经济体 FDI 流入总量的比例不到 10%，并且在最近 10 年随着主要发达经济体收缩对外投资，流入初级行业 FDI 无论是金额还是比例都出现大幅下降。初级行业中，95% 以上的 FDI 流向采矿业部门，即使在 2016—2019 年，FDI 总额大幅下降，采矿业部门 FDI 流入量也占到初级行业的 95.25%（见表 3-5）。

表 3-5　　　　　　　　　各时期初级行业 IFDI 年均流量　　　　　　单位：亿美元

	1989—1991 年		2005—2010 年		2011—2015 年		2016—2019 年	
	金额	占比(%)	金额	占比(%)	金额	占比(%)	金额	占比(%)
OECD	1852.61	100	9484.99	100	12928.42	100	8461.68	100
初级行业	128.18	6.92 (100)	797.51	8.41 (100)	903.93	6.99 (100)	411.57	4.86 (100)
农业	5.97	0.32 (4.66)	15.34	0.16 (1.92)	10.89	0.08 (1.21)	19.56	0.23 (4.75)
采矿业	122.21	6.60 (95.34)	782.17	8.25 (98.08)	893.03	6.91 (98.79)	392.02	4.63 (95.25)

注：括号中数据为农业、采矿业分别占初级行业的比重。

数据来源：1989—1991 年数据来源于《2007 年世界投资报告》(UNCTAD)；其他数据来源于 OECD. Stat。

再结合表 3-6 分析，自然资源丰裕的经济体，2005—2019 年，采矿业部门 IFDI 年均流量占总流量的比例相当高，澳大利亚、英国、美国、加拿大采矿业部门的 IFDI 年均流量远高于其他的经济体；挪威、澳大利亚、哥伦比亚、智利的占比分别高达 71.72%、51.24%、45.05% 和 30.16%。它们利用比较优势吸引外资并参与国际生产和贸易，同时也反映出跨国公司在这些经济体投资属于典型的资源寻求型驱动。

表 3-6　　　　　　2005—2019 年部分经济体 IFDI 年均值及流向　　　　单位：亿美元

经济体	IFDI 年均值	采矿业		农业	
	金额	金额	占比(%)	金额	占比(%)
澳大利亚	410.84	211.20	51.24	-00.4	-0.01
智利	151.40	47.61	30.16	1.73	1.10
挪威	62.70	44.97	71.72	0.46	0.84
哥伦比亚	118.29	49.73	42.05	1.39	1.18
墨西哥	296.53	21.78	7.34	1.02	0.34

续表

经济体	IFDI 年均值	采矿业		农业	
	金额	金额	占比(%)	金额	占比(%)
加拿大	482.59	107.87	22.35	—	—
英国	903.67	142.55	15.77	0.09	0.01
美国	2479.77	127.63	5.15	2.53	0.10

数据来源：OECD. Stat。表中"—"表示数据不详。

依据上述分析，全球生产网络的发展推动了各经济体参与国际生产和贸易活动，发达经济体在初级行业的 FDI 以及生产中占据主导地位，欠发达经济体初级行业吸引 FDI 比例以及出口比例明显要高于其他行业，并且这些比例在近 30 年间一直较稳定。可见发达经济体主导制成品和服务的生产，欠发达经济体仍然主要以初级产品生产和贸易参与全球生产网络，这种格局一直以来并未发生大的改变。

4. PVT 网络密度与 GVC 生产长度

PVT 网络密度反映了跨境生产联系疏密程度，GVC 生产长度则表现生产的复杂程度。在初级行业两者相关性以及变动趋势如何？为此，我们绘制了初级行业 PTV 网络密度与 GVC 生产长度的散点图，具体可见图3-4。我们可以发现，初级行业 PTV 网络密度主要集中于 0.33~0.45，前向 GVC 生产长度集中于 3~5，后向 GVC 生产长度集中于 3.5~4。从整体来看，各行业的 PTV 网络密度与前向 GVC 生产长度、后向 GVC 生产长度具有正相关性，并且 2018 年相比 1995 年都有增大的趋势。这表明各经济体倾向同其他的经济体建立联系，通过跨境生产使本地部门占据优势，并伴随分工复杂程度的增加，延长其价值链。

分部门观察，除了矿业支持性服务活动部门(B09)的 PVT 网络密度与前后向生产长度呈同方向变化外，其他部门各自的 PVT 网络密度 2018 年相比 1995 年几无变化，前后向生产长度只有小幅度的提升。相对而言，农、畜、林、狩猎(A01T02)在初级行业中 PVT 网络密度最高，超过了 0.5，渔业和水产养殖(A03)、矿业和能源产品的提取(B05T06)的 PVT 网络密度最低，不到 0.4，并且这两个部门的生产长度也相对较短。矿业支持性服务活动(B09)的 PVT 网络密度

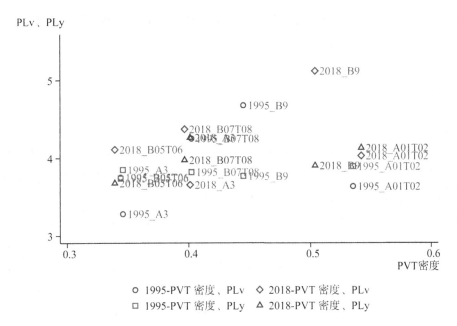

图 3-4　初级行业 PVT 网络密度与前、后向 GVC 生产长度相关性

注：图中横轴表示 PVT 密度；纵轴 PLv 是前向 GVC 生产长度，PLy 是后向 GVC 生产长度。各部门 PVT 网络密度由第一章式（1-17）计算而得；各部门前向生产长度和后向生产长度由第一章式（1-14）、式（1-15）分别计算而得。

和生产长度关性最高，其前向生产长度远高于后向生产长度，变动幅度也较大。这符合服务活动的特点，作为对采矿业生产的投入来讲，支持性服务活动离最终使用领域会较远，而作为最终产出则更接近于最终使用领域。

总体而言，初级行业 PVT 网络密度以及生产长度都要小于其他行业，但其前向生产长度和后向生产长度均有不同程度的提升，表明初级行业各部门都逐渐参与跨境生产，分工也更加精细复杂。

二、制造业生产网络

本部分重点关注制造业各部门的生产网络。出于归类和分析方便，这里将电力、煤气、蒸汽、空调的供应（D35），供水、排水、废物和修复活动（E36T39），建筑业（F41T43）三个部门与制造业放在一起进行分析，不再单列出去。此外，参照欧盟统计局按技术层次对制造业各部门所作的划分，将低技术部门、中低技术部门、中高和高技术部门分别归为劳动密集型、资本密集型和技术密集型，水电气供应、建筑业部门归入资本密集型(见表 3-7)。

表 3-7 不同位次经济体制造业各部门 DVX 出强度(%)

部门编码	1995 年			2007 年			2018 年		
	1~10 位	11~40 位	41~67 位	1~10 位	11~40 位	41~67 位	1~10 位	11~40 位	41~67 位
劳动密集型 C10T12	55.9	33.2	10.9	47.2	39.7	13.1	47.1	39.1	13.8
C13T15	59.1	31.1	9.8	69.4	19.6	11.1	73.9	14.6	11.5
C16	65.4	29.3	5.3	56.9	35.3	7.8	55.6	35.3	9.1
C31T33	59.2	34.6	6.1	65.8	26.3	7.9	68	25.2	6.8
资本密集型 C17T18	71.4	25.7	2.9	62.9	31.6	5.5	60.1	33.2	6.7
C19	54.7	26.4	18.8	52.0	25.8	22.3	62.1	22.8	15
C22	65.2	31.8	3.0	66.0	29.5	4.5	64.0	31.2	4.8
C23	67.8	27.1	5.1	60.6	30.1	9.2	65.7	26.4	7.9
C24	61.6	31.4	7.0	58.9	33.8	7.3	58.1	33.8	8.1
C25	67.4	29.4	3.2	65.9	30.2	4.0	67.4	28.9	3.7
D35	77.4	18.9	3.7	65.4	25.4	9.2	56.5	33.0	10.4
E36T39	90.0	8.7	1.3	85.8	12.7	1.6	76.8	21.6	1.7
F41T43	76.4	23.5	0.1	67.2	32.1	0.7	65.3	33.2	1.5
技术密集型 C20	74.1	21.5	4.4	63.8	29.1	7.0	63.7	29.6	6.6
C21	76.3	19.7	3.9	72.9	21.9	5.3	76.4	19.5	4.1
C26	80.1	19.3	0.6	79.6	19.3	1	84	14.9	1.1
C27	73.2	24.4	2.4	71.2	25.3	3.5	76.7	20.6	2.7
C28	82.5	16.3	1.1	77.3	21.1	1.7	77.6	20.6	1.8
C29	86.4	13.0	0.5	78.5	20.5	1.0	75.4	23.5	1.1
C30	83.6	15.0	1.3	82.3	16.0	1.7	81.7	16.7	1.5

数据来源：根据 OECD-ICIO 表 (2021 版)计算和编制。

本部分首先利用各部门 DVX 出强度刻画生产活动集中与否；其次，探讨

PVT 密度与 GVC 生产长度的关系；最后，基于区域内外联系份额反映最终品的主要销售市场。

1. 制造业生产活动集中程度

表 3-7 计算了 1995 年、2007 年、2018 年不同位次经济体的制造业各部门 DVX 出强度总体状况，表 3-8A 到表 3-8C 分列各部门 DVX 出强度排名前 10 名的经济体，从中可以看到各部门国际生产集中程度的变动特征。

表 3-8A　　**劳动密集型制造业部门 DVX 出强度排名前 10 位经济体**

部门编码	年份	前 10 位经济体				
C01T02	1995	美国(12.2)	法国(8.3)	荷兰(8.0)	德国(6.1)	英国(4.5)
		巴西(4.3)	意大利(3.7)	泰国(3.2)	丹麦(2.9)	澳大利亚(2.8)
	2007	美国(7.6)	德国(6.3)	法国(5.9)	巴西(5.0)	中国(4.8)
		荷兰(4.6)	意大利(3.6)	西班牙(3.4)	英国(3.2)	印度(2.7)
	2018	美国(7.6)	中国(7.4)	德国(5.7)	法国(4.3)	荷兰(4.0)
		印度(3.8)	巴西(3.7)	印度尼西亚(3.7)	意大利(3.5)	西班牙(3.4)
C13T15	1995	中国(11.9)	意大利(11.8)	韩国(7.0)	美国(6.3)	法国(4.4)
		中国台湾(4.0)	德国(4.0)	泰国(3.3)	土耳其(3.3)	印度尼西亚(3.1)
	2007	中国(37.3)	意大利(9.1)	印度(4.2)	土耳其(4.0)	美国(3.1)
		法国(2.8)	德国(2.4)	印度尼西亚(2.3)	西班牙(2.2)	韩国(2.0)
	2018	中国(43.9)	意大利(6.2)	印度(6.1)	越南(6.1)	土耳其(3.9)
		印度尼西亚(2.4)	美国(2.0)	泰国(1.9)	德国(1.8)	西班牙(1.7)
C16	1995	加拿大(18.4)	美国(9.2)	俄罗斯(6.7)	瑞典(6.7)	芬兰(5.6)
		印度尼西亚(5.1)	德国(4.3)	奥地利(3.5)	法国(3.2)	意大利(3.0)
	2007	中国(10.2)	加拿大(10.0)	德国(7.4)	俄罗斯(5.5)	美国(5.0)
		瑞典(4.8)	奥地利(4.0)	芬兰(3.9)	印度尼西亚(3.1)	马来西亚(3.1)
	2018	中国(11.5)	加拿大(9.5)	美国(6.2)	德国(5.7)	俄罗斯(5.7)
		印度尼西亚(3.7)	奥地利(3.6)	波兰(3.3)	印度(3.2)	瑞典(3.1)

续表

部门编码	年份	前 10 位经济体				
C31T33	1995	美国(11.3)　意大利(9.7)　德国(8.3)　中国(7.2)　英国(6.8) 法国(3.6)　印度(3.6)　荷兰(3.0)　泰国(3.0)　瑞士(2.9)				
	2007	中国(20.6)　美国(11.7)　德国(7.5)　意大利(6.1)　印度(5.2) 英国(4.4)　加拿大(2.8)　法国(2.7)　荷兰(2.5)　瑞士(2.3)				
	2018	中国(29.7)　美国(8.4)　德国(6.5)　印度(5.5)　意大利(4.4) 爱尔兰(3.8)　法国(3.2)　泰国(2.2)　波兰(2.2)　日本(2.2)				

表 3-8B　　**资本密集型制造业部门 DVX 出强度排名前 10 位经济体**

部门编码	年份	前 10 位经济体				
C17T18	1995	加拿大(14.9)　美国(13.2)　德国(10.4)　芬兰(8.5)　瑞典(8.0) 法国(5.0)　荷兰(3.1)　意大利(2.9)　奥地利(2.7)　日本(2.7)				
	2007	美国(12.2)　德国(12.0)　加拿大(9.7)　芬兰(7.2)　瑞典(6.7) 法国(4.2)　意大利(3.3)　西班牙(2.6)　巴西(2.6)　俄罗斯(2.4)				
	2018	美国(12.7)　德国(9.6)　中国(6.8)　加拿大(6.0)　瑞典(5.3) 芬兰(5.3)　巴西(4.6)　意大利(3.6)　印度尼西亚(3.0)　奥地利(2.7)				
C19	1995	俄罗斯(16.4)　美国(9.7)　英国(5.9)　荷兰(4.0)　沙特阿拉伯(3.7) 德国(3.3)　印度(3.3)　意大利(3.2)　新加坡(2.6)　法国(2.6)				
	2007	俄罗斯(19.5)　美国(8.3)　沙特阿拉伯(4.0)　韩国(3.5)　英国(3.3) 德国(3.3)　印度(3.1)　加拿大(3.1)　巴西(2.0)　中国(2.0)				
	2018	俄罗斯(18.8)　美国(16.8)　印度(4.8)　中国(4.6)　沙特阿拉伯(4.3) 韩国(3.1)　爱尔兰(2.7)　马来西亚(2.6)　日本(2.4)　新加坡(2.1)				
C22	1995	美国(11.1)　德国(8.4)　中国台湾(8.1)　法国(7.4)　意大利(7.4) 日本(6.7)　英国(5.7)　加拿大(3.9)　泰国(3.6)　韩国(2.7)				
	2007	德国(12.5)　中国(12.2)　日本(9.9)　美国(7.9)　意大利(5.4) 法国(5.1)　英国(3.8)　加拿大(3.7)　泰国(2.9)　西班牙(2.6)				
	2018	中国(19.5)　德国(9.6)　美国(7.8)　日本(6.5)　意大利(4.1) 韩国(3.9)　法国(3.6)　泰国(3.6)　英国(2.7)　波兰(2.6)				

续表

部门编码	年份	前10位经济体
C23	1995	意大利(12.7)　德国(11.6)　日本(9.6)　美国(8.8)　法国(7.2) 西班牙(5.2)　英国(4.4)　比利时(3.1)　中国(2.8)　荷兰(2.4)
	2007	中国(14.1)　德国(9.7)　意大利(9.0)　日本(6.0)　美国(5.8) 西班牙(4.9)　法国(4.0)　英国(2.7)　比利时(2.6)　波兰(2.1)
	2018	中国(29.2)　德国(8.3)　意大利(6.1)　美国(5.1)　日本(4.1) 西班牙(3.8)　法国(2.6)　波兰(2.3)　土耳其(2.2)　越南(2.2)
C24	1995	德国(11.0)　日本(10.6)　美国(8.9)　俄罗斯(7.5)　澳大利亚(4.9) 加拿大(4.1)　意大利(3.5)　比利时(3.0)　英国(2.9)　巴西(2.6)
	2007	德国(8.9)　俄罗斯(8.3)　中国(8.3)　日本(7.6)　美国(6.0) 澳大利亚(4.6)　智利(4.0)　加拿大(4.0)　意大利(3.7)　法国(3.6)
	2018	中国(12.3)　美国(7.9)　俄罗斯(6.6)　日本(6.6)　德国(5.7) 韩国(4.4)　澳大利亚(4.2)　加拿大(3.9)　智利(3.5)　印度(3.0)
C25	1995	德国(14.5)　美国(11.6)　意大利(8.8)　英国(6.1)　日本(6.0) 中国台湾(5.9)　法国(4.9)　荷兰(3.5)　中国(3.2)　瑞士(3.0)
	2007	中国(15.5)　德国(14.7)　意大利(9.0)　美国(8.6)　英国(3.4) 法国(3.3)　加拿大(3.1)　中国台湾(2.9)　日本(2.9)　韩国(2.6)
	2018	中国(28.7)　德国(10.3)　美国(7.9)　意大利(5.7)　韩国(2.7) 中国台湾(2.6)　法国(2.5)　波兰(2.4)　西班牙(2.3)　日本(2.3)
D35	1995	法国(24.7)　美国(12.3)　瑞士(11.3)　加拿大(7.1)　德国(7.0) 荷兰(4.3)　丹麦(3.2)　奥地利(3.1)　俄罗斯(2.3)　保加利亚(2.0)
	2007	德国(17.0)　加拿大(9.2)　瑞士(7.4)　美国(6.7)　法国(6.0) 丹麦(4.7)　奥地利(4.5)　比利时(3.9)　俄罗斯(3.5)　荷兰(2.7)
	2018	德国(12.5)　美国(7.3)　瑞士(6.5)　加拿大(6.1)　法国(6.0) 瑞典(4.8)　奥地利(3.8)　西班牙(3.2)　中国(3.2)　挪威(3.2)

续表

部门编码	年份	前 10 位经济体				
E36T39	1995	法国(52.3) 比利时(13.8) 德国(6.4) 荷兰(5.5) 英国(5.3)				
		西班牙(2.5) 捷克(1.3) 芬兰(1.3) 土耳其(0.9) 意大利(0.8)				
	2007	法国(43.2) 比利时(14.2) 荷兰(6.3) 德国(6.2) 波兰(4.7)				
		英国(3.8) 西班牙(2.3) 加拿大(2.2) 芬兰(1.9) 挪威(1.0)				
	2018	荷兰(26.6) 德国(10.1) 英国(9.7) 意大利(7.1) 波兰(5.9)				
		西班牙(4.8) 比利时(4.1) 加拿大(4.0) 芬兰(2.3) 瑞典(2.3)				
F41T43	1995	德国(26.6) 意大利(10.7) 比利时(9.4) 奥地利(8.1) 荷兰(5.0)				
		西班牙(5.0) 英国(4.6) 瑞典(2.7) 澳大利亚(2.2) 波兰(2.2)				
	2007	德国(19.3) 意大利(8.6) 比利时(7.5) 西班牙(7.1) 英国(5.3)				
		荷兰(4.6) 澳大利亚(4.1) 奥地利(3.8) 爱尔兰(3.6) 瑞典(3.4)				
	2018	德国(10.80) 意大利(9.4) 西班牙(7.8) 波兰(6.9) 土耳其(6.9)				
		澳大利亚(5.3) 英国(4.9) 比利时(4.8) 瑞典(4.6) 荷兰(3.9)				

表 3-8C **技术密集型制造业部门 DVX 出强度排名前 10 位经济体**

部门编码	年份	前 10 位经济体				
C20	1995	德国(17.1) 美国(17.0) 日本(8.8) 法国(7.8) 英国(5.9)				
		荷兰(5.3) 比利时(3.8) 意大利(3.8) 加拿大(2.4) 俄罗斯(2.4)				
	2007	美国(14.3) 德国(12.5) 中国(6.8) 法国(6.6) 日本(6.2)				
		荷兰(4.3) 俄罗斯(3.7) 英国(3.6) 意大利(3.1) 韩国(2.9)				
	2018	中国(13.6) 美国(12.3) 德国(10.6) 日本(5.6) 韩国(5.4)				
		法国(5.3) 荷兰(3.2) 沙特阿拉伯(2.8) 新加坡(2.5) 意大利(2.4)				
C21	1995	美国(15.8) 瑞士(12.5) 法国(8.8) 英国(8.5) 德国(7.7)				
		意大利(6.9) 瑞典(4.5) 爱尔兰(4.1) 比利时(4.0) 日本(3.6)				
	2007	美国(14.7) 瑞士(10.9) 德国(10.5) 爱尔兰(8.7) 法国(7.9)				
		英国(6.4) 意大利(4.4) 中国(3.6) 瑞典(2.9) 西班牙(2.9)				
	2018	爱尔兰(13.5) 美国(13.3) 瑞士(12.6) 德国(9.4) 中国(7.2)				
		比利时(4.7) 法国(4.5) 印度(4.0) 丹麦(3.7) 英国(3.6)				

部门编码	年份	前10位经济体
C26	1995	日本(24.9)　美国(22.2)　韩国(6.7)　中国台湾(5.6)　德国(5.2) 法国(3.9)　英国(3.8)　新加坡(3.1)　瑞士(2.5)　中国(2.4)
	2007	中国(20.4)　美国(13.3)　日本(11.7)　韩国(10.1)　中国台湾(7.1) 德国(6.0)　墨西哥(3.2)　法国(3.0)　新加坡(2.7)　瑞士(2.3)
	2018	中国(33.6)　韩国(12.9)　美国(8.8)　中国台湾(7.6)　日本(6.6) 德国(4.7)　墨西哥(2.6)　马来西亚(2.5)　瑞士(2.3)　新加坡(2.3)
C27	1995	日本(17.9)　德国(17.0)　美国(9.7)　法国(6.7)　意大利(5.1) 瑞士(4.1)　英国(3.6)　中国(3.4)　荷兰(2.9)　墨西哥(2.8)
	2007	中国(19.2)　德国(12.8)　日本(10.8)　美国(7.8)　法国(5.0) 意大利(4.9)　墨西哥(3.4)　英国(2.5)　韩国(2.4)　瑞士(2.3)
	2018	中国(36.1)　德国(11.1)　日本(7.9)　美国(5.5)　韩国(4.0) 意大利(3.9)　法国(2.8)　墨西哥(2.6)　瑞士(1.8)　印度(1.5)
C28	1995	德国(20.2)　日本(17.8)　美国(14.3)　意大利(9.9)　法国(5.2) 英国(4.8)　瑞士(4.0)　瑞典(2.3)　中国台湾(2.1)　荷兰(1.9)
	2007	德国(19.3)　美国(12.5)　日本(12.2)　意大利(9.7)　中国(8.2) 法国(4.4)　英国(3.3)　瑞士(3.0)　韩国(2.5)　瑞典(2.3)
	2018	中国(17.7)　德国(16.7)　日本(12.0)　美国(10.1)　意大利(7.6) 韩国(4.5)　法国(2.6)　瑞士(2.3)　英国(2.1)　荷兰(2.0)
C29	1995	日本(21.5)　德国(20.4)　美国(12.3)　加拿大(7.4)　法国(6.8) 西班牙(4.1)　英国(4.1)　意大利(3.7)　墨西哥(3.5)　韩国(2.6)
	2007	德国(20.3)　日本(18.8)　美国(9.5)　法国(5.6)　韩国(4.9) 墨西哥(4.7)　加拿大(4.5)　西班牙(3.7)　意大利(3.3)　英国(3.3)
	2018	德国(20.3)　日本(13.9)　墨西哥(9.3)　美国(8.8)　韩国(5.1) 中国(4.4)　英国(3.6)　法国(3.5)　意大利(3.4)　西班牙(3.3)

部门编码	年份	前 10 位经济体				
C30	1995	美国(26.0)　　日本(15.1)　　法国(10.8)　　德国(8.4)　　英国(8.4)　　韩国(4.2)　　意大利(3.6)　　加拿大(3.3)　　中国台湾(2.2)　　西班牙(1.5)				
	2007	美国(29.9)　　法国(9.5)　　日本(7.6)　　韩国(6.9)　　德国(6.8)　　英国(6.6)　　中国(6.0)　　加拿大(3.8)　　意大利(3.4)　　西班牙(1.8)				
	2018	美国(29.7)　　中国(10.8)　　法国(10.4)　　德国(7.3)　　日本(6.2)　　英国(5.3)　　韩国(4.5)　　意大利(2.9)　　加拿大(2.8)　　西班牙(1.9)				

注：根据 OECD-ICIO 表(2021 版)计算和编制。括号中数据为经济体的 DVX 出强度。

第一，DVX 总额排名前 10 位经济体的制造业各部门出强度超过 50%，技术密集型部门占比最高，超过 70%，其次是资本密集型部门，多数部门在 60% 以上，反映出制造业各部门的全球生产活动均具有较高的集中程度。对比 3 个年份，前 10 位经济体的多数部门出强度在逐年下降，第 11~40 位经济体占比上升，表明多数制造业部门的全球生产活动虽集中度较高，但具有一定的分散化趋势。

第二，劳动密集型部门一般是发展中经济体参与全球生产的主要部门，因而第 11~40 位、第 41~67 位经济体在劳动密集型部门的出强度要高于各自在资本密集型和技术密集型部门的出强度。这里值得注意的是，按照国际生产演进逻辑，劳动密集型部门的全球化生产理应更分散，但纺织、服装、皮革和相关产品（C13T15）以及家具、其他制成品等（C31T33），前 10 位经济体的 DVX 出强度却出现了大幅上升，食品、饮料和烟草（C10T12）及木材和草编制品（C16）前 10 位经济体的出强度下降幅度并不大。一个重要原因是中国在制造业全球生产中异军突起，2007 年和 2018 年，中国在多个部门的出强度位居前列，并且上升幅度很大，中国已成为全球制造中心之一。对于纺织业还有一个更直接的原因，2005年 WTO 取消了纺织服装出口配额，纺织业具有比较优势的发展中经济体成为受益者，这也提高了全球纺织服装出口的集中程度。从表 3-8A 可以看到，中国、印度、土耳其、印度尼西亚、泰国、越南等经济体的 C13T15 部门的 DVX 出强度都进入了前 10 位，并有不同程度的上升，中国尤甚，DVX 出强度由 1995 年的 11.9%，到 2007 年和 2018 年上升到 37.3% 和 43.9%，从而导致该部门前 10 位的

DVX 占比大幅提高。若将中国不计算在内，C13T15 前 10 位经济体的出强度在 1995 年、2007 年、2018 年分别为 49.8%、33.7%和 31.3%。C31T33 部门亦是如此，除中国外前 10 位的占比均呈下降趋势，3 个年份分别为 54.7%、47.4%、40.4%。而第 11~40 位经济体劳动密集型部门的出强度不断下降，第 41~67 位经济体占比则有所上升。这反映出劳动密集型部门的生产在不同位次经济体之间存在梯度转移，第 11~40 位经济体通过参与全球生产，逐步由劳动密集型转向资本密集型和技术密集型，而将前者向外转移至发展程度更低的经济体。整体上讲，劳动密集型部门的全球生产具有明显的分散化趋势。

第三，在资本密集型部门，虽然在不同年份，各个位次经济体的出强度有所波动，但总体上，前 10 位经济体的出强度有所下降，10 位以后的经济体有不同程度的上升，特别是供电、供气、供水部门（D35 和 E36T39）以及建筑业部门（F41T43），排名 10 位以后的经济体占比有大幅上升。这恰恰印证了发展中经济体通过融入全球生产网络正在逐步推进产业结构转型升级，经济体内相关部门的生产规模也得到快速扩大。

第四，技术密集型部门的集中程度在 3 个年份都高于劳动密集型部门与资本密集型部门，多数技术密集型部门前 10 位经济体的出强度维持在 75%左右。这是因为高端技术与研发创新能力往往由少数经济体的跨国公司掌控，这些经济体出口品中包含高额的设计、研发、测试、管理等费用，进而拥有较高的 DVX 出强度。需要注意的是，化学和化学产品（C20），未另分类的机械和设备（C28）以及汽车、挂车和半挂车（C29）的集中程度有所下滑，这些部门 2018 年前 10 位经济体的出强度与 1995 年相比降低了 5%~10%；相应地，第 11~40 位经济体上升了 5%~10%。可能有以下两种解释，一是新兴经济体改进技术和设备，提升生产效率，以在全球化生产中实现产业升级和获得竞争优势；二是跨国公司在全球建立生产基地，将非核心业务外包，实施效率追求型和市场寻求型国际经营战略，形成了多层级的全球生产网络。这些在一定程度上降低了国际生产的集中程度。

总之，制造业各部门的国际生产活动均具有较高的集中度，技术密集型产品生产由少数发达经济体所主导，生产集中程度很高。发展中经济体以劳动密集型部门参与全球生产网络，并逐步向资本密集型和技术密集型部门转型升级，但仍处于生产链的低端环节，国内增加值占比偏低。制造业各部门的整个国际生产在不同发展程度经济体之间的分布格局近30年并未发生根本变化。

2. PVT密度和GVC生产长度

为揭示制造业各部门PVT网络密度与GVC生产长度的关系，我们绘制了PVT密度与前向GVC生产长度以及PVT密度与后向GVC生产长度的散点图，见图3-5与图3-6。从两个图中可看出，与1995年相比，2018年多数制造业部门的PVT网络中的跨境生产联系数不断增多，同时这些部门的PVT网络密度、前向GVC生产长度及后向GVC生产长度也均有所提升，表明这些部门的跨境生产联系在不断扩大，生产分工也日益精细。

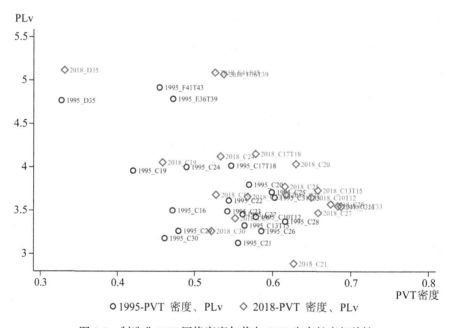

图3-5　制造业PVT网络密度与前向GVC生产长度相关性

图3-6显示了PVT网络密度与后向GVC生产长度的相关性。多数部门在图中位置偏向右上方，表明这些部门的PVT密度和后向GVC生产长度均处于较高水平。相比1995年，2018年多数部门的PVT密度和后向GVC生产长度都得到较大的提升，只有医药、医药化学和植物产品（C21）密度上升，但后向生产长度

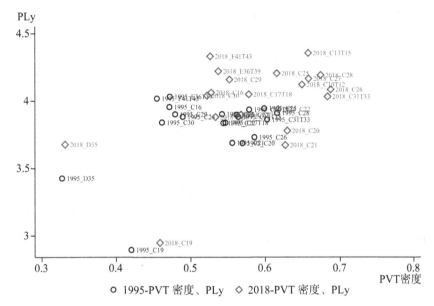

图 3-6　制造业 PVT 网络密度与后向 GVC 生产长度相关性

不仅相对较短而且下降，其原因将在下面分析。

结合图 3-5 和图 3-6，还可以发现一种现象，多数部门的生产长度与网络密度相关性散点分布较聚集，而少数几个部门则出现较大偏离，即 PVT 网络密度较高（较低），前向（后向）生产长度却较短（较长），从而在图中表现为其散点分布远离多数部门。这些部门可分为两类，一类是水电气供应、建筑业、焦炭和精炼石油产品部门，另一类是高技术部门。供水、排水、废物和修复活动（E36T39），建筑业（F41T43）网络密度较低，前后向生产长度却要远高于其他部门。焦炭和精炼石油产品（C19）、电力、煤气、蒸汽、空调的供应（D35）的前向生产长度也很高，只是后向生产长度要短些，但网络密度都处于很低水平。在高技术部门中，医药、医药化学和植物产品（C21）、其他运输设备（C30）虽然网络密度与其他部门接近，但无论是前向还是后向生产长度都要短得多。

如何解释上述偏离现象？这两类部门的国内生产长度和国际生产长度的差异，是不是造成这种偏离的一个原因？

为了验证国内长度和国际长度对上述偏离的影响并解释原因，我们依据

Wang et al. (2017b)对GVC生产长度的分解,计算了偏离部门的不同类型的生产长度,结果报告在表3-9中。根据数据观察,橡胶和塑料制品(C22)的前向长度和后向长度近似于制造业的平均水平,因此,我们将C22列入表3-9中,以提供参照,便于衡量部门偏离整体的程度。

表3-9　　　　　　　　**2018年几个部门不同类型的GVC生产长度**

部门编码	PLv	PLvd	CBv	PLvf	CBv+PLvf
C22	3.68	1.61	1.26	0.81	2.07
C19	4.05	1.71	1.29	1.06	2.35
C21	2.89	1.27	1.14	0.47	1.61
D35	5.12	2.85	1.29	0.98	2.27
E36T39	5.07	2.81	1.32	0.93	2.25
F41T43	5.09	2.82	1.29	0.97	2.26
部门编码	PLy	PLyd	CBy	PLyf	CBy+PLyf
C22	3.94	1.82	1.32	0.81	2.13
C19	2.95	1.49	1.14	0.32	1.46
C21	3.67	1.69	1.27	0.71	1.98
D35	3.68	1.59	1.19	0.90	2.09
E36T39	4.22	1.75	1.29	1.18	2.47
F41T43	4.33	1.81	1.28	1.24	2.52

注:(1)利用OECD-ICIO(2021年版)表测算而得。

(2)PLv指前向GVC生产长度,PLvd指前向GVC生产的国内长度,CBv指前向GVC生产的跨境次数,PLvf指前向GVC生产,中间品离开来源国之后在GVC所有国家的国内长度。CBv+PLvf为前向国际长度。

(3)PLy指后向GVC生产长度,PLyd指后向GVC生产的国内长度,CBy指后向GVC生产的跨境次数,PLyf指后向GVC生产,中间品离开来源国之后在GVC所有国家的国内长度。CBy+PLyf为后向国际长度。

表3-9显示,与C22相比,C19、D35、E36T39、F41T43的前向国内长度和国际长度分别高出1.2和0.2,后向国内长度较接近,国际长度偏高。从经济活

动性质上其实并不难理解,这类部门的生产活动和产出供求主要发生在本地,更多地为本地其他部门的生产活动提供支持,前向跨境生产和贸易相对要少得多,因此偏离其他部门是由于前向国内长度较长。而为了提高产出效率,中间投入会更多地来源于国际,国际生产长度也相应会长些,但跨境生产网络密度会较低。C19 的网络密度小、后向国内生产长度和国际长度偏低,主要原因是自然资源产品的地理分布集中性以及加工链条短所致。C21 相较 C22,前向国内生产长度和国际长度分别低 0.34 和 0.46,后向国内生产长度和国际长度分别要低 0.13 和 0.15。这与少数发达经济体的跨国公司控制医药类产品的技术研发和中间品生产,对该类产品采取市场寻求型和知识寻求型的国际化经营战略有关。事实上,高技术部门的后向 GVC 生产长度相比劳动密集型和资本密集型部门都要短,医药部门更明显。这既是由高技术类产品生产环节分工的特点所决定,也是高科技跨国公司的投资和生产布局等全球经营战略已由成本寻求型、资源寻求型转向市场寻求型、知识寻求型的结果。其他的相关研究也证实了这一点。

综上所述,相比 1995 年,2018 年制造业各部门的跨境生产联系数有所增加,生产分工也逐步精细化。同时,跨境生产联系数多的部门具有较短的前向 GVC 生产长度和较长的后向 GVC 生产长度,这与 FDI 动机及部门国内、国际生产长度的差异密切相关。

3. 最终品区域内外联系

生产的集中性、PVT 网络密度、GVC 生产长度侧重于分析生产过程,这里我们考察最终品的销售去向,也即从出强度角度反映最终品的区域内外联系(见图 3-7 至图 3-9)。

对资本密集型部门,欧洲、亚大及美洲区域的最终品主要在区域内完成销售,非洲及其他经济体生产的最终品大多销至欧洲或亚大地区。化学和化学产品、电器设备(含电子、家电)、未另分类的机械和设备与资本密集型部门类似,不再赘述。而其他技术密集型部门与劳动密集型部门表现出不同特征,接下来选取代表性部门进行说明。

纺织、服装、皮革和相关产品(C13T15),木材和草编制品(C16),计算机、电子和光学产品(C26)以及汽车、挂车和半挂车(C29)的最终品出强度区域内外联系呈大致相似的特征,这里以纺织、服装、皮革和相关产品(C13T15)为例。

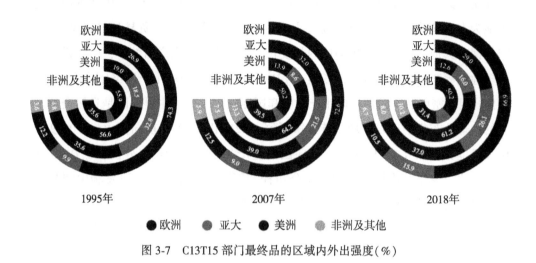

● 欧洲　　● 亚大　　● 美洲　　● 非洲及其他

图 3-7　C13T15 部门最终品的区域内外出强度(%)

从图 3-7 可以看出,欧洲与美洲生产的纺织业最终品大多销至本区域市场,区域内出强度虽逐年有所降低,但也保持在 66% 以上,远高于与其他区域之间的出强度。亚大区域 C13T15 最终品的区域内出强度低于同美洲和欧洲之间的出强度,1995 年、2007 年、2018 年亚大区域对欧美的出强度分别为 62.45%、71% 和 65.97%。非洲及其他区域内纺织业最终品联系极少,历年均低于 5%,该部门最终品主要销往欧美市场,但对亚大区域的出强度不断增大。可见亚大区域及非洲和其他区域经济体在全球价值链链上处于低端环节,主要为欧美区域发达经济体加工组装最终品。

图 3-8 显示,在食品、饮料和烟草部门(C10T12),欧洲、亚大和美洲的最终品贸易都主要发生在区域内,与其他三个区域之间的最终品出强度大体相当。非洲及其他区域生产的最终品主要流向欧洲,对亚大和美洲的出强度基本不变,区域内份额最小。可见,C10T12 部门的最终品生产和销售以区域内为主,但具有一定的区域分散化特征。

从图 3-9 可以发现,1995 年,欧洲的医药、医药化学和植物产品(C21)最终品的出强度在区域内和对美洲最高,对亚大和非洲及其他的比例较低;之后,区域内出强度不断下降,美洲占比不断提升,2018 年欧洲对美洲出强度(45.52%)超过对区域内的出强度(38.45%),成为欧洲 C21 部门最终品最大的外销区域,

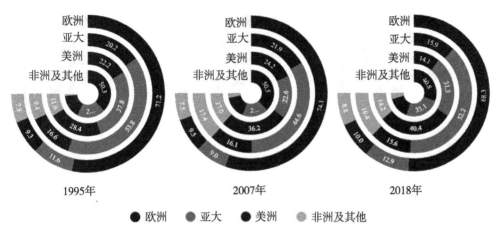

图 3-8　C10T12 部门最终品的区域内外出强度(%)

对亚大和非洲及其他出强度大体保持稳定。亚大区域生产的医药相关最终品主要销往美洲。美洲、非洲和其他经济体生产的医药相关最终品主要销往欧洲。可见，区域外逐渐成为医药、医药化学和植物产品最终品的最大销售市场。结合前面的生产集中程度以及生产长度的分析，该部门具有典型的生产相对集中，最终品销售分散的特征。一些研究文献将具有这种特征的行业称为"轴辐式"（hub and spokes）行业。联合国贸易和发展组织（UNCTAD）在 2020 年《世界投资报告》中分析认为，"轴辐式"行业的生产模式和网络具有研发、生产中心性高，很少的地点产生大部分的增加值，而大量国家的最终分销贡献了很小但不可忽视的份额等鲜明特征。快速发展的制药和生物技术领域正在推动这种新的生产模式，此外，"轴辐式"生产模式也在其他行业的定制领域得到应用，如生产复杂性有限的服装或食品等行业。

三、服务业生产网络

在过去几十年，世界经济结构朝着服务领域发生了前所未有的转变。随着数字技术的广泛运用，服务活动在全球价值链中的作用，尤其是对制成品生产和贸易的支持作用日益突出。根据联合国贸发会议（UNCTAD）公布的数据测算，在全球总增加值中，服务增加值占比一直在 50% 以上，并且呈现稳步上升态势。

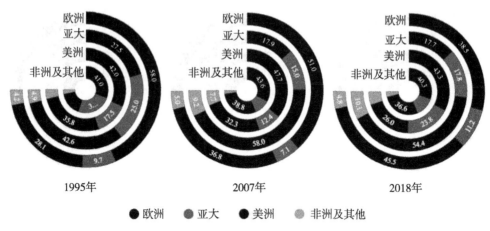

图 3-9　C21 部门最终品的区域内外出强度(%)

2011—2019 年，服务业进出口年均增长率均远高于制成品行业的年均增长率，其中，生产性服务业出口年均增长率达到 7.17%，不仅高于服务业出口增长率(5.17%)，更高于制成品行业的年均增长率(2.83%)。虽然服务业的直接贸易额只占总贸易额的 20%左右，但若考虑内含于制成品中的服务价值，则全球贸易总额中近一半为服务成分(Miroudot et al.，2017)。服务业也是国际直接投资的主要领域。20 世纪 80 年代以来，全球 FDI 的 60%以上流向服务行业，其中，金融和保险、批发和零售、商务活动、专业技术服务、电信是 FDI 进入的主要服务部门。

但是服务价值链和生产网络研究却是个难题，主要障碍：一是服务活动不同于制造业活动，生产和需求具有当地性和即时性等特征，使得价值生产链条难以分解。二是《服务贸易总协定》(GATS)定义了国际服务供给的四种模式，即，类似于跨境产品的传统的跨境供给(模式 1)；人们到国外消费的移动(境外消费或模式 2)；资本的国际迁移(商业存在或模式 3)；或自然人移动提供服务(自然人的存在或模式 4)。但不同模式的数据统计和测量分散于不同的账户，模式 1、模式 2、模式 4 在国际收支账户(BOPs)内进行统计，模式 3 在外国机构统计(FATS)框架中测量(Rainer Lanz et al.，2015)。加之服务活动相关的统计一直相对滞后，至今仍缺乏较统一的统计框架和数据。三是服务活动相当多地是为货物产品生产活动提供支持，服务活动的产出价值或增加值被包含在货物产品中而进行间接贸易。并且不仅服务业部门从事专门的服务活动，货物产品部门内部的服务业务也受到重视，呈现"制造业服务化"趋势，相关内容我们在第六章还将进行详细分析。总之，服务价值链和生产网络虽有所研究，但上述障碍让服务价值链和网络的研究工作进展缓慢。随着数字信息技术和数字经济的快速发展，服务活动在全球价值链和生产网络中的作用日益凸显，有关服务活动相关研究也必然会得到拓展和深化。

本部分主要利用 OECD-ICIO 的部门间投入产出数据分析服务业的全球生产和贸易网络的演变特征。在分析中，依据中国国家统计局颁布的《生产性服务业统计分类》(2019)、《生活性服务业统计分类》(2019)，将服务业各部门分为生产性服务业和生活性服务业。部门编码对应部门名称见第二章表 2-4。需要说明的是，矿业支持性服务活动(B09)被列入《生产性服务业统计分类》(2019)，考虑到与全球投入产出表及相关数据库的行业分类标准及统计相衔接，本文对该部门归类不作变动。"家庭雇员的服务生产活动"部门因缺乏数据，故未列入。

1. 服务业的生产集中程度

图 3-10 显示，2018 年，服务业中多数部门 DVX 出强度总体上较高，排名前 10 位的经济体，DVX 出强度在 50% 以上；排名第 11~40 位的经济体出强度在 30% 左右；排名后 27 位的经济体在 20% 以下。无论是生产性服务业还是生活性服务业，知识技术密集型的部门的集中度更高，如生产性服务业中的电信(S61)，IT 和其他信息服务(S62T63)，金融和保险(S64T66)，专业、科学和技术(S69T75)，管理和支持活动(S77T82)；生活性服务业中的出版、音像和广播(S58T60)、教育(S85)、人体健康和社会工作(S86T88)、艺术、消遣和娱乐(S90T93)等部门前 10 位经济体出强度接近甚至超过 70%(见表 3-10A 和表 3-10B)。意味着这些部门的核心要素仍由少数发达经济体所掌控。从全球生产网络上讲，知识技术密集型服务业部门接近于轴辐式生产联系。而生产性服务业中，劳动密集型服务活动重要的是为制成品生产联系提供连接功能，因而，劳动密集型服务部门 DVX 出强度在经济体之间分布也相对分散，更接近于链式生产联系。

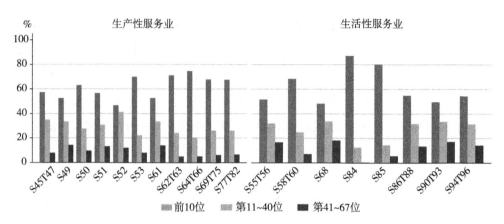

图 3-10　2018 年不同位次经济体服务业各部门 DVX 出强度

注：（1）出强度为 2018 年不同位次经济体服务业部门 DVX 占该部门全球 DVX 总和的比率，根据 OECD-ICIO 表（2021 版），作者自算。

（2）"其他经济体"计算在第 41~67 位中。

表 3-10A　生产性服务业各部门 DVX 出强度排名前 10 位经济体（2018 年）

部门编码	前 10 位经济体					总比例（%）
S45T47	美国（15.5）　中国（7.4）　德国（7.0）　日本（5.7）　法国（5.2） 意大利（4.0）　俄罗斯（3.4）　英国（3.2）　荷兰（3.1）　西班牙（2.8）					57.3
S49	美国（11.3）　中国（9.9）　德国（6.2）　法国（5.2）　西班牙（4.0） 波兰（3.6）　加拿大（3.5）　意大利（3.4）　日本（3.1）　荷兰（2.5）					52.6
S50	德国（11.9）　中国（11.0）　法国（6.7）　新加坡（6.3）　韩国（5.4） 日本（4.9）　英国（4.6）　丹麦（4.4）　美国（4.3）　希腊（3.5）					63.1
S51	美国（20.5）　德国（7.5）　中国（4.9）　法国（3.9）　英国（3.8） 中国香港（3.7）　俄罗斯（3.5）　加拿大（3.0）　土耳其（2.9）　荷兰（2.8）					56.5
S52	美国（7.0）　德国（6.1）　荷兰（5.1）　意大利（4.8）　比利时（4.3） 中国（4.2）　俄罗斯（4.1）　新加坡（4.1）　中国香港（3.6）　西班牙（3.4）					46.7
S53	美国（32.9）　法国（6.5）　英国（5.6）　荷兰（4.9）　瑞士（4.9） 德国（3.8）　加拿大（3.2）　澳大利亚（2.9）　中国香港（2.6） 意大利（2.6）					69.9
S61	美国（15.8）　英国（8.4）　意大利（4.7）　中国香港（3.7）　中国（3.7） 荷兰（3.5）　法国（3.4）　泰国（3.4）　日本（3.0）　西班牙（3.0）					52.6

部门编码	前 10 位经济体					总比例(%)
S62T63	印度(21.7)	美国(10.5)	中国(9.8)	爱尔兰(6.0)	德国(5.6)	71.0
	英国(5.2)	以色列(3.6)	西班牙(3.2)	荷兰(3.1)	法国(2.4)	
S64T66	美国(25.1)	英国(15.6)	中国香港(6.3)	瑞士(5.5)	新加坡(5.0)	74.5
	德国(4.6)	爱尔兰(4.4)	法国(3.1)	卢森堡(2.8)	日本(2.1)	
S69T75	美国(22.3)	英国(11.5)	德国(8.7)	法国(5.6)	中国(4.7)	67.8
	荷兰(4.3)	比利时(4.1)	印度(2.6)	西班牙(2.2)	瑞士(2.0)	
S77T82	美国(15.0)	英国(9.8)	日本(9.7)	法国(8.8)	荷兰(6.3)	67.5
	德国(5.2)	爱尔兰(3.8)	中国(3.4)	印度(2.9)	菲律宾(2.7)	

表 3-10B　生活性服务业各部门 DVX 出强度排名前 10 位经济体(2018 年)

部门编码	前 10 位经济体					总比例(%)
S55T56	美国(14.6)	西班牙(10.9)	法国(6.7)	日本(4.9)	意大利(4.0)	51.4
	德国(3.5)	中国香港(3.1)	印度(3.0)	泰国(2.9)	英国(2.6)	
S58T60	美国(29.2)	英国(8.8)	德国(7.5)	中国(4.6)	法国(4.6)	68.3
	爱尔兰(3.5)	印度(3.4)	日本(2.6)	韩国(2.1)	加拿大(2.1)	
S68	美国(14.3)	法国(5.7)	泰国(4.4)	德国(4.1)	中国(4.0)	48.2
	意大利(3.5)	爱尔兰(3.3)	西班牙(3.1)	中国香港(3.1)	印度(2.7)	
S84	美国(34.2)	瑞士(12.8)	加拿大(9.0)	西班牙(8.6)	法国(5.4)	85.7
	秘鲁(5.1)	荷兰(5.1)	巴西(2.7)	意大利(2.6)	比利时(2.2)	
S85	美国(38.2)	英国(13.7)	澳大利亚(9.7)	加拿大(6.4)	德国(2.9)	83.7
	荷兰(2.1)	法国(1.9)	新加坡(1.9)	西班牙(1.8)	中国香港(1.6)	
S86T88	美国(17.3)	法国(6.0)	泰国(5.6)	德国(4.7)	西班牙(4.4)	54.8
	意大利(4.1)	荷兰(3.4)	英国(3.3)	加拿大(3.0)	中国香港(2.8)	
S90T93	美国(10.5)	英国(10.5)	德国(5.2)	中国(4.5)	法国(4.0)	49.6
	西班牙(3.5)	瑞士(3.0)	马耳他(2.9)	意大利(2.9)	土耳其(2.7)	
S94T96	美国(13.3)	泰国(10.5)	意大利(5.2)	韩国(5.2)	西班牙(4.8)	54.4
	法国(4.1)	德国(3.2)	中国香港(3.0)	中国(2.6)	加拿大(2.5)	

数据来源：根据 OECD-ICIO 表(2021 版)计算和编制。括号中数据为经济体的 DVX 出强度。

此外，服务业各部门的 DVX 出强度大小与服务活动的特性和保护程度也有着较大关联。OECD 发布的服务贸易限制指数(Services Trade Restrictions Index, STRI)也能证明这种关联性的存在。①由于服务活动的特性，各经济体对服务业对外开放程度都会有一定程度的限制。总体上，发展中经济体相比发达经济体对服务业的保护程度更高些，尤其是对出版、音像和广播(S58T60)、航空运输(S51)、电信(S61)、管理和支持活动(S77T82)等与国家安全密切相关的服务部门。在排名前 10 位的经济体中这些部门 DVX 出强度高的绝大多数为发达经济体，他们之间的服务贸易体量较大，而排名在后的多数发展中经济体服务贸易就要小得多，这造成上述部门 DVX 出强度过于集中。

2. 制成品的"服务化"和服务品的"去材化"

全球价值链上产业联系体现出两个方面的趋势，一方面，服务业对初级行业和制造行业的支持作用愈显重要。初级品和制成品生产及售后所投入的服务活动不断增加，尤其在制造行业更明显，有着"制造业服务化"趋势。它不仅有利于增强产品的市场竞争力，也是一国和企业实现价值链升级的重要途径。另一方面，数字技术的发展推动了服务活动中实材投入的减少，从而服务品的实材增加值含量下降，呈现"服务品去材化"趋势(见表 3-11)。

表 3-11　　　　　　　　制成品的服务含量和服务品的实材含量(%)

部门	制成品的服务含量				服务品的实材含量			
	1995 年	2007 年	2018 年	2018 年比 1995 年增幅	1995 年	2007 年	2018 年	2018 年比 1995 年增幅
A01T02	21. 14	22. 28	22. 48	6. 30	1. 19	1. 07	1. 19	0. 08
A03	19. 16	21. 22	20. 92	9. 15	0. 13	0. 10	0. 12	−7. 09
B05T06	9. 08	10. 15	13. 23	45. 75	1. 30	2. 41	2. 02	55. 92
B07T08	20. 90	18. 09	19. 82	−5. 19	0. 16	0. 23	0. 20	25. 08
B09	25. 37	25. 24	24. 18	−4. 67	0. 07	0. 11	0. 10	51. 58

---

①　具体数据详见 OECD 官网(https：//stats. oecd. org)中 Services Trade Restrictions 数据库。

续表

部门	制成品的服务含量				服务品的实材含量			
	1995 年	2007 年	2018 年	2018 年比 1995 年增幅	1995 年	2007 年	2018 年	2018 年比 1995 年增幅
C10T12	33.05	34.23	34.37	4.00	1.02	0.88	0.85	−16.25
C13T15	31.60	29.72	31.85	0.81	0.24	0.17	0.17	−30.71
C16	25.70	28.94	29.71	15.59	0.16	0.13	0.10	−34.37
C17T18	27.80	32.48	32.97	18.61	1.16	0.75	0.54	−53.07
C19	21.84	20.93	22.79	4.39	0.70	0.98	0.90	29.49
C20	31.10	34.44	32.70	5.15	0.69	0.57	0.59	−14.45
C21	26.17	30.12	33.72	28.87	0.13	0.13	0.12	−9.26
C22	30.77	32.67	32.69	6.25	0.43	0.35	0.33	−22.39
C23	27.75	29.29	28.84	3.93	0.24	0.21	0.17	−27.75
C24	26.74	29.24	30.24	13.08	0.41	0.40	0.36	−12.97
C25	27.18	29.53	28.20	3.78	0.46	0.41	0.37	−19.19
C26	30.67	33.02	31.29	2.03	0.54	0.47	0.54	−1.52
C27	28.56	31.17	30.60	7.14	0.31	0.25	0.25	−19.40
C28	28.65	31.52	30.71	7.19	0.39	0.36	0.36	−7.83
C29	29.97	33.56	33.60	12.10	0.40	0.40	0.36	−11.06
C30	27.34	30.46	31.51	15.23	0.37	0.30	0.22	−41.29
C31T33	27.94	28.97	28.38	1.59	0.48	0.46	0.44	−9.68
D35	17.20	21.63	23.57	37.05	1.28	1.10	1.13	−11.69
E36T39	27.74	30.07	29.44	6.16	0.33	0.33	0.35	5.00
F41T43	27.16	29.71	28.91	6.43	0.83	0.82	0.76	−8.24

注：（1）制成品的服务含量为第一产业和第二产业最终产出（VBY）中所含来自服务业的增加值份额。

（2）服务品的实物含量为服务业最终产出（VBY）中所含来自第一产业和第二产业增加值份额。

为了分析和表述的方便，我们将第一、第二产业的产品统称为"制成品"，以其服务含量反映这两个产业的"服务化"趋势。将第三产业即服务业的产出称为"服务品"，以其来源于第一、第二产业的增加值含量反映"去材化"趋势。

表 3-11 报告的结果证明了上述两种趋势的存在。从制成品的服务含量下各列数据可以看到，各个年份的制造业各部门最终产出中服务含量，总体上要高于初级行业和水、电气供应以及建筑业，2018 年相比 1995 年的上升幅度也较高，并且在各部门的分布也较均匀，大多数部门在 30% 左右。①而采矿业各个部门却有着截然相反的情形，矿业和能源产品的提取（B05T06）虽然服务含量较低，但在 3 个年份中不断上升，2018 年相比 1995 年上升了 45%，为各部门中最高，矿业和采石（B07T08）、矿业支持性服务活动（B09）却出现小幅度下降。

相比制成品的服务含量上升趋势，服务品的实材含量变动趋势正好相反。服务业最终产出中来源于制造业各部门的增加值含量已有不同程度下降。2018 年相比 1995 年来源于纸制品和印刷（C17T18）、其他运输设备（C30）、木材和草编制品（C16）、纺织皮革类产品（C13T15）下降幅度超过 30%。形成鲜明对比的是，采矿业（B05T09）、焦炭和精炼石油产品（C19）却呈现大幅上升。这与数字技术与经济的发展有着密切关系。一方面，数字技术与经济发展推动了服务活动可以采用更少的实材投入，另一方面，数字技术和经济发展带动了运输、旅游、邮递等服务活动范围和总量的增长，从而导致能耗增加。从相关统计数据和分析也能够得到印证，2018 年中国铁路、航空客运量分别是 1995 年的 2.28 倍和 10.96 倍，货运量增长了 3.17 倍。②2011—2016 年，美国仓储和存储、快递和信使、一般运输、管道运输业中就业人数均呈现快速增长趋势，运输和物料搬运类职业就业人数，超过 33 万人，就业增长指数远高于美国总体和制造业的平均水平。③

---

① 制成品的服务含量有两个来源途径：一个是外源性途径，由制造企业从服务业部门采购而获取，另一个是内源性途径，由制造企业内部从事服务活动所创造的增加值。Miroudot et al.（2017）、廖涵和丛昊（2021）对此有专门研究。这里我们计算的只是外源性途径下的服务含量，故比包括内源性途径在内的总服务含量要低。

② 根据中国国家统计局编撰的《中国统计年鉴 1978—2019 年》相关数据计算而得。

③ WTO, IDE-JEIRO, OECD, UIBE, WB. Technological Innovation, Supply Chain Trade, and Workers in A Globalized World, 2019：113-117.

3. 服务业的跨境生产网络密度和生产长度

跨境生产网络密度反映的是经济体双边跨境生产联系的分散程度，生产长度则反映各类产品生产的复杂程度。图 3-11A 和图 3-11B 显示，2018 年服务业各部门 PVT 网络密度均要高于 1995 年，其中，生产性服务业部门的 PVT 网络密度又要高于生活性服务业部门，体现了生产性服务业部门为国际生产和市场销售提供支持性服务活动的特性。从生产长度来看，2018 年相比 1995 年多数服务业部门的前向生产长度和后向生产长度虽有所提高，但变化并不明显。不过值得注意的是，生活性服务业部门无论是前向生产长度还是后向生产长度普遍要高于生产性服务业部门。这说明全球范围服务业各部门的双边跨境生产联系更分散，但服务业各部门参与其他部门最终品产出的过程，以及服务业各部门本身的最终产出生产过程并未变得更复杂。生活性服务部门的生产长度要高于生产性服务部门，个中原因有待于探讨。

总体而言，全球生产的发展推动服务业各部门的业务活动变得更分散，但生产过程并未更加复杂。

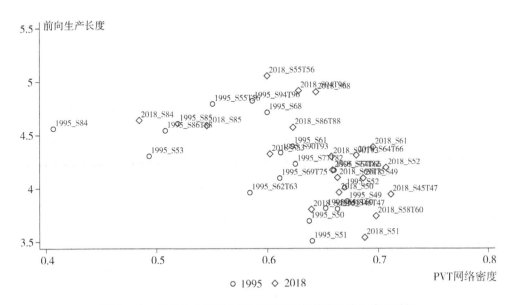

图 3-11A　服务业各部门 PVT 网络密度与前向生产长度相关性

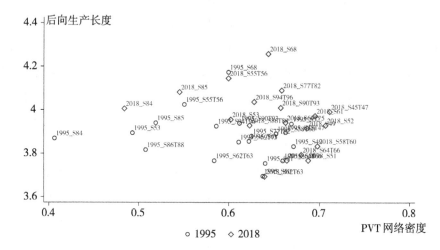

图 3-11B　服务业各部门 PVT 网络密度与后向生产长度相关性

注：服务业各部门 PVT 网络密度由第一章式（1-17）计算而得；服务业各部门前向生产长度和后向生产长度由第一章式（1-14）、式（1-15）分别计算而得。

第三节　跨国公司的属地生产联系

跨国公司作为全球价值链的主导方，不仅通过技术、中间品贸易参与国际分工，还通过对外直接投资在境外设立分支机构，构建全球生产体系。OECD将跨国企业统计数据库（Activities of Multinational Enterprises，AMNE）与世界投入产出表（ICIO）进行对接，编制了区分内外资企业的世界投入产出表（ICIOMNE），在编制过程中采用了多种数据来源及统计方法估计各经济体-部门之间的投入产出流量。①本节首先简要介绍 ICIOMNE 表以及在研究中的应用；其次从采购和销售结构、生产关联、GVC 参与度及生产长度等方面刻画跨国公司的属地生产活动。

---

① Cadestin C, K De Backer, I Desnoyers-James, S Miroudot, D Rigo, M Ye. Multinational Enterprises and Global Value Chains：the OECD Analytical AMNE Database. OECD Trade Policy Papers 211, 2018：1-27.

一、区分内外资的世界投入产出表简介

2019 年，OECD 发布了 2005—2016 年的 ICIOMNE 表，各年份均有一张统计表，涵盖 60 个经济体、34 个部门，并且每个部门区分了内资企业和外资企业。其中，外资企业指跨国公司的海外分支机构，且外国投资者至少拥有 50% 的股权；内资企业指不参与国际投资的国内企业和设立国外子公司的本国母公司。①

与 2021 年版的 ICIO 表相比，ICIOMNE 表的经济体排列及部门划分有所不同。对经济体排列，ICIOMNE 表将文莱、柬埔寨、哈萨克斯坦、老挝、缅甸、秘鲁和突尼斯归到其他经济体；哥伦比亚和哥斯达黎加的顺序有变，两者在 ICIO 表中排序为第六和第七，在 ICIOMNE 表中则为第四十一和第四十二；墨西哥和中国不再分加工贸易和一般贸易。对部门划分，ICIOMNE 表将 ICIO 表的 45 个部门合并为 34 个部门。在本章的附录中，我们将两个表的经济体顺序和部门编码变动情况进行了对比。

已有文献利用这一数据库分析了跨国公司的生产和贸易，如马风涛和马有才（2020）从贸易结构、出口产品增加值、垂直专业化以及全球价值链长度等方面比较中国制造业内资企业和外资企业的全球价值链。祝坤福等（2022）基于 ICIOMNE 表提出一个新的全球价值链核算体系，将跨国公司及其分支机构纳入分析框架；同时，他们依据跨国公司在全球价值链活动中的作用，将跨国公司价值链进一步细分为"外资企业-内资企业"型、"内资企业-外资企业"型和"外资企业-外资企业"型全球价值链；此外，结合跨国公司的投资收益矩阵，文中把属地增加值转化为属权增加值，这为研究全球价值链下的贸易平衡问题提供了新的思路。本节余下部分将在上述文献基础上，利用 ICIOMNE 表分析跨国公司的属地生产特征。② 分析中采用的 ICIOMNE 表的部门名称和编码见本章附录中的表 3-14。

①　这是 OECD 在跨国企业统计数据库中所作的界定。实际上，各经济体对外资股权份额的规定不尽相同。

②　"属地"和祝坤福等（2022）的含义相同。跨国公司的属地生产指母公司的外国子公司在东道国或东道经济体境内所进行的生产活动，下文中我们统一表述为"属地"。

二、跨国公司的属地采购和销售结构

我们通过计算全球各个部门的跨国公司中间品属地采购率、出口率和最终品属地销售率 3 个指标，对跨国公司的属地采购和销售结构进行分析，以反映跨国公司与属地生产和贸易关联程度。其中，本节计算所提及的跨国公司的范围均不包含跨国公司母公司。

在 2005 年和 2010 年的 ICIOMNE 表中，部分经济体-部门的最终使用中的 INVNT(存货和价值变更)存在较多负值，这是由于存货减少，但尚未形成价值回收所引起的。除 INVNT 以外，在 2005 年，最终使用中的其他 5 个部分都存在负值，但是数量较少，只存在于少数经济体数据当中，可以忽略。为此，我们剔除各经济体的 INVNT 最终使用的列向数据，从而更准确分析一经济体-部门最终品的生产和属地销售情况。同时，我们分别计算 3 个指标的 2016 年和 2005 年 2 个年份的差值，以反映跨国公司中间品属地采购率、出口率和最终品属地销售率的变化(见图 3-12、图 3-13)。

跨国公司中间品属地采购率是指跨国公司采购于属地的中间品占跨国公司中间品投入总量的比重，反映跨国公司与属地生产的关联程度。从图 3-12 中可以发现，2016 年在大部分部门中跨国公司对属地中间品的采购率超过了 60%，与 2005 年相比，有 11 个部门中间品属地采购率上升，其他部门略有下降。这表明随着时间的推移，在大部分部门生产中，跨国公司从属地采购中间品的占比越来越高，跨国公司逐步融入属地生产网络，与属地部门具有较强的生产联系。

从部门来看，跨国公司属地服务业的中间品采购率普遍高于初级行业和制造业。这是由于服务业的不可储存性使得其生产和消费具有区域特征，其供给和消费间的距离和时间都较短，难以进行国际生产分工(闫云凤等，2018)，促使跨国公司更倾向采购属地中间品投入自身生产。而制造业的国际产业分工水平较高，跨国公司在全球范围内采购生产所需的中间品，导致制造业的多数部门的中间品属地采购率相对较低。初级行业则处于中间水平。

中间品属地出口率是指跨国公司在属地生产的中间品中出口所占的比例。观察图 3-12，发现在 2016 年，采矿业(B)，计算机，电子、光学产品(C26)，电子和家电设备(C27)与其他运输设备(C30)等部门跨国公司中间品属地出口率高于

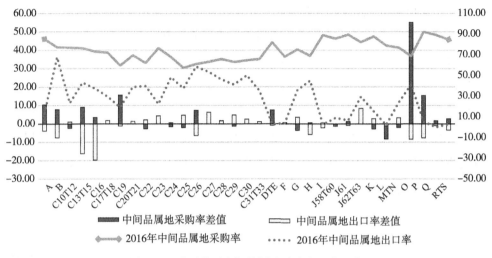

图 3-12 跨国公司中间品属地采购率和出口率

注：(1)由于 OECD-ICIOMNE 表(2021 年版)与 OECD-ICIO 表(2021 年版)的部门数及编码有较大差异，特别是在服务业部门，若将两者整合统一易造成计算误差，故在使用 OECD-ICIOMNE 表(2021 年版)时，仍保持原表的部门数和编码。T 部门数据缺失，故未被列入。

(2)家庭作为雇主的活动(T)因数据缺失未被列入。

(3)左轴为差值，右轴为采购率和出口率。

50%，其他部门的数值普遍在 50%以下。电、气、水供应及处理(DTE)，建筑业(F)以及服务业中多数部门的跨国公司中间品属地出口率相对要低得多，这显然与这些生产活动的特性密切相关。可见，除少数部门外，跨国公司在属地生产的中间品主要用于供给属地企业，用于后续的生产加工，但高技术部门如 C26、C27、C27 等部门的中间品属地出口率相对较高。

从变化趋势来看，初级行业、制造业中的劳动密集型部门以及服务业多数部门的跨国公司中间品出口率都呈下降趋势，但是资本密集型和技术密集型制造业的大部分部门的出口率有所上升，反映出跨国公司在属地的生产活动与产品的国际生产链条长短有一定关系。

跨国公司最终品属地销售率是指跨国公司属地销售的最终品数量占跨国公司

属地生产的最终品总量的比例，反映跨国公司对属地市场的倾向程度。从图 3-13 可看出，2016 年绝大多数部门跨国公司最终品属地销售率在 40% 以上，尤其是服务业部门的最终品属地销售率普遍高于初级行业和制造业。电、气、水供应及处理(DTE)，建筑业(F)，服务业中的房地产活动(L)和公共管理和国防，强制性社保(O)等部门的跨国公司最终品属地销售率高达 96%。而纺织、服装、皮革和相关产品(C13T15)，计算机、电子、光学产品(C26)，住宿和餐饮服务(I)在 2016 年的数值均小于 40%，表明这些部门的最终品出口较多，跨国公司在属地对这些部门最终品的生产更多是利用属地资源，同时与各国政府保护本国产业和市场有直接关系。

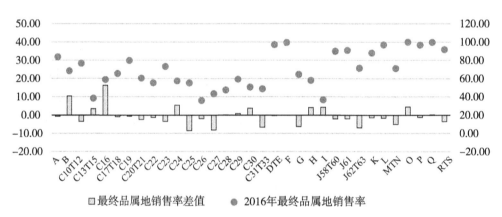

图 3-13　跨国公司最终品属地销售率

注：左轴为差值，右轴为销售率。家庭作为雇主的活动(T)因数据缺失未被列入。

此外，从变化趋势来看，大部分制造业和服务业部门的最终品属地销售率呈现下降趋势。相比 2005 年，金属制品(C25)，电器设备(C27)和家具，其他制造业等(C31T33)部门的最终品属地销售率降幅超过了 6 个百分点，近年，这些部门跨国公司所生产的最终品出口逐渐增加，而在属地销售的数量下降，表明跨国公司在属地生产的最终品逐步倾向在全球市场上销售。而初级行业的采矿业(B)、劳动密集型制造业的木材和草编制品(C16)和服务业的运输(H)、住宿和餐饮服务(I)、公共管理和强制性社保(O)等部门在 2016 年的最终品属地销售率比 2005 年有较大幅度上升，这类涉及原材料的采集、加工和消费具有当地性的部门，跨国公司所生产的最终品更倾向在属地市场销售。

综上所述，在 2005—2016 年，大多数部门的跨国公司中间品属地采购率呈上升趋势，而中间品出口率和最终品属地销售率则呈下降趋势，表明跨国公司逐步融入属地的生产网络，但其生产的最终品更倾向在全球市场上销售，跨国公司作为中介，链接属地与全球的生产和市场，推动属地企业嵌入全球生产网络。

三、跨国公司的属地生产联系

FDI 进入东道国之后，可通过中间品供需关系同内资企业和外资企业建立属地生产关联，根据关联对象及增加值流向，我们将跨国公司的属地生产关联分为以下三类：

一是跨国公司的属地前向关联（MNE_FD），指外资企业通过前向联系为内资企业供给中间品，外资企业创造的增加值用于内资企业最终品及出口中间品的生产，公式如下：

$$\text{MNE\_FD} = \hat{V}_F L Y_D + \hat{V}_F L A_D^E B Y \tag{3-1}$$

二是跨国公司的属地后向关联（MNE_DF），指外资企业通过后向联系使用上游内资企业的中间品，也即内资企业创造的增加值用于外资企业最终品及出口中间品的生产，公式如下：

$$\text{MNE\_DF} = \hat{V}_D L Y_F + \hat{V}_D L A_F^E B Y \tag{3-2}$$

三是跨国公司的属地交互关联（MNE_FF），指东道国境内外资企业之间的中间品供需关系，[1]这意味着增加值在外资企业之间流转，外资企业创造的增加值用于外资企业最终品及出口中间品的生产，公式如下：

$$\text{MNE\_FF} = \hat{V}_F L Y_F + \hat{V}_F L A_F^E B Y \tag{3-3}$$

需要说明的是，祝坤福等（2022）为了区分不同类型 FDI 相关的 GVC 活动，将跨国公司的属地生产分为"外资企业-内资企业"型 GVC、"内资企业-外资企业"型 GVC 以及"外资企业-外资企业"型 GVC，这分别对应本部分的前向关联、后向关联与交互关联。这里我们重点反映跨国公司不同类型的属地生产关联，侧重点

---

① 东道国境内外资企业包含同一母国在同一东道国设立的外资企业以及其他国家的母公司在同一东道国设立的外资企业。

有所不同，但基本逻辑一致。

基于上述分类，我们利用 ICIOMNE 表测度跨国公司的属地生产关联。从规模来看，各部门跨国公司属地生产关联的总量均在上升，①如相比 2005 年，2016 年纺织、服装、皮革和相关产品（C13T15）、未另分类的机械和设备（C28）与 IT 和其他信息服务（J62T63）的增幅分别达 77.29%、81.00%、101.32%，这表明跨国公司的属地生产活动不断增多，属地生产规模逐步扩大。

从结构来看，绝大多数部门三类关联活动在跨国公司属地生产关联总量中的占比仅发生微弱变化，只有采矿业和基本金属两个部门变动较大。采矿业后向关联的重要性逐渐增强，虽然 2016 年交互关联在采矿业跨国公司总属地生产关联中占比最大（52.23%），但这一份额比 2005 年降低 10%，属地后向关联上升10%，属地前向关联仍在 10% 左右。基本金属部门跨国公司属地后向关联的占比也不断上升，2005 年，前向关联占比最低，后向关联和交互关联的比重相当；2016 年，前向关联和交互关联的份额均呈下降之势，只有后向关联占比在提升，并成为占比最大的生产关联活动。对三类关联活动占比变动微小的其他部门，下面以 2016 年为例进行分析，如图 3-14 所示。

如果将占比最大的属地生产关联称为跨国公司的主属地生产关联，可以从图 3-14 清晰地看出，技术密集型部门（表 3-14 中的序号 8、13～17）和生产性服务业部门（序号 21～22、24～29、31）的主属地生产关联几乎均为交互关联，这些部门的外资企业更倾向同外资企业建立生产联系。其他部门的主属地生产关联大多为后向关联，此类部门偏向于使用上游内资企业的中间品投入。祝坤福等（2022）针对中国制造业的探讨也得出相似结论，他们指出，交通运输设备和计算机信息通信设备等高研发强度部门的"外资企业-外资企业"型 GVC 占比最高，中低研发强度部门的"内资企业-外资企业"型 GVC 占比最高。

由上述可见，跨国公司的属地生产规模逐步扩大，但多数部门的属地关联结构变动不明显，即各类属地关联活动的占比几乎没有变化。

四、内外资企业的 GVC 参与度及生产长度

跨国公司输出资本、技术与管理经验等，与东道国的生产要素结合，进行跨

---

① 跨国公司属地生产关联总量是跨国公司属地前向关联、后向关联及交互关联的总和。

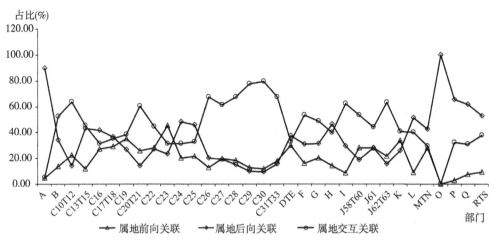

图 3-14 2016 年跨国公司三类属地生产关联的占比

境生产，这是全球生产活动的主要形式之一。现有的全球价值链核算方法大多没有专门测算跨国公司的此类生产活动。祝坤福等（2022）提出了能识别跨国公司活动的新的全球价值链核算框架，在该框架下，生产活动被分为纯国内价值链活动、传统贸易价值链活动、贸易相关的全球价值链活动、FDI 相关的全球价值链活动以及贸易与 FDI 双相关的全球价值链活动，推进了此项研究。可以看出，后三项均属于全球价值链活动，也可从所有生产活动中扣除前两项得到全球价值链活动 GVC_P，如公式（3-4）所示：

$$GVC\_P = \hat{V}B\hat{Y} - \hat{V}_D L\hat{Y}_D^L - \hat{V}_D L\hat{Y}_D^E = \hat{V}B\hat{Y} - \hat{V}_D L\hat{Y}_D \qquad (3\text{-}4)$$

公式（3-4）中，下标 D 表示内资企业，上标 L 表示本地使用，上标 E 表示出口，其他字母含义同第一章。第一个等号右侧第一项表示所有增加值生产活动，第二项表示纯国内价值链活动，第三项表示传统最终品贸易价值链活动。这里不再针对生产活动做更详细的分解，细节可参照祝坤福等（2022）一文的公式（4）和公式（5）。

借鉴这一新的核算框架，我们拓展了 Wang et al.（2017a，2017b）的 GVC 参与度及生产长度，将 FDI 相关的全球价值链活动考虑在内。GVC 参与度是生产主体创造的增加值中与全球价值链活动相关的比例，因而，前向 GVC 参与度（GVC

_Pf)和后向 GVC 参与度(GVC_Pb)的公式如下:①

$$GVC\_Pf = \frac{\hat{V}BY - \hat{V}_D LY_D}{Va'} \tag{3-5}$$

$$GVC\_Pb = \frac{VB\hat{Y} - V_D L\hat{Y}_D}{Y'} \tag{3-6}$$

沿袭 Wang et al.(2017b)对 GVC 生产长度的界定,我们利用增加值在生产过程中的流转次数来反映生产长度,具体而言,采用总产出与引致这部分总产出的增加值的比率来表示生产长度。基于公式(3-4),全球价值链活动对应的总产出为 $\hat{V}BB\hat{Y} - \hat{V}_D LL\hat{Y}_D$,② 因此,前向 GVC 生产长度(GVC_PLf)和后向 GVC 生产长度(GVC_PLb)的公式如下:

$$GVC\_PLf = \frac{\hat{V}BBY - \hat{V}_D LLY_D}{\hat{V}BY - \hat{V}_D LY_D} \tag{3-7}$$

$$GVC\_PLb = \frac{VBB\hat{Y} - V_D LL\hat{Y}_D}{VB\hat{Y} - V_D L\hat{Y}_D} \tag{3-8}$$

全球价值链生产表示不同国家-部门之间协调分工,共同完成最终品的生产或服务的提供,在这一生产过程中,增加值在各生产主体间序贯流转。接下来基于 ICIOMNE 表比较各部门内外资企业的增加值率,同时,测度并分析内外资企业的 GVC 参与度及生产长度。

首先,从 2005 年、2010 年和 2016 年 3 个年份的增加值率来看,多数部门内资企业的增加值率高于外资企业的增加值率,③尤其部分技术密集型行业和生产性服务业,这些部门内外资企业增加值率的差异较大,见表 3-12。

---

① 前向 GVC 参与度和祝坤福等(2022)一文中的式(6)含义相同。
② 推导方法与 Wang et al.(2017b)中公式(2b)、公式(10)及公式(11)类似。
③ 采矿业、食品、饮料和烟草、橡胶和塑料制品、住宿和餐饮、房地产活动的外资企业的增加值率略高于内资企业,但差值基本在 0.05 以内。在个别年份,木材和草编制品、焦炭和精炼石油产品、化学和医药制品、其他非金属矿物制品、电器设备(含电子、家电)、IT和其他信息服务、人体健康和社会工作活动的外资企业增加值率稍高于内资企业增加值率,差值均在 0.03 以内。

表 3-12   内资企业和外资企业的增加值率(%)

部 门 名 称	2005 年		2010 年		2016 年	
	内资	外资	内资	外资	内资	外资
计算机、电子、光学产品	0.39	0.28	0.37	0.26	0.39	0.26
汽车、挂车和半挂车	0.30	0.23	0.28	0.24	0.30	0.25
运输和仓储	0.51	0.37	0.51	0.37	0.51	0.39
电信	0.52	0.47	0.52	0.46	0.51	0.43
金融和保险活动	0.59	0.48	0.60	0.47	0.64	0.45
科学研究、技术服务和其他商业服务	0.60	0.53	0.60	0.51	0.59	0.53

注：增加值率为增加值与总产出的比例，利用 OECD-ICIOMNE 表(2019 年版)测得。

表 3-12 列示的各部门内外资企业增加值率差值大多在 0.05 以上，个别部门甚至超过 0.1，一方面是因为这些部门技术含量高，各经济体出于经济升级和战略安全考虑对内资企业扶持力度更大；另一方面，内资企业在研发投入、创新积累、人才储备等方面更具本地化优势。

其次，从 GVC 参与度来看，外资企业作为跨国公司的境外子公司，生产活动属于全球价值链生产的核算范畴，因此，东道国境内的外资企业的前、后向 GVC 参与度均为 100%。这里主要在新的全球价值链核算体系下针对内资企业进行分析，图 3-15 展示了 2005 年和 2016 年各部门内资企业的前、后向 GVC 参与度。

从图 3-15 可以看出，大多数部门分布在"$GVC\_Pf = GVC\_Pb$"线附近，这表明内资企业前向 GVC 参与度较高的部门同样具有较高的后向 GVC 参与度。少数部门有所偏离，如资源型部门——采矿业处在上游部门，内资企业的前向 GVC 参与度明显高于后向 GVC 参与度；对基本金属以及焦炭和精炼石油产品，2005 年这两个部门内资企业的前、后向参与度差值较大，但在 2016 年差距减小；建筑业由于前期投入大、建设周期长、高度依赖地方政府的规划和支持等因素，该部门产品主要满足本地市场需求，前向 GVC 参与度远低于后向 GVC 参与度；科学研究、技术服务和其他商业服务的内资企业前向 GVC 参与度高于后向 GVC 参与度，此类企业主要作为中间品生产者来参与全球分工。此外，图 3-16 还清晰地显示，制造业落在右上方，这意味着它们作为中间品的供应者和需求者积极参与国际生产；相较而言，服务业落在左下方，这些部门内资企业的前、后向参与度均较低。

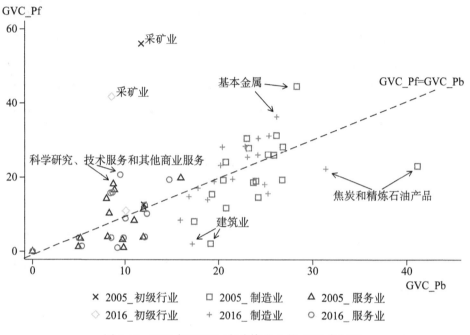

图 3-15 2005 年和 2016 年内资企业的 GVC 参与度

最后，内外资企业的 GVC 生产长度如图 3-16 所示，不同年份 GVC 生产长度的变动不大，这里以 2016 年为例进行说明。整体来看，各部门内资企业的前向 GVC 生产长度长于外资企业的 GVC 生产长度，这是由于外资企业会使用部分来自母国的中间投入，在东道国完成加工组装等环节，这意味着内资企业为下游提供的中间品种类更多，前向 GVC 生产长度也更长；同时，各部门内资企业的后向 GVC 生产长度也长于外资企业的 GVC 生产长度，原因在于，内资企业各部门生产的最终品种类较多，而外资企业一般仅生产特定种类的最终品，①这一差别

① 如纺织部门的跨国公司在发达经济体设立的服装厂主要生产丝织品、礼服、高端工艺品等，在发展中经济体或欠发达经济体设立的服装厂主要生产普通服装、手套、袜子、家用纺织品等，而纺织部门的内资企业往往会生产各种类型的最终品。

导致内资企业的后向 GVC 生产长度更长。对内资企业，采矿业、纸制品和印刷、焦炭和精炼石油产品、化学和医药制品、其他工业部门与服务业各部门的前向 GVC 生产长度稍长于后向 GVC 生产长度，农林牧渔和多数制造业部门与此相反。对外资企业，初级部门和资本密集型部门大多表现为前向 GVC 生产长度略长，劳动密集型部门、技术密集型部门和服务业部门大多表现为后向 GVC 生产长度略长。

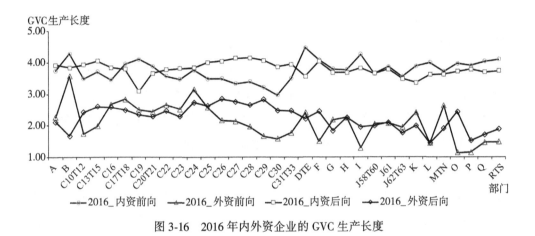

图 3-16　2016 年内外资企业的 GVC 生产长度

总而言之，内外资企业在增加值率、GVC 参与度和生产长度方面的差异主要有：一是多数部门，特别是技术密集型部门和生产性服务业的内资企业的增加值率高于外资企业的增加值率；二是各部门外资企业的前、后向 GVC 参与度均是100%，各部门内资企业的前、后向 GVC 参与度大致呈正相关关系，且制造业的前、后向 GVC 参与度水平较高，服务业的前、后向 GVC 参与度较低；三是各部门内资企业的 GVC 生产长度更长。

第四节　本章小结

这一章，总结了 FDI 与全球生产的演变特征；对初级行业、制造业和服务业全球生产网络的格局、生产长度进行了分析；研究了跨国公司在属地的采购、销售，与属地的生产关联，并就内外资企业的 GVC 活动进行了对比分析，基本结论如下：

1. 作为全球生产体系的主导方，跨国公司的对外直接投资（FDI）以及国际经营战略的演变对增加值类型、收益分配、全球生产网络的发展必然会产生至关重要的影响。近几十年，FDI与全球生产演变呈现的主要特征有：全球FDI流量呈周期性增长，跨国公司投资行为仍集中于北美、欧洲、日本的"大三角"地带，而以中国为代表的发展中经济体从21世纪初以来，对外直接投资上升迅速，成为拉动与稳定全球FDI和国际生产的重要力量。当今世界正处于一个重要的转型时期，全球FDI规则及生产体系面临重构，规则由"边境"逐步转向"边境内"，特大区域国际投资和贸易协定谈判势头强劲。跨国公司更加关注生产链和供应链的"便利性""韧性""可持续性"，国际生产管理"扁平化"和"近岸化"。中小型企业借助数字化技术和平台将会寻求到对外直接投资和参与国际生产的更多机会。各经济体重视对产业能力、新型基础设施、创新平台的建设。

2. 在初级行业，发达经济体在初级行业的FDI以及生产中占据主导地位，自然资源丰裕的经济体初级行业吸引FDI比例以及出口比例明显高于其他行业且一直稳定，跨国公司在这些经济体投资属于典型的资源寻求型驱动。初级行业PVT网络密度以及生产长度都要小于其他行业，但其前向生产长度和后向生产长度均有不同程度的提升，表明初级行业的跨境生产规模在不断扩大，分工也更加精细复杂。

3. 制造业中，多数制造业部门的全球生产活动集中度较高，但具有一定的分散化趋势。技术密集型部门主要由发达经济体跨国公司所控制，形成了多层级的全球生产网络，导致生产集中度很高，部分高技术产品应用"轴辐式"生产模式。发展中经济体主要以劳动密集型部门参与全球生产网络，并逐步向资本密集型和技术密集型部门转型升级，但仍处于生产链的低端环节，国内增加值占比偏低。整个制造业的跨境生产联系在不断增强，网络密度、前后生产长度均有所提升，生产分工也日益精细。至今发达经济体主导制成品和服务的生产，欠发达经济体以初级产品、劳动密集型产品生产和贸易参与全球生产网络的格局并未发生明显改变。

4. 在过去几十年中，全球价值链上产业联系体现出两个方面的趋势：一方面，服务业对初级行业和制造行业的支持作用愈显重要，有着"制造业服务化"趋势。另一方面，数字技术的发展推动了服务活动中实材投入的减少，从而服务品的实材增加值含量下降，呈现"服务品去材化"趋势。在全球生产网络中，服务业同样具有较高的集中度。知识技术密集型服务业部门接近于轴辐式生产联系，劳动密集型服务部门更接近于链式生产联系。服务业各部门的 DVX 出强度大小、跨境生产规模与服务活动的特性和保护程度也有着较大关联。生产性服务业部门的 PVT 网络密度要高于生活性服务业部门，生产长度变化不大，生活性服务部门的生产长度要高于生产性服务部门，个中原因值得探讨。总体而言，全球生产的发展推动服务业各部门的业务活动变得更分散，但生产过程并未更加复杂。

5. 运用 OECD-ICIOMNE 表(2019 年版)，我们分析了全球各个部门的跨国公司与属地生产和贸易关联。在 2005—2016 年，大多数部门的跨国公司中间品属地采购率呈上升趋势，而中间品出口率和最终品属地销售率则呈下降趋势，其生产的最终品更倾向在全球市场上销售。跨国公司的属地生产规模逐步扩大，但多数部门的属地关联结构变动并不明显。

6. 内外资企业在增加值率、GVC 参与度和生产长度方面存在明显差异：一是技术密集型部门和生产性服务业的内资企业的增加值率高于外资企业的增加值率。二是各部门外资企业的 GVC 参与度很高，产出主要用于出口。内资企业的前、后向 GVC 参与度大致呈正相关关系，且制造业的前、后向 GVC 参与度水平较高，服务业的前、后向 GVC 参与度较低。三是各部门内资企业的 GVC 生产长度更长。

附录：OECD-ICIO 表与 OECD-ICIOMNE 表对比

经济体顺序对比表和部门对比表见表 3-13 和表 3-14。

表 3-13　　　　　　　　　　　**经济体顺序对比**

ICIO 表			ICIOMNE 表	
序号	缩写	经济体	序号	所在行数
1	AUS	澳大利亚	1	2~69
2	AUT	奥地利	2	70~137

续表

ICIO 表			ICIOMNE 表	
序号	缩写	经济体	序号	所在行数
3	BEL	比利时	3	138~205
4	CAN	加拿大	4	206~273
5	CHL	智利	5	274~341
6	COL	哥伦比亚	41	2722~2789
7	CRI	哥斯达黎加	42	2790~2857
8	CZE	捷克	6	342~409
9	DNK	丹麦	7	410~477
10	EST	爱沙尼亚	8	478~545
11	FIN	芬兰	9	546~613
12	FRA	法国	10	614~681
13	DEU	德国	11	682~749
14	GRC	希腊	12	750~817
15	HUN	匈牙利	13	818~885
16	ISL	冰岛	14	886~953
17	IRL	爱尔兰	15	954~1021
18	ISR	以色列	16	1022~1089
19	ITA	意大利	17	1090~1157
20	JPN	日本	18	1158~1225
21	KOR	韩国	19	1226~1293
22	LVA	拉脱维亚	20	1294~1361
23	LTU	立陶宛	21	1362~1429
24	LUX	卢森堡	22	1430~1497
25	MEX	墨西哥	23	1498~1565
26	NLD	荷兰	24	1566~1633
27	NZL	新西兰	25	1634~1701
28	NOR	挪威	26	1702~1769
29	POL	波兰	27	1770~1837

续表

ICIO 表			ICIOMNE 表	
序号	缩写	经济体	序号	所在行数
30	PRT	葡萄牙	28	1838~1905
31	SVK	斯洛伐克	29	1906~1973
32	SVN	斯洛文尼亚	30	1974~2041
33	ESP	西班牙	31	2042~2109
34	SWE	瑞典	32	2110~2178
35	CHE	瑞士	33	2179~2245
36	TUR	土耳其	34	2246~2313
37	GBR	英国	35	2314~2381
38	USA	美国	36	2382~2449
39	ARG	阿根廷	37	2450~2517
40	BRA	巴西	38	2518~2585
41	BRN	文莱	缺	
42	BGR	保加利亚	39	2586~2653
43	KHM	柬埔寨	缺	
44	CHN	中国	40	2654~2721
45	HRV	克罗地亚	43	2858~2925
46	CYP	塞浦路斯	44	2926~2993
47	IND	印度	45	2994~3061
48	IDN	印度尼西亚	46	3062~3129
49	HKG	中国香港	47	3130~3197
50	KAZ	哈萨克斯坦	缺	
51	LAO	老挝	缺	
52	MYS	马来西亚	48	3198~3265
53	MLT	马耳他	49	3266~3333
54	MAR	摩洛哥	50	3334~3401
55	MMR	缅甸	缺	
56	PER	秘鲁	缺	

续表

ICIO 表			ICIOMNE 表	
序号	缩写	经济体	序号	所在行数
57	PHL	菲律宾	51	3402~3469
58	ROU	罗马尼亚	52	3470~3537
59	RUS	俄罗斯	53	3538~3605
60	SAU	沙特阿拉伯	54	3606~3673
61	SGP	新加坡	55	3674~3741
62	ZAF	南非	56	3742~3809
63	TWN	中国台湾	57	3810~3877
64	THA	泰国	58	3878~3945
65	TUN	突尼斯	缺	
66	VNM	越南	59	3946~4013
67	ROW	其他经济体	60	4014~4081

表 3-14　　　　　　　　　　　部　门　对　比

序号	部门编码	ICIO 表部门名称	序号	ICIOMNE 表部门编码
1	01T02	农、畜、林、狩猎	1	A＝01T03
2	03	渔业和水产养殖		
3	05T06	矿业和能源产品的提取	2	B＝05T09
4	07T08	矿业和采石		
5	09	矿业支持性服务活动		
6	10T12	食品、饮料和烟草	3	C10T12
7	13T15	纺织、服装、皮革和相关产品	4	C13T15
8	16	木材和草编制品	5	C16
9	17T18	纸制品和印刷	6	C17T18
10	19	焦炭和精炼石油产品	7	C19

续表

序号	部门编码	ICIO 表部门名称	序号	ICIOMNE 表部门编码
11	20	化工和化学制品	8	C20T21
12	21	医药、医药化学和植物产品		
13	22	橡胶和塑料制品	9	C22
14	23	其他非金属矿物制品	10	C23
15	24	基本金属	11	C24
16	25	金属制品	12	C25
17	26	计算机、电子、光学产品	13	C26
18	27	电力设备(含电子、家电)	14	C27
19	28	未另分类的机械和设备	15	C28
20	29	汽车、挂车和半挂车	16	C29
21	30	其他运输设备	17	C30
22	31T33	家具、其他制造业；机械和设备的修理和安装	18	C31T33
23	35	电、煤气、蒸气和空调的供应	19	DTE = 35T39
24	36T39	集水、水处理与水供应、废物的收集、处理和回收		
25	41T43	建筑业	20	F = 41T43
26	45T47	批发和零售、机动车辆修理	21	G = 45T47
27	49	陆路运输和管道运输	22	H = 49T53
28	50	水上运输		
29	51	航空运输		
30	52	仓储及运输支持活动		
31	53	邮政和邮递活动		
32	55T56	住宿和餐饮服务	23	I = 55T56
33	58T60	出版、音像和广播活动	24	J58T60
34	61	电信	25	J61
35	62T63	IT 和其他信息服务	26	J62T63
36	64T66	金融和保险服务	27	K = 64T66
37	68	房地产活动	28	L = 68

续表

序号	部门编码	ICIO 表部门名称	序号	ICIOMNE 表部门编码
38	69T75	专业、科学和技术活动	29	MTN = 69T82
39	77T82	管理和支持活动		
40	84	公共管理和国防、强制性社保	30	O = 84
41	85	教育	31	P = 85
42	86T88	健康和社会工作活动	32	Q = 86T88
43	90T93	艺术、消遣和娱乐	33	RTS = 90T96
44	94T96	其他服务活动		
45	97T98	家庭作为雇主的活动	34	T = 97T98

第四章 中国嵌入全球生产网络与产业关联

目前，中国已成为全球生产网络中重要的生产基地之一，亚洲供应链的核心枢纽①。本章将主要聚焦于中国嵌入全球生产网络的方式、位置，并聚焦到部门层面，分析中国各个部门的国际产业内关联和国际产业间关联。此外，由于本章主要关注中国在全球生产网络中的表现，对中国国内的产业关联并不予以探讨。

第一节 中国嵌入全球生产网络的方式

自改革开放以来，尤其在 2001 年加入 WTO 后，中国凭借着劳动力优势以及丰裕的资源禀赋，逐步嵌入全球生产网络、参与全球化生产。纵观近几十年的历程，中国嵌入全球生产网络的方式总体可分为加工贸易、产业转移、双向 FDI、区域枢纽这四种方式。

一、加工贸易

加工贸易（Processing Trade）是指以保税方式从国外进口原辅材料和中间品，经加工为成品后再出口的贸易方式，包括"来料加工贸易"和"进料加工贸易"。②

加工贸易是将跨国公司的区位优势与东道国要素禀赋的比较优势相结合，东道国采取政策鼓励本国企业嵌入全球生产网络的重要方式，也是很多跨国公司建

---

① Antras Pol, Davin Chor. On the Measurement of Upstreamness and Downstreamness in Global Value Chains. Cambridge National Bureau of Economic Research, 2018：126-194.

② 参见中国外经贸部和国家统计局联合制定的《对外贸易业务统计制度》(1994 年版)。

立全球供应链体系所采用的经营模式。美国、欧盟、日本、亚洲"四小龙"、墨西哥等经济体和地区都曾经乃至今日开展加工贸易活动，并制定相关政策予以鼓励。①早在20世纪50年代中后期，中国就在沿海地区开展加工贸易业务，当时称为"以进养出"。在60年代初，"以进养出"出口额最高可以占当年全国总出口额的30%左右。1978年，中国在东莞开设第一家加工贸易企业。1979年，中国政府出台正式文件并制定优惠政策，大力发展加工贸易。在改革开放起步阶段，中国利用外商的"区位优势"，充分发挥本国的比较优势，快速融入全球生产网络，推动经济体制改革和开放，拉动经济增长，取得了显著成效。

改革开放以来的40多年，中国加工贸易的发展历程可分为"探索—发展—生产中心形成—转型升级"四个阶段，各个阶段的演进过程也是中国融入全球生产网络的方式、程度不断深化的进程。

1. 探索试点阶段(1978—1988年)

1978年7月，国务院发布我国第一份有关加工贸易的政策试行文件——《开展对外加工装配业务试行办法》，率先在广东、福建和上海等地进行试点，鼓励开展"三来一补"业务。后在1979年9月，国务院出台正式文件《开展对外加工装配和中小型补偿贸易办法》，对加工贸易给予审批、外汇、税收等方面的优惠，激发市场活力。加工贸易由此在中国蓬勃发展起来。在探索试点阶段，我国的加工贸易订单主要来自港澳地区的外商，国内加工贸易企业以沿海地区的乡镇企业为主，大多从事劳动密集型产品的加工或组装环节。这一阶段，我国主要以来料加工的方式推动加工贸易的发展，1980年来料加工进出口额占加工贸易总进出口额的78.6%，之后虽有所下降，但1986年仍占62.4%。②

2. 快速发展阶段(1989—2001年)

1988年5月，《中华人民共和国海关对进料加工出口货物管理办法》的出台标志着加工贸易保税制度从国家层面正式确立，加工贸易进入快速发展阶段。这

---

① "加工贸易"是中国相关政策对"两头在外，中间在内"的生产型贸易方式的称谓，在海关监管制度中属于一种保税业务。国外相关政策及学术文献对此种贸易方式的称谓不尽相同，如"出口加工"(Outward processing)、"客户工业"(maquiladora industry)、"离岸外包"(offshore)等。

② 廖涵. 我国加工贸易发展战略研究. 北京：中国财政经济出版社，2002：30.

一阶段中国加工贸易的发展呈现出 3 个特征：

（1）加工贸易快速增长。1990—1996 年，加工贸易年均增长率高达 22.1%，超过同期全国对外贸易年均增长率 16%，加工贸易出口占出口总额的比重从 41%增加到 55.8%。

（2）进料加工成为加工贸易的主导类型。1989 年，进料加工进出口额达19.25 亿美元，占加工贸易总额超过 50%，首次超过来料加工进出口额。之后进料加工占比逐步上升，在 1995 年之后更是超过 70%。

（3）美、欧、日、韩等发达经济体的跨国公司来华直接投资大幅增长，并将劳动密集型产业或工序转入，利用优惠政策从事加工贸易。2000 年，外资企业的加工贸易进出口占外资企业进出口总额的 60%，加工贸易主体逐步由内资企业转变为外资企业。

3. 全球生产中心形成阶段（2002—2015 年）

在这一阶段，中国加工贸易的规模进一步扩大，出口产品结构得到优化，加之，2001 年年末中国"入世"，助推中国成为全球生产中心，中国加工贸易的发展主要有以下几个特征：

（1）规模扩大。加工贸易自 1978 年以来在总贸易中的比重不断上升，1996年超过一般贸易，成为中国最主要的贸易方式。在 2008 年加工贸易出口占总出口为 47%，首次低于 50%，之后占比开始逐年下降。但加工贸易规模仍在不断扩大，2014 年加工贸易进出口额达到 14083.03 亿美元的峰值，[①]对中国成为全球重要的生产基地起到了积极的推动作用。

（2）外资企业、民营企业成为加工贸易的主要力量，国有企业逐渐退出加工贸易活动。这一时期，外资企业加工贸易出口占外资企业总出口的比例均值为75.2%，主导着加工贸易的生产。

（3）资本密集型和技术密集型产品在加工贸易出口中份额不断上升。2013年，我国高新技术产品加工贸易出口额高达 4314 亿美元，占加工贸易总出口的50.2%，目前加工贸易高新技术产品占比在六成以上。此外，我国在新材料、高

---

①　数据来源：国家统计局. 中国贸易外经统计年鉴（2022）. 北京：中国统计出版社，2022.

端装备、电子信息、新能源汽车等6类高端产业的加工贸易进出口增幅、增速明显加快。

(4)加工贸易的国内产业关联有所提升，出口产品的国内增加值率有所提高，促使加工贸易向中国国内生产网络中延伸。

加工贸易是中国嵌入全球生产网络的重要方式，近40年来推动着中国参与全球生产的方式转变、程度加深，逐步成为全球生产网络的中心。但加工贸易在拉动中国经济增长，增加就业，解决资本、技术、关键原材料和中间品短缺，国际经营信息不足等问题的同时，也存在诸多缺陷和脆弱性，如陷入"低端锁定"、增加值率低、国内产业关联不强、易引发贸易摩擦、环境污染严重等。伴随中国劳动力成本上升，成本优势减弱，中国的加工贸易亟待转型升级。

4. 转型升级阶段(2016年至今)

在西方发达国家掀起的"再工业化"浪潮、国际贸易环境恶化、全球生产网络的调整与重构，以及在新冠疫情冲击下的外需不足等多重压力下，中国加工贸易转型升级势在必行。2016年，国务院发布《关于促进加工贸易创新发展的若干意见》，根据国内外经济政治环境重大变化，更加明确了加工贸易要进行转型升级，需推动加工贸易持续高质量发展，并先后发布多项改革措施。其中，主要提出以下6点发展建议：

(1)保持加工贸易政策连续性和稳定性，拓展加工贸易内涵和外延。加工贸易作为我国对外贸易和开放型经济的重要组成部分，仍对我国经济发展、嵌入全球生产网络有着积极作用，有必要推动加工贸易在中国高质量发展、长期发展。

(2)延长国内产业链，提高国内增加值率。加工贸易高质量发展可以增强国内大循环的内生动力，整合国际、国内两个市场两种资源，促进产业链的横向扩展和纵向跃进。

(3)加工贸易经营企业生产链向"微笑曲线"两端延伸，向全球价值链高端跃升，由贴牌生产(OEM)向委托设计(ODM)、自有品牌(OBM)方式发展，提升自主创新能力。

(4)技术创新，产品生产转型，推动加工贸易向高附加值方向发展。推动生产制造与服务贸易融合发展，加快创新驱动和品牌建设，提升加工贸易附加价值。

（5）产能双向转移。在国内，沿海地区将劳动密集型加工贸易产业向中西部、东北部转移，构建加工贸易地区间梯次化布局；在国际，利用 RCEP 规则、深化与"一带一路"沿线国家产业合作，向生产成本优势地区转移，建立加工贸易国际合作机制，由"来料加工""进料加工"向"带料加工"转型，谋求建立稳定高效的国际供应链。

（6）建立网络化、信息化、区域集中化的新型监管体系。目前中国通过设立自由贸易试验区、保税区等海关特殊监管区域为促进加工贸易企业转型升级起到推动作用。

二、产业转移

所谓产业转移，是指某些产业从一个国家或地区转移到另一个国家或地区的过程，它是经济发展过程中普遍存在的现象。①产业转移是经济体或地区实现产业升级、优化国际资源配置的重要途径，具有时间和空间维度变化的动态过程。中国的产业转移可分为国际产业内移、国内区域间转移以及国际产业外移三部分，是中国参与全球生产网络和提升嵌入地位的主要方式之一。目前，我国正处于"产能双向转移"的关键时期。

1. 国际产业内移

在 20 世纪 80 年代，原本承接美国、日本等经济体转移来的劳动密集型、资本密集型产业的亚洲"四小龙"，②面临着市场狭小、生产成本上升、资源不足等压力，将部分失去比较优势的劳动密集型产业和一部分资本技术密集型产业纷纷转移到中国，如纺织、成衣、玩具、电子装配等。中国凭借着廉价的劳动力、良好的加工装配场地吸引外资纷纷在沿海地区投资建厂，中国成为当时全球产业转移的主要承接国，并通过市场和资源"两头在外"的模式发展为"世界工厂"。中国承接国际产业内移主要呈现以下特点：

（1）中国承接产业转移的规模持续扩大

---

① 魏后凯. 产业转移的发展趋势及其对竞争力的影响. 福建论坛（经济社会版），2003（4）：11-15.

② 亚洲四小龙，是指 20 世纪 60 年代末至 90 年代，亚洲四个发展迅速的经济体，包括韩国、中国台湾、中国香港和新加坡。

国外直接投资(IFDI)是国际产业转移的主要渠道之一,从规模来看,自1992年确立市场经济体制改革后,中国的IFDI便不断上升。根据《2022年中国外资统计公报》可知,2021年中国实际使用外资1809.6亿美元,IFDI流量一直位于世界前列。从产业分布情况来看,制造业和服务业是IFDI的主要行业。21世纪之初,制造业是吸收外资的主要阵地,占比60%以上;自2010年起,两者的地位发生逆转,服务业IFDI超过制造业。目前,中国的IFDI主要投资于第三产业,在2021年实际使用外资金额占比高达76.3%,服务业成为近年外商投资热点,承接产业转移的领域也在不断拓宽。

(2)中国承接产业转移的技术层次不断提升

中国最初承接产业转移主要集中于劳动密集型的简单加工组装工序,后来承接投资量大、技术含量较高的生产环节,近年来自发达经济体的IFDI逐渐关注高新技术相关的制造业与服务业,例如流向科学研究和技术服务业、IT和其他信息服务等的IFDI逐渐增多。观察制造业IFDI的变化,可以发现多数劳动密集型部门和资本密集型部门的占比均呈下滑之势,而技术密集型部门始终保持在制造业IFDI中的主体地位,表明我国承接转移产业的技术层次在不断提升。具体情况将在第五章进行分析。

(3)由单个产业的转移扩展到整个产业链的迁移

随着中国越来越深度融入全球生产网络,国际产业内移的范围逐步扩大,越来越多的产品生产经营环节向中国转移。发达经济体对关联产业相继投资,使中国形成了完整的产业链和供应链体系。2010年,中国制造业增加值首次超过美国,成为世界第一制造业大国。①目前,中国已经成为全球唯一拥有联合国产业分类中所列全部工业门类的国家。

2. 国内区域间转移

我国东部沿海地区承接发达经济体转移来的产业,推动了经济快速增长和地区产业升级,但随着生产成本的上升也面临着资源禀赋和比较优势转换。为强化东部地区在中高级制造业领域的竞争优势,推动区域间平衡发展,我国进行了

---

① 岳圣淞.第五次国际产业转移中的中国与东南亚:比较优势与政策选择.东南亚研究,2021(4):124-149.

"产能双向转移"。我国东部地区的产业一部分向国内东北、中西部转移，主要是一般贸易企业和加工贸易企业，而另一部分加工贸易企业则向东南亚经济体转移。本部分聚焦于国内区域间转移。

国内产业转移的趋势早有显露。2007 年 11 月，商务部、国家开发银行出台《关于支持中西部地区承接加工贸易梯度转移工作的意见》，共同引导加工贸易梯度转移，国内区域间产业转移就此拉开帷幕。之后在 2010 年发布的《国务院关于中西部地区承接产业转移的指导意见》鼓励中西部地区进行招商引资，凭借广阔的市场、更低廉的劳动力成本吸引跨国企业在中西部地区进行投资，承接外国以及中国东部的产业区位转移。目前，中西部地区承接了大量东部地区的能源密集型和劳动密集型产业，华北经济区主要承接资本密集型产业，而东部地区通过优化生产空间布局，加快引进高端先进产业，主要发展技术密集型产业。2022 年，中西部地区、东北地区加工贸易占全国加工贸易的比重已经达到了 29.4%，比 2017 年提高了 7.4 个百分点。①西部地区以重庆市为例，重庆沿江自 2011 年起，被设立为国家级产业转移示范区。2021 年，重庆沿江示范区承接了 300 多个东部地区产业转移项目，完成年度投资额 500 多亿元。②我国国内区域间产业转移有利于推动区域均衡发展，实现产业升级，强化中国在全球生产网络的中心作用。一方面，东部地区作为转出区，有利于对土地、项目的腾挪，重点发展高新科技产业，实现产业升级；另一方面，东北和中西部地区通过承接产业转移能更好发挥资源丰富、市场广阔、要素成本低等优势，高效衔接产业和资源，推动地区经济发展，从而稳定产业链供应链。

3. 国际产业外移

随着中国参与全球生产不断深入，中国经济得到迅速发展，同时近 10 年来中国的劳动力成本快速上升，人民币汇率逐渐升值，中国部分劳动密集型产业的比较优势减弱，部分产业的产能出现过剩。并且在我国"供给侧"结构性改革、贸易摩擦和新冠疫情的背景下，单凭国内区域间产业转移已无法抵消其负面影响，

---

① 数据来源：孙兆．推动加工贸易梯度转移．中国经济时报，2023-5-10.

② 数据来源：文戈，柏育．重庆市沿江承接产业转移示范区加快提能升级．中国经济周刊，2022-1-28.

部分产业外移势在必行。自 2008 年金融危机后，我国 IFDI 逐步进入缓慢增长新时期，产业开始有国际外移趋势，并逐渐呈现高低端产业"双向转移"特征。

中国的国际产业外移可分为三个阶段：第一阶段的产业转移发生在 2008—2015 年，在这一时期中国面临着人民币汇率持续上升、土地资本价格和劳动力成本上升等困难，甚至在中国东南部城市出现民工荒、招工难等现象，这些都导致中国产品出口价格上升，在全球生产网络中的国际竞争力下降。第二阶段发生在 2016—2017 年，我国为平衡国内的供给和需求，开始实施供给侧结构性改革，通过去产能、去库存和去杠杆来推进资源的有效配置和产业升级，中国一些产能过剩、不符合地区经济发展要求的产业开始在国际范围内向外转移。第三阶段出现在 2018 年之后，在中美贸易摩擦加剧和美国高举"全面脱钩"大旗的背景下，一些跨国公司为避免生产风险逐渐将产业向其他经济体转移。此外，在新冠疫情影响下，全球各个经济体都更加重视产业链、供应链的安全，产业高端链条出现回流。

目前，中国国际产业外移呈现出"双向"特征。第一，部分"低端"产业向成本更低的发展中经济体进行转移。这主要集中于纺织服装、皮革鞋帽等劳动密集型制造业，以及中高技术产品加工组装环节，主要转向越南、柬埔寨等东南亚国家。如三星将在华手机业务全部转移到越南，现代汽车将组装业务逐步转移到菲律宾，纺织业向越南进行转移。近年这种趋势明显加速。第二，发达国家的跨国公司选择将海外生产基地搬回本土，产业高端链条开始回流。①如电子电气设备、交通运输设备等技术含量高、劳动需求量小的行业随着美国等经济体掀起的"再工业化""去中国化"浪潮回流到发达经济体。在 2010—2020 年，受国际产业外移影响，我国工业增加值占比下降了 8.66%。

现今，我国部分低端产业转移呈现出互补特征，外迁的产业仍从中国进口原材料、零部件和中间品进行加工组装，从而以"订单外移"的形式进行产业转移。这种产业外移主要存在于越南、泰国、印度尼西亚等东南亚经济体当中，主要因

---

① The World Bank. Doing Business 2020: Comparing Business Regulation in 190 Economies. https://documents.worldbank.org/en/publication/documents-reports/documentdetail/688761571934 946384/doing-business-2020-comparing-business-regulation-in-190-economies.

为这些经济体自身工业发展并不完善，产业链并不健全，若实施保护重工业发展的政策又与欧美发达经济体的公平贸易原则相违背，而东南亚经济体又依赖欧美的消费市场，从而对中国供应链依存度较大。从图 4-1 观察中国对其的对外投资情况，便可看出中国对这些经济体的投资逐年增加，部分产业也跟随对外投资进行转移。

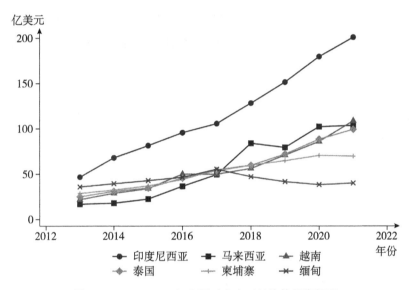

图 4-1　2013—2021 年中国对东南亚经济体投资情况

数据来源：中国商务部、国家统计局、国家外汇管理局：《2022 年度中国对外直接投资统计公报》。

三、双向 FDI

中国吸收国际直接投资（IFDI）和对外直接投资（OFDI）对中国嵌入全球生产网络发挥了重要的作用。IFDI 不仅通过设置企业、产业转移、技术流入与中国国内企业建立生产关联，也让国内企业与全球生产网络中的其他企业建立起生产关联，并且推动了中国国内企业迅速进入国际市场并提升国际竞争力。Liang，Y（2008）、Xu，B. et al.（2009）、Ma，H. et al.（2015）、毛其淋等（2018）、罗伟等（2019）的实证研究认为，外资提升了中国垂直专业化水平，促使中国企业的生产环节向价值链上游移动,改善了出口产品结构和增加值贸易结构。

21世纪以来,中国加快了对外直接投资(OFDI),推动本国更深程度地融入全球经济。在2021年,中国对外直接投资(OFDI)流量居全球第二,占全球份额10.9%,①我国已连续11年列全球前三位。从图4-2观察投资流量大小,IFDI和OFDI流量虽受2008年全球金融危机与2019年新冠疫情影响略有波动,但整体仍呈上升趋势。在2013年之前,引进外资是中国参与国际分工的主要渠道。但随着中国逐步成为全球生产中心,在2014年OFDI流量赶超IFDI流量,之后双向FDI呈现齐头并进之势。中国通过OFDI提升了自身在全球生产网络的中心地位。

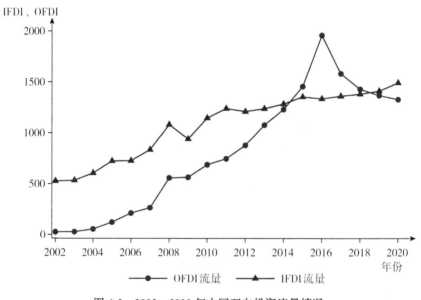

图4-2 2002—2020年中国双向投资流量情况

章志华等(2021)、娄峰等(2022)对中国OFDI的动机进行分析,发现中国通过OFDI获取发展中经济体的廉价生产资源、市场和发达经济体的战略资产等要素,优化自身资源配置,期望通过"逆向技术溢出"来提升自主创新能力,利用外

① 数据来源:中华人民共和国商务部,国家统计局,国家外汇管理局.2022年度中国对外直接投资统计公报.北京:中国商务出版社,2023.

国资源推动自身实现产业升级、提升生产效率，有利于中国更好参与全球生产网络分工。2014 年及之前，初级行业 OFDI 的占比位居第二，制造业 OFDI 占比最低；但 2015 年起，初级行业和制造业在 OFDI 中的地位发生逆转，制造业上升到 15% 左右，初级行业下降到 5% 左右，服务业成为 OFDI 重点行业，在 2015—2022 年的占比几乎均超过 60%。目前，中国 OFDI 主要集中于技术密集型制造业、采矿业、电气和水的供应、IT 和其他信息服务等行业。此外，当前中国 OFDI 资金主要流向美国、新加坡、荷兰等发达经济体，中国香港、开曼群岛、英属维尔京群岛等离岸金融市场，以及印度尼西亚、泰国、越南等东盟 10 国的发展中经济体。可见，中国通过 OFDI 提升主动参与全球生产网络的份额，积极利用海外资源来改善中国在全球生产网络的嵌入状况。

近年来，由于受新冠疫情影响，中国 OFDI 出现下降，但 OFDI 作为中国参与全球生产网络的主要方式，未来仍有扩张倾向。在双循环背景下，双向 FDI 很有可能迅速恢复并驾齐驱的状态，共同推动中国融入全球生产网络。

四、区域枢纽

跨国公司作为全球生产网络的主导者，对全球生产分工有着重要影响。在 20 世纪 90 年代以后，随着越来越多的经济体参与全球生产网络，跨国公司母公司及子公司的数量出现大幅增长，跨国公司全球化经营呈现"双层区域一体化"的网络特征，一层是形成洲际层面的区域一体化网络，在中国主要表现为"总部经济"；另一层是次国家层面的地域集群，主要指国内产业集群。

1."总部经济"

为了能更好地利用生产所需的各种资源、获取竞争优势，跨国公司纷纷设立地区总部，设计全球扩张规划，分散经营风险。中国作为全球最大的发展中国家，凭借着承接加工组装环节成为全球制造业中心，推动了中国的经济增长。与此同时，为了提升市场竞争力，整合现有资源，跨国公司在中国"入世"后重新思考中国在全球生产中的定位，纷纷在中国沿海地区设置地区总部、生产制造中心、跨国采购中心、研究开发中心、服务中心和地区营运中心等机构，使中国成为亚大的区域枢纽。例如北京、上海、深圳等核心城市拥有着较发达的经济、巨大的市场规模，并拥有高素质人才、便捷的交通运输网络和良好的制度环境，为

"总部经济"的发展创造条件。截至2022年，在北京设立的跨国公司地区总部共217家；①到2023年上半年，在上海设置跨国公司地区总部、外资研发中心分别达到922家和544家。②中国成为亚洲供应链的核心枢纽。

此外，成为亚大的区域枢纽推动中国更深度嵌入全球生产。跨国公司通过市场寻求型和成本推动型IFDI投入资金、服务、管理等资源，对整个产业链进行投资，在中国的属地生产关联数量逐渐增多，有效整合现有资源，积极辅助地区的经济发展，带动消费和就业。中国的内资企业在IFDI涌入时凭借竞争优势同上下游维持较高的生产关联，依靠跨国公司的国际化链条进行战略管理、资源配置，引进技术和投资扩大高新技术产品的生产，积极参与跨国公司的国际生产体系和销售体系，从而参与全球生产分工。

2. 国内产业集群

1990年迈克尔·波特在《国家竞争优势》中首次使用产业集群（Industrial Cluster）来描述某一特定领域内互相联系的、在地理位置上集中的公司和机构集合的现象。在全球生产分工背景下，产业间、产业内甚至产品内的分工在"时空压缩""区位黏结"的作用下，逐渐形成产业集群支撑地方经济增长。目前，中国通过国际产业内移、引进外资等在长三角、珠三角和京津冀地区发展国内产业集群，这三大都市经济圈成为引领我国区域经济发展的"三大引擎"。此外，我国还在全国各地先后设立63个国家级出口加工区，推动加工贸易的发展。

产业集群的出现不仅能提高集群内企业的生产效率，还能依赖"规模经济"降低生产成本，带动集群内产品的销售。但是，传统的发展方式也导致我国产业集群的生产技术水平较低、竞争力较弱，赚取的附加值较少，并且存在同质化竞争进入新的发展阶段，中国产业集群的发展需要转型升级。党的十九大报告指出，"加快建设制造强国，加快发展先进制造业"，"促进我国产业迈向全球价值链中高端，培育若干世界级先进制造业集群"。在2022年工业和信息化部公布45个

---

① 数据来源：北京市商务局2022年工作总结，https：//sw. beijing. gov. cn/zwxx/fzgh/jxrw/202301/t20230116_ 2901174. html.

② 数据来源：陈鸿应. 一批跨国企业加入上海"总部朋友圈"77个外资项目签约，总投资逾102亿美元. 上海化工，2023(4)：9.

国家先进制造业集群名单，推进先进制造业集群发展，提升技术创新水平，从而带动我国产业向高端化、智能化、绿色化转型。在这个名单当中，京津冀、长三角、珠三角和成渝这四个重点区域集群数量达 30 个，占名单总数的 2/3。可见，国内产业集群不仅是我国在全球生产网络中获取国际竞争力的方式之一，也是我国产业转型升级的助力。

第二节　中国嵌入全球生产网络的程度

不同的经济体-部门在全球生产网络中的嵌入程度不同，在全球生产中所起的作用，对全球生产的贡献也会不同。目前已有 Hummels et al.（2001）提出的"垂直专业化指数"，Fally（2012）、Antràs（2012）、Miller et al.（2015）等学者提出的上游度、下游度指标，以及 Wang et al.（2017）提出的全球价值链参与度指数等方法对一个经济体-部门在全球价值链上的位置和参与程度进行分析。这些方法主要是针对全球价值链进行测算。基于全球生产网络特性，本节借鉴 Wang et al.（2017）的方法构建经济体-部门在全球生产网络的嵌入度指标，从总体、经济体和部门三个层面对中国嵌入全球生产网络的程度进行分析。

一、经济体-部门的全球生产网络嵌入度测量方法

全球生产网络的本质是在伴随中间品贸易而进行的生产活动中，增加值在各个经济体的不同部门之间序贯流转，体现了由供给和需求带来的生产联系。本文采用 Wang et al.（2017）的口径，认为产品的生产过程至少存在一次跨境才属于全球生产网络的一部分。在此基础上对 $\hat{V}B\hat{Y}$ 进行分解，从而以最终品生产中的增加值关联来分析经济体-部门的全球生产网络嵌入度。

$\hat{V}B\hat{Y}$ 描述了每个经济体-部门的最终品生产所包含的增加值来源。其中，V 表示增加值系数，Y 表示最终品需求。考虑 C 个经济体、N 个部门的情形，经济体-部门层面上的最终品生产可分解为：

$$\hat{V}B\hat{Y} = \begin{bmatrix} \hat{V}^1 B^{11} \hat{Y}^1 & \hat{V}^1 B^{12} \hat{Y}^2 & \cdots & \hat{V}^1 B^{1C} \hat{Y}^C \\ \hat{V}^2 B^{21} \hat{Y}^1 & \hat{V}^2 B^{22} \hat{Y}^2 & \cdots & \hat{V}^2 B^{2C} \hat{Y}^C \\ \vdots & \vdots & \ddots & \vdots \\ \hat{V}^C B^{C1} \hat{Y}^1 & \hat{V}^N B^{C2} \hat{Y}^2 & \cdots & \hat{V}^C B^{CC} \hat{Y}^C \end{bmatrix} \qquad (4\text{-}1)$$

式(4-1)中，$\hat{V}$ 为各经济体 - 部门的直接增加值系数对角矩阵（$CN \times CN$），$\hat{Y}$ 为由各经济体 - 部门的最终品列向量生成的对角矩阵（$CN \times CN$）。其中，$\hat{V}B\hat{Y}$ 的每个元素都代表 $N \times N$ 的子矩阵，表示经济体 - 部门最终品生产所含的增加值来源，包含直接来源和间接来源。如位于第一行第一列的 $N \times N$ 子矩阵为：

$$\hat{V}^1 B^{11} \hat{Y}^1 = \begin{bmatrix} V_1^1 & \cdots & 0 \\ \vdots & \ddots & \vdots \\ 0 & \cdots & V_N^1 \end{bmatrix} \begin{bmatrix} B_{11}^{11} & \cdots & B_{1N}^{11} \\ \vdots & \ddots & \vdots \\ B_{N1}^{11} & \cdots & B_{NN}^{11} \end{bmatrix} \begin{bmatrix} Y_1^1 & \cdots & 0 \\ \vdots & \ddots & \vdots \\ 0 & \cdots & Y_N^1 \end{bmatrix}$$

$$= \begin{bmatrix} V_1^1 B_{11}^{11} Y_1^1 & \cdots & V_1^1 B_{1N}^{11} Y_N^1 \\ \vdots & \ddots & \vdots \\ V_N^1 B_{N1}^{11} Y_1^1 & \cdots & V_N^1 B_{N1}^{11} Y_N^1 \end{bmatrix} \qquad (4\text{-}2)$$

该子矩阵第一行各元素表示经济体 1 的 N 个部门生产的最终品中包含的直接和间接来自经济体 1 部门 1 的增加值；第一列各元素表示经济体 1 部门 1 生产的最终品中包含的直接和间接来自经济体 1 的 N 个部门的增加值。

以此类推，$\hat{V}B\hat{Y}$ 是一个 $CN \times CN$ 的矩阵，特定行对应的元素表示该经济体-部门的增加值去向，可直接和间接体现在所有经济体-部门的最终品生产中；特定列对应的元素表示该经济体-部门的增加值来源，可识别出该部门生产的最终品包含的，直接和间接来自所有经济体-部门的增加值。

所以，对于特定经济体-部门在全球生产网络中的嵌入程度也可从两条路径进行反映：一条是特定经济体-部门增加值的分配去向，它体现为式(4-1)中的行向，反映的是"谁是一个经济体-部门生产的增加值的最终吸收方？"另一条是特定-部门所生产最终品中增加值的来源，即"一个经济体-部门生产的最终品包含或使用了哪些经济体-部门的增加值？"它体现为式(4-1)中的列向（Wang et al.，2017）。

此外，根据最终品消费地的不同可将 Y 分解为本地消费的 Y^D 与最终品出口 Y^F，Y^D 与 Y^F 都可转换为 $CN×CN$ 的对角矩阵，则存在：

$$\hat{V}B\hat{Y} = \hat{V}L\hat{Y}^D + \hat{V}L\hat{Y}^F + \hat{V}LA^F B\hat{Y}$$

$$= \hat{V}L\hat{Y}^D + \hat{V}L\hat{Y}^F + \hat{V}LA^F L\hat{Y}^D + \hat{V}LA^F(B\hat{Y} - L\hat{Y}^D) \tag{4-3}$$

因此，借鉴 Wang et al. (2017) 的测算方法，在式 (4-1) 和式 (4-3) 基础上测算了特定经济体-部门在全球生产网络中的前、后向嵌入程度。

前向嵌入度指数（GPNe_f）衡量了特定经济体-部门以前向联系或供给方式嵌入全球生产的国内增加值占其总增加值的比重。

$$\text{GPNe\_f} = \frac{\hat{V}LA^F BY}{Va'} = \frac{\hat{V}LA^F LY^D}{Va'} + \frac{\hat{V}LA^F(BY - LY^D)}{Va'}, \quad Va' = \hat{V}BY \tag{4-4}$$

式 (4-4) 中，$\hat{V}LA^F BY$ 是特定经济体-部门中间品出口中所包含的国内增加值；Va' 是特定经济体-部门生产的总增加值；$\hat{V}LA^F LY^D$ 是简单跨境生产分工活动中的国内增加值；$\hat{V}LA^F(BY-LY^D)$ 是复杂跨境生产分工活动中的国内增加值。

后向嵌入度指数（GPNe_b）衡量的是特定经济体-部门以后向联系或使用方式嵌入全球生产的来源增加值占其最终品总产出的比重。

$$\text{GPNe\_b} = \frac{VLA^F B\hat{Y}}{Y'} = \frac{VLA^F L\hat{Y}^D}{Y'} + \frac{VLA^F(B\hat{Y}-L\hat{Y}^D)}{Y'}, \quad Y' = V\hat{B}Y \tag{4-5}$$

式 (4-5) 中，$VLA^F B\hat{Y}$ 是特定经济体-部门生产的最终品中，所包含的国内增加值（复进口的）和国外增加值；Y' 是特定经济体-部门生产的最终品列向量的转置；$VLA^F L\hat{Y}^D$ 是简单跨境生产分工活动中的国外增加值；$VLA^F(B\hat{Y}-L\hat{Y}^D)$ 是复杂跨境生产分工活动中返回的国内增加值和国外增加值。

二、总体分析

本部分将对中国嵌入全球生产网络的方向和复杂程度两个层次做具体分析，刻画中国嵌入全球生产网络的总体状况。

1. 中国嵌入全球生产网络的方向

首先，从中国嵌入全球生产网络的方向出发，我们使用 $\hat{V}B\hat{Y}$ 矩阵进行两个方面的分析，一是中国嵌入全球最终品生产网络的程度，即中国国内增加值出口的前向嵌入度；二是中国最终品中进口增加值份额，也即中国最终品生产的后向嵌入度。根据测算结果绘制成图4-3。可以发现，在1995—2018年，中国主要通过后向方式嵌入全球生产网络，这是由于中国早期通过加工贸易来嵌入全球生产网络，这种"大进大出"的生产方式使中国后向嵌入全球生产网络的程度较高。但随着中国相关产业的转型升级，中国前向嵌入全球生产网络的程度有所提升，与后向嵌入度的差值变小，对外出口增加值增多。

其次，从变化趋势来看，中国的前、后向嵌入度整体呈"M"型变动。在1995—2007年，中国在全球生产网络中的前、后向嵌入度整体呈上升趋势，中国后向嵌入度在2005年达到峰值0.161。在2006年，中国前向嵌入程度达到历史最高，为0.127，两者在全球均处于中等水平。2008年之后由于受到国际金融危机以及贸易保护主义回潮的影响，中国前、后向嵌入度虽在短暂下降后有所回升，但总体上呈现下降趋势。2018年，中国在全球生产网络中的前向嵌入度和后向嵌入度分别降至0.077和0.105，均处于全球较低水平，但是与美国、日本这两大发达经济体在全球生产网络中的嵌入水平相近，两个经济体前向嵌入度分别为0.058和0.090，后向嵌入度分别为0.064和0.100。

再次，从中国国内增加值出口和国外增加值进口的年增长率变化来看，可以发现除了1998年、2009年和2016年分别受亚洲金融危机、国际金融危机和贸易保护主义影响，年增长率为负，其余年份的中国国内增加值出口和国外增加值进口额均稳步上升。其中以2008年最突出，中国国内增加值出口和国外增加值进口的年增长率分别高达115.8%和46.0%，增长速度较快。

最后，中国进出口增加值总额在1995—2018年基本保持正向增长，中国与全球的生产关联越来越密切。具体而言，在2015年之前，中国进口国外增加值数量较多，但在2015年之后中国则更多出口国内增加值来参与全球生产，增加值出口占据主要地位。2018年，中国出口增加值占全球总跨境增加值的10.31%，位居全球第二位，略低于美国的12.18%，但高于日本的4.89%。中国进口国外增加值占全球总跨境增加值的9.31%，高于美国、日本的4.51%和3.00%。中国已在全球生产中占据重要地位，但对国外增加值进口依赖程度较

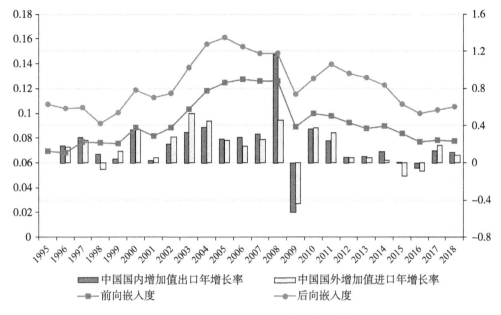

图 4-3　中国在全球生产网络的嵌入方向

数据来源：(1)根据 OECD-ICIO 表(2021 年版)数据计算而得；

(2)图中折线上各点为 1995—2018 年中国在全球生产网络的前向嵌入度和后向嵌入度，嵌入度指标根据式(4-4)和式(4-5)计算而得，数值对应左侧纵轴；

(3)条形图分别对应 1995—2018 年中国国内增加值出口和中国国外增加值进口的年增长率，数值对应右侧纵轴。

高。总体而言，中国嵌入全球生产网络的程度也在不断加深，成为全球重要的生产基地之一，正是如此才能造就中国经济发展"奇迹"。

2. 中国嵌入全球生产网络的复杂程度

本部分将测算前、后向嵌入度中简单、复杂嵌入方式所占比重，分析中国在全球最终品生产中的复杂程度变化。通过观察图 4-4 我们可以看到几个明显特征。

第一，无论是前向还是后向，简单嵌入度占比均远高于复杂嵌入度占比，但两种方式的差额在缩小。表明简单的跨境生产联系是中国嵌入全球生产网络的主

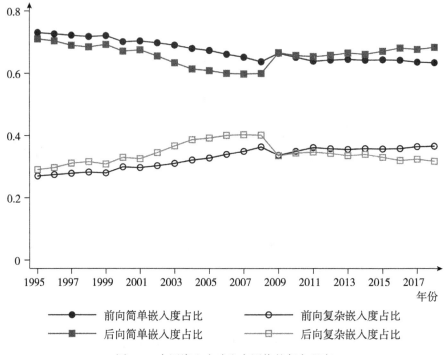

图 4-4　中国嵌入全球生产网络的复杂程度

数据来源：（1）根据 OECD-ICIO 表（2021 年版）数据计算而得；

（2）前向简单嵌入度占比＝前向简单嵌入度/前向嵌入度，前向复杂嵌入度占比＝前向复杂嵌入度/前向嵌入度。后向同理。

要方式，而复杂方式正在逐渐增大。

第二，1995—2008 年，简单方式、两个方向的嵌入度占比均在不断下降，但前向嵌入度占比要高于后向嵌入度。而复杂嵌入方式正好相反，两个方向的嵌入度占比则呈逐步上升趋势，并且后向嵌入度占比高于前向嵌入度。表明这一时期，中国后向嵌入全球生产网络的复杂程度更高，中国最终品生产中国外成分较高。中国出口中间品所含的国内增加值大多一次跨境便被最终品生产吸收。总体而言，中国在全球生产链条中处于较下游的位置。

第三，2008 年之后，中国嵌入全球生产网络的程度和方式有着较明显的改变。中国向世界出口的中间品所含国内增加值直到被最终品生产吸收需要历经更长的生产阶段，尽管 2008 年国际金融危机导致前向复杂嵌入度占比有短暂下降，但之后得到迅速恢复，2018 年已回到 2008 年的最高水平，反映出中国在全球生产链条中的位置总体上向上游迈进。中国最终品生产的投入来源中，2008 年之后的明显变化是，简单后向嵌入度占比在经历前十几年的下降后正在稳定回升，2018 年已接近 1995 年以来历史最高水平。而复杂后向嵌入度占比在 2008 年之后呈现不断下降趋势，2018 年已接近 1995 年以来的历史最低水平。这既与国际环境不确定性增强有关，也与生产链条在国内延伸可能有着密切关系。具体情形我们将在第四节作详细分析。

综上所述，在最终品生产视角下的增加值关联中，中国已深度嵌入全球生产网络中，中国的生产离不开世界，同时世界的生产也离不开中国。而且随着中国前向嵌入全球生产网络的复杂程度正不断上升，中国正从全球最终品的生产基地逐渐向全球中间品生产基地进行转换。

3. 中国嵌入全球生产网络的广度和强度

上文采用嵌入度指标从方向和复杂程度上分析了中国嵌入全球生产网络的整体状况，但缺乏对中国在全球生产网络中生产伙伴(节点)的范围或数量的变化，即联系广度，以及与各节点联系强度变化的分析。为此，本部分将嵌入度测算方法与社会网络分析方法(SNA)相结合，先使用 $\hat{V}B\hat{Y}$ 矩阵将经济体-部门汇总到经济体层面，再使用阈值(1‰)进行简化处理，构建经济体层面的二值矩阵和多值矩阵，采用二值矩阵进行广度分析，采用多值矩阵进行强度分析并绘制网络图，具体步骤参照第二章第一节。需要说明的是，这一部分所作的中国与全球生产伙伴之间的联系广度和强度，是从总体上反映双边增加值的直接和间接联系，而非双边层面的增加值直接往来。强度指标根据多值矩阵中的元素值计算而得，与嵌入度指标基本一致。出度与前向联系一致，入度与后向联系一致。

首先，从中国与全球的增加值联系广度来看(表 4-1)，无论是出广度还是入广度均在上升，中国与越来越多的经济体存在增加值关联。相较而言，中国生产最终品的国外增加值来源的入广度一直低于中国国内增加值在全球最终品生产贡献的出广度。在 1995 年、2007 年和 2018 年 3 个年份中，出广度都要高出入广度 12 个百分点，表明中国前向嵌入全球生产网络的范围更广。

表 4-1　　　　　　　　　　中国与全球增加值联系广度(%)

	1995 年	2007 年	2018 年
出广度	74.24	83.33	84.85
入广度	60.61	60.61	72.73

数据来源：(1)基础数据来源于 1995 年、2007 年和 2018 年 $\hat{V}B\hat{Y}$ 矩阵(扣除对角子矩阵)，经阈值处理(1‰)后所得。

(2)出广度、入广度指标根据公式(1-19)和公式(1-20)计算而得。

其次，中国国内增加值的出度在区域和经济体类型上的变化主要呈现以下特征(图 4-5)。

第一，中国逐步与欧洲、亚大和美洲区域建立起稳定的前向生产联系，在这三大区域的出广度和出强度都在不断增大。国内增加值主要的出口去向范围越来越广。在 1995 年，中国国内增加值流向最终目的地主要集中在中国香港、美国、日本、韩国。中国内地对中国香港的增加值流量最高，达到 13.55 亿美元。2007 年之后，中国在三大区域的出广度和出强度得到快速上升。2018 年，中国对亚大、欧洲、美洲区域的出强度占比分别为 47.7%、28.4%、18.7%。中国的国内增加值最终流向美国、韩国、日本、德国、墨西哥和中国台湾等经济体，增加值流量均在 38 亿美元以上。由此可知，中国与全球的前向联系的强度和广度都呈上升趋势。

第二，中国与发展中经济体的前向联系增强，且主要集中在东南亚地区。在 2007 年之前，中国主要和发达经济体存在较多的前向联系，但在 2007 年之后，尤其是 2018 年，除了与美国、韩国、德国和日本等存在稳定的出强度外，中国对越南、墨西哥、泰国、马来西亚、印度和其他经济体等发展中经济体的出强度明显上升。越南在 2018 年一跃成为中国最主要的国内增加值出口经济体，使用

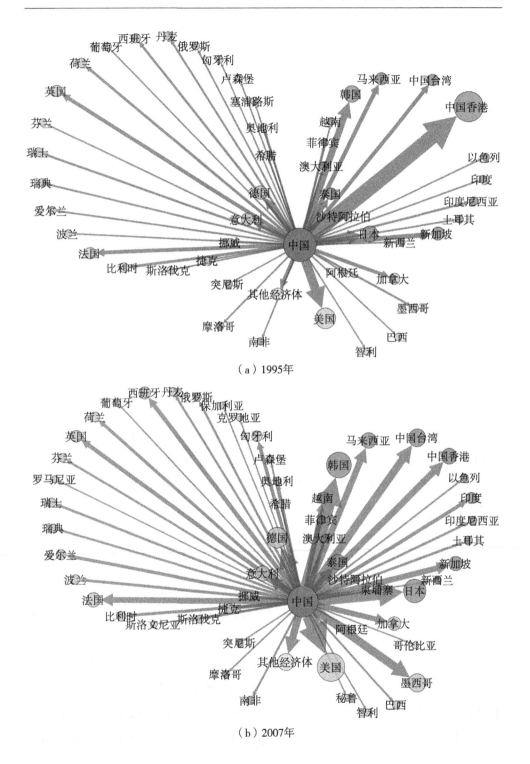

（a）1995年

（b）2007年

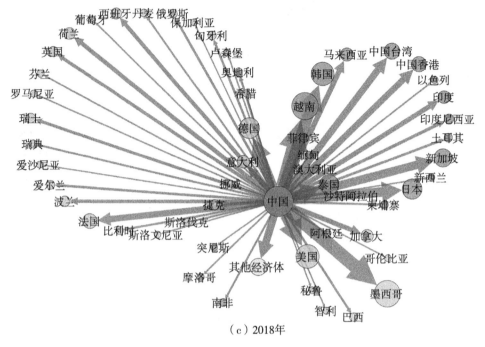

（c）2018年

图 4-5　中国国内增加值出度网络图

注：本图数据来源于 $\hat{V}B\hat{Y}$ 矩阵（扣除对角子矩阵），经阈值处理（1‰）后采用 Gephi 软件自绘，反映前向视角下中国国内增加值的最终去向。图中节点大小与中国对各个经济体（节点）的增加值联系的出强度成正比，边的粗细与中国对各个经济体（节点）的增加值流量大小成正比，箭头表示增加值的流向。

中国增加值占中国总增加值出口量的比重达 8.1%。

再次，从后向联系看（图 4-6），1995 年以来中国最终品生产的入度呈现三个明显变化，一是中国与发达经济体存在稳定的后向联系，其中，日本、韩国、美国、德国和中国台湾等一直是中国入强度较高的经济体。二是中国与欧洲的后向联系的入广度和入强度在不断扩大。三是中国与资源丰裕型经济体的后向联系增长较快。以澳大利亚、俄罗斯、沙特阿拉伯和巴西为代表的资源丰裕型经济体对中国出口增加值占比上涨幅度较明显。在 1995 年，这四个经济体与中国的后向联系仅占中国总体后向联系的 6.56%，2018 年其占比上升至 14.08%。表明随着

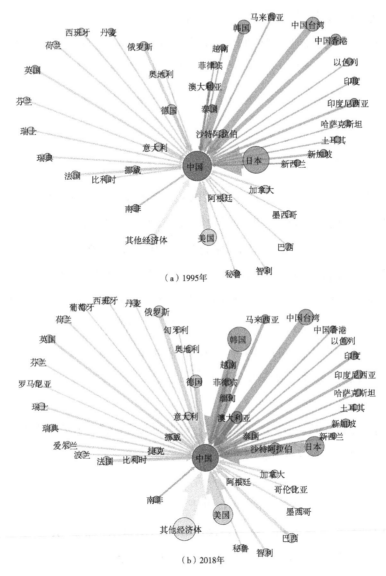

（a）1995年

（b）2018年

图 4-6　中国最终品生产中国外增加值来源网络图

注：本图数据来源于 $\hat{V}B\hat{Y}$ 矩阵（扣除对角子矩阵），经阈值处理（1‰）后采用 Gephi 软件自绘，反映后向视角下中国最终品生产中国外增加值的来源。图中节点大小与各个经济体（节点）对中国的增加值联系的入强度成正比，边的粗细与经济体（节点）对中国的增加值流量大小成正比，箭头表示增加值的流向。由于 2007 年基本情况与 1995 年相同，此处省略 2007 年生产联系网络图。

经济的发展，中国对能源等自然资源和原材料的需求增多，从而与资源丰裕的经济体关联密切。四是中国与其他经济体的后向联系增强，2018年其他经济体仅次于韩国，在中国入强度中排名第二，反映中国在全球生产网络中重视与发展中经济体的合作，资源和中间投入来源地更加分散化，这有利于中国产业链供应链的安全性。

三、部门分析

图4-7显示了1995年、2007年和2018年中国45个部门的前、后向嵌入度，可以发现多数部门的前向嵌入度和后向嵌入度之间有较强的正相关关系，大部分点落在45度线周围。这表明中国较多进口增加值生产最终品的部门，同时也较多地生产增加值出口。从行业分类来看①，中国初级行业在1995年的前向嵌入度高于后向嵌入度，但2018年则后向嵌入度略高，表明中国初级行业越来越依赖进口国外增加值进行生产。中国制造业的前、后向嵌入度都要高于初级行业和服务业，身为"世界工厂"的中国进出口国内外增加值较多，表明中国同时作为中间品的生产者和购买者积极嵌入全球生产网络。反观，中国服务业部门前后向嵌入度都较小。

接下来从前向和后向两个角度具体分析中国与各经济体在部门层面的增加值往来及其变化趋势(图4-8和图4-9)。

第一，中国与全球的制造业前向联系程度较高，主要向全球的纺织、服装、皮革和相关产品(C13T15)、计算机、电子、光学产品(C26)、未另分类的机械和设备(C28)和汽车、挂车和半挂车(C29)等部门出口增加值。从发展趋势来看，1995年中国主要向中国香港、韩国和日本等多个经济体的C13T15出口增加值，并与美国、日本、韩国和中国台湾等经济体在C26部门存在明显的前向联系。但随着中国比较优势的转换，2018年，中国向各经济体C13T15部门出口增加值减少，仅与越南存在较大的前向关联。此外，中国集中对全球的C26、C28和C29部门出口较多的增加值，主要和日本、韩国、墨西哥、美国和泰国等经济

---

① 本章的行业分类与第三章一致，A01T02-B09为初级行业，C10T12-F41T43为制造业，S45T47-S94T96为服务业。详见第三章第二节的说明。

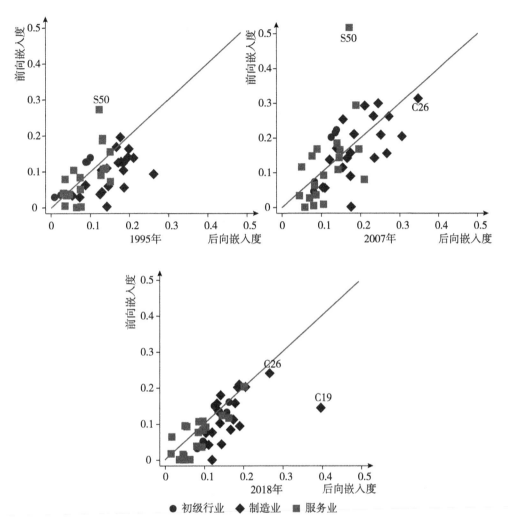

图 4-7　中国各部门全球生产网络前、后向嵌入度散点图

注：图中直线为 45 度线，其斜率为 1。

体的前向联系比重较高。对比 1995 年，2018 年中国向全球增加值出口的数量有显著上升，出口部门主要集中于技术密集型制造业中，表明中国先进制造业现已成为增加值出口的中坚力量，推动着中国制造业转型升级。此外，中国还对发展中经济体前向联系增多，中国作为中间品生产商嵌入全球生产网络的作用越来越明显。

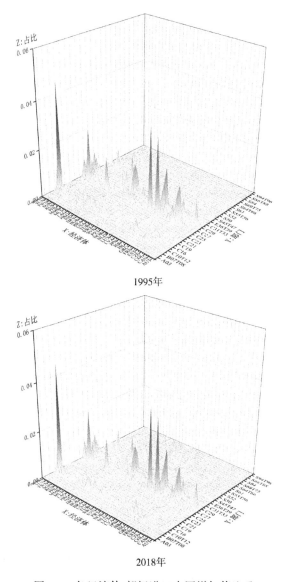

图 4-8　各经济体-部门进口中国增加值比重

注：图中 Z 轴数值显示的是各经济体各部门使用的中国增加值占全球总体使用中国增加值的比重，采用 1995 年和 2018 年进行阈值处理的 $\widehat{VB}\widehat{Y}$ 矩阵（扣除对角子矩阵）进行计算。X 轴为经济体缩写，从右至左分别对应除中国以外的所有经济体，具体顺序可参照第二章表 2-3。Y 轴为部门编码，从左到右共包含 45 个部门，具体顺序可参照第二章表 2-4。本图采用 Origin 软件自绘。

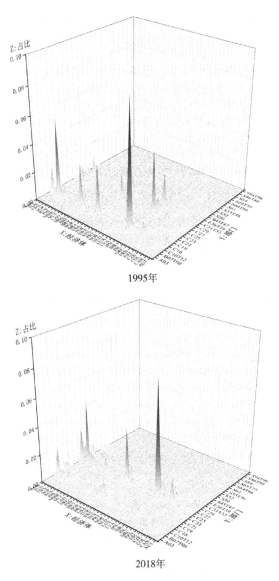

图 4-9 中国各部门进口各经济体增加值比重

注：图中 Z 轴数值显示的是中国各部门使用的各经济体增加值占中国总体使用各经济体增加值的比重，采用 1995 年和 2018 年进行阈值处理的 $\hat{V}B\hat{Y}$ 矩阵（扣除对角子矩阵）进行计算。其中，图中 X 轴为经济体缩写，从右至左分别对应除中国以外的所有经济体，具体顺序可参照第二章表 2-3。图中 Y 轴为部门编码，从左到右共包含 45 个部门，具体顺序可参照第二章表 2-4。本图采用 Origin 软件自绘。

第二，纺织、服装、皮革和相关产品(C13T15)和计算机、电子、光学产品(C26)是中国后向嵌入全球生产网络的主要部门(见图4-9)。在1995年，中国的C13T15大量进口国外增加值，主要与日本、美国、中国香港和中国台湾等经济体存在较大的后向联系。此外，中国也从各经济体的计算机、电子、光学产品(C26)和机械、设备的修理和安装(C31T33)进口较多增加值进行生产。但在2018年，中国C26部门成为中国后向嵌入全球生产网络的主要着力点，主要从日本、韩国、美国和中国台湾等技术先进的发达经济体进口增加值，表明中国C26部门虽发展较快，但是对外技术依赖的现象仍然存在。此外，中国除C26以外的其他部门从国外进口增加值占比都较小，表明中国其他部门的产品生产对全球各经济体的依赖程度都有所下降。

总之，在最终品生产方面，中国主要通过制造业进出口增加值为全球和自身最终品生产作出贡献，形成了"中国离不开世界，世界也离不开中国"的格局。并且随着中国与发展中经济体的前向增加值联系增多，中国正逐步由全球最终品的生产基地向全球中间品生产基地进行转换。目前，中国通过提升前向嵌入度、参与更复杂的跨国生产分工活动来提升中国在全球生产网络中的嵌入水平和复杂程度。

第三节　中国在全球生产网络中的产业关联

现今，全球生产网络分工的核心特征是产品生产环节的分工。经济体在嵌入全球生产网络的过程中，不仅存在着由于要素禀赋差异所导致的不同经济体、相同部门的国际产业内分工，也存在着不同经济体、不同部门相互合作而形成的国际产业间分工。通过对国际产业关联的分析，能更好地了解在全球生产分工的背景下，中国各个部门参与全球生产网络的特征和关联程度，以及中国部门生产中增加值的来源和流向。

本部分借鉴Wang et al.(2018)的经济体-部门双边层面上生产联系和增加值核算的框架，构建了全球生产网络中经济体-部门双边层面的直接生产关联的测算方法，对中国的国际产业内关联和国际产业间关联进行测算和分析。

一、产业关联分析指标及测量方法

从产业关联测度方法的进展来看，主要有三种方法，一是传统的投入产出方法，该方法基于投入产出表测算直接消耗系数、完全消耗系数以及影响力系数和感应度系数等指标，反映产业的关联特征（王岳平和葛岳静，2007；江曼琦和席强敏，2014）。这种测算方法只是对投入产出的部分静态分解，并没有对基于中间品贸易的经济体-部门层面的增加值往来进行分析。二是全球价值链方法，即通过分解各国增加值测算一国嵌入全球生产链的位置，或是从增加值流入和流出视角分析一国与其他国家的国际产业关联。这是当前研究产业关联常用的方法。三是社会网络分析法，通过构建产业关联网络来分析产业关联特征。在这一节中我们将全球价值链方法和社会网络分析法（SNA）相结合进行产业关联分析。其中，借鉴 Wang et al.（2018）核算框架，区分产业内和产业间测算经济体-部门双边层面上生产联系和增加值流转，同时，采用社会网络分析法分析产业内关联和产业间关联广度和强度，并绘制产业关联网络图。

从生产角度讲，国际产业关联的重要方式是中间品在经济体-部门之间流转，直到产出最终品。对于国际产业关联分析，我们作三个方面的设定。

第一，只考虑经济体-部门双边的直接产业关联。产业关联既包括直接的也包括间接的。直接关联以经济体-部门双边在中间品贸易时点发生的关联来识别。依据现有的投入产出方法和数据，要明确经济体-部门双边的间接产业关联尚难实现，因此，我们只考虑经济体-部门双边的直接产业关联。

第二，只考虑中间品出口中的国内成分，包括国内增加值的净值部分和纯重复计算部分。特定经济体-部门虽然是中间品出口时点上的最后一个生产部门，但出口的中间品并非纯粹由该经济体-部门生产，其中包含来自国内外其他部门的增加值或成分。在分析经济体-部门双边的直接产业关联下，出口中间品中所包含的增加值仅计算国内成分。

第三，经济体-部门双边的直接产业关联分产业内关联和产业间关联两种。产业内关联是不同经济体、相同部门双边的生产关联；产业间关联是不同经济体、不同部门双边的生产关联。全球生产网络分工的核心特征是产品生产环节的分工，产业内企业之间的生产关联是生产环节分工的重要途径，也更能体现这一核心特征。一国投入产出表只能进行产业间生产关联分析，跨国投入产出表为经济体之间的产业内关联分析提供了可能。

Wang et al. (2018)将双边总出口依据增加值的来源和去向分解为国内增加值、复进口、国外增加值和纯重复计算项，具体公式如下：①

$$
E^{sr} = \underbrace{(V^s B^{ss})^{\mathrm{T}} \# Y^{sr}}_{(1)DVA\_FIN} + \underbrace{(V^s L^{ss})^{\mathrm{T}} \# (A^{sr} B^{rr} Y^{rr})}_{(2)DVA\_INT}
$$

$$
+ \underbrace{(V^s L^{ss})^{\mathrm{T}} \# \left[A^{sr} \sum_{t \neq s,\, r}^{G} B^{rt} Y^{tt} + A^{sr} B^{rr} \sum_{t \neq s,\, r}^{G} Y^{rt} + A^{sr} \sum_{t \neq s,\, r}^{G} B^{rt} \sum_{u \neq s,\, r}^{G} Y^{tu} \right]}_{(3)DVA\_INTrex}
$$

$$
+ \underbrace{(V^s L^{ss})^{\mathrm{T}} \# \left[A^{sr} B^{rr} Y^{rs} + A^{sr} \sum_{t \neq s,\, r}^{G} B^{rt} Y^{ts} + A^{sr} B^{rs} Y^{ss} \right]}_{(4)RDV\_G}
$$

$$
+ \underbrace{\left[(V^s L^{ss})^{\mathrm{T}} \# \left(A^{sr} B^{rs} \sum_{t \neq s}^{G} Y^{st} \right) + \left(V^s L^{ss} \sum_{t \neq s}^{G} A^{st} B^{ts} \right)^{\mathrm{T}} \# (A^{sr} X^r) \right]}_{(5)DDC} \qquad (4\text{-}6)
$$

$$
+ \underbrace{\left[(V^r B^{rs})^{\mathrm{T}} \# Y^{sr} + \left(\sum_{t \neq s,\, r}^{G} V^t B^{ts} \right)^{\mathrm{T}} \# Y^{sr} \right]}_{(6)FVA\_FIN}
$$

$$
+ \underbrace{\left[(V^r B^{rs})^{\mathrm{T}} \# (A^{sr} L^{rr} Y^{rr}) + \left(\sum_{t \neq s,\, r}^{G} V^t B^{ts} \right)^{\mathrm{T}} \# (A^{sr} L^{rr} Y^{rr}) \right]}_{(7)FVA\_INT}
$$

$$
+ \underbrace{\left[(V^r B^{rs})^{\mathrm{T}} \# (A^{sr} L^{rr} E^{r*}) + \left(\sum_{t \neq s,\, r}^{G} V^t B^{ts} \right)^{\mathrm{T}} \# (A^{sr} L^{rr} E^{r*}) \right]}_{(8)FDC}
$$

式(4-6)中，等号右边共有8项。其中第(2)项和第(3)项是中间品出口中的国内增加值，第(4)项是返回国内并最终在本国被吸收的国内增加值，第(5)项属于由于中间品多次往返跨境导致的国内纯重复计算。这几项都涉及经济体之间中间品出口和增加值的流转，因此应计入国际产业关联的框架。

---

① 式(4-6)是 Wang et al. (2018)原文中的式(18)。我们根据本节研究需要，将其中一些项进行重新组合，以构建产业关联相关指标及测算方法。

我们将第(2)~(5)项加总起来得到经济体 s 到经济体 r 中间品出口中的国内成分如下：

$$ZE\_DC^{sr} = (V^s\, B^{ss})^{\mathrm{T}}\#(A^{sr}\, X^r) \tag{4-7}$$

那么，在 C 个经济体、N 个部门的情形下，经济体 s 和经济体 r 的双边产业关联矩阵可表示为：

$$Pr\_Link^{sr} = \widehat{V^s B^{ss}}\, A^{sr}\, \hat{X}^r$$

$$= \begin{bmatrix} \sum\limits_{k=1}^{N} V_k^s B_{k1}^{ss} A_{11}^{sr} X_1^r & \sum\limits_{k=1}^{N} V_k^s B_{k1}^{ss} A_{12}^{sr} X_2^r & \cdots & \sum\limits_{k=1}^{N} V_k^s B_{k1}^{ss} A_{1N}^{sr} X_N^r \\[2mm] \sum\limits_{k=1}^{N} V_k^s B_{k2}^{ss} A_{21}^{sr} X_1^r & \sum\limits_{k=1}^{N} V_k^s B_{k2}^{ss} A_{22}^{sr} X_2^r & \cdots & \sum\limits_{k=1}^{N} V_k^s B_{k2}^{ss} A_{2N}^{sr} X_N^r \\[2mm] \vdots & \vdots & \ddots & \vdots \\[2mm] \sum\limits_{k=1}^{N} V_k^s B_{kN}^{ss} A_{N1}^{sr} X_1^r & \sum\limits_{k=1}^{N} V_k^s B_{kN}^{ss} A_{N2}^{sr} X_2^r & \cdots & \sum\limits_{k=1}^{N} V_k^s B_{kN}^{ss} A_{NN}^{sr} X_N^r \end{bmatrix} \tag{4-8}$$

式(4-8)为 $N{\times}N$ 矩阵，表示经济体 s 和经济体 r 的双边产业关联。其中：第一行第一列的元素表示 s 经济体-1 部门出口中间品到 r 经济体-1 部门，这部分中间品所含的来自 s 经济体的成分被包含在 r 经济体-1 部门的总产出中，由此带来 s 到 r 的部门 1 的产业内关联。第二行第一列的元素表示，s 经济体-2 部门出口中间品到 r 经济体-1 部门，这部分中间品所含的来自 s 的成分被包含在 r 经济体-1 部门的总产出中，由此带来 s 经济体-2 部门到 r 经济体-1 部门的产业间关联。以此类推，行向上的元素表示特定经济体-部门的前向联系，如第 i 行各元素代表 s 经济体-i 部门出口中间品到 r 经济体各部门，经济体 s 创造的成分通过 i 部门的中间品出口到 r 经济体各部门，并被包含在 r 经济体各部门的总产出中，由此带来 s 经济体-i 部门和 r 经济体各部门的前向产业关联。列向上的元素表示特定经济体-部门的后向联系，如第 j 列各元素代表 s 经济体各部门出口中间品到 r 经济体-j 部门，r 经济体-j 部门的总产出中包含来自进口伙伴 s 的成分，由此带来 r 经济体-j 部门和 s 经济体各部门的后向产业关联。

简单地讲，式(4-8)与式(4-6)中(2)~(5)项含义是一致的。但是 Wang et al.

（2018）侧重于刻画双边出口中的增加值来源及去向，以最终品作为价值流的终点，他们的框架适用于经济体-部门到经济体的联系。这里我们以经济体 r 的进口部门作为终点，不区分进口的中间品此后如何生产及消费，以便将研究视角拓宽至双边部门层面，用于考察双边经济体-部门之间的产业关联。

为了使不同年份的测算结果具有可比性，我们采用经济体 s 到经济体 r 的双边关联占经济体 s 所有前向双边关联的比重来表示经济体 s 到 r 的前向产业关联。s 到 r 的产业内前向关联（ $\mathrm{Pf\_Link}_{ii}^{sr}$ ）和产业间前向关联（ $\mathrm{Pf\_Link}_{ij}^{sr}$ ）指数的表达式如下：

$$\mathrm{Pf\_Link}_{ii}^{sr} = \frac{\sum_{k=1}^{N} V_k^s B_{ki}^{ss} A_{ii}^{sr} X_i^r}{\sum_{r=1}^{C} \sum_{j=1}^{N} \sum_{k=1}^{N} V_k^s B_{ki}^{ss} A_{ij}^{sr} X_j^r} \tag{4-9}$$

$$\mathrm{Pf\_Link}_{ij}^{sr} = \frac{\sum_{k=1}^{N} V_k^s B_{ki}^{ss} A_{ij}^{sr} X_j^r}{\sum_{r=1}^{C} \sum_{j=1}^{N} \sum_{k=1}^{N} V_k^s B_{ki}^{ss} A_{ij}^{sr} X_j^r} \tag{4-10}$$

同样地，利用经济体 s 到经济体 r 的双边关联占经济体 r 所有后向双边关联的比重来表示经济体 s 和经济体 r 的后向产业关联。r 来自 s 的产业内后向关联（ $\mathrm{Pb\_Link}_{ii}^{sr}$ ）和产业间后向关联（ $\mathrm{Pb\_Link}_{ij}^{sr}$ ）指数的表达式如下：

$$\mathrm{Pb\_Link}_{ii}^{sr} = \frac{\sum_{k=1}^{N} V_k^s B_{ki}^{ss} A_{ii}^{sr} X_i^r}{\sum_{s=1}^{C} \sum_{i=1}^{N} \sum_{k=1}^{N} V_k^s B_{ki}^{ss} A_{ij}^{sr} X_j^r} \tag{4-11}$$

$$\mathrm{Pb\_Link}_{ij}^{sr} = \frac{\sum_{k=1}^{N} V_k^s B_{ki}^{ss} A_{ij}^{sr} X_j^r}{\sum_{s=1}^{C} \sum_{i=1}^{N} \sum_{k=1}^{N} V_k^s B_{ki}^{ss} A_{ij}^{sr} X_j^r} \tag{4-12}$$

结合第一章的式（1-21）和式（1-22），可以看到，前（后）向产业关联指数与出（入）强度计算方法在逻辑上是基本一致的，为此，在进行网络分析时，我们先计算出增加值流量矩阵，使用阈值（1‰）进行简化处理，构建多值矩阵和二值矩阵。在对中国国际产业关联做总体分析时，利用多值矩阵按式（4-8）～式（4-12）计算产业关联出(入)强度。采用二值矩阵根据第一章的式(1-19)和式(1-20)计算产业关联出(入)广度。

在本节,我们采用 OECD-ICIO 表(2021 年版)数据,利用上述方法分别对中国各个部门的国际产业内和产业间关联广度和强度进行计算,并选取具有代表性的部门进行分析。

二、中国主要部门国际产业关联的总体分析

这一部分将对中国部门层面的国际产业关联做总体分析。由于中国 45 个部门的总体数据过多,无法一一进行展示,本节主要选取初级行业中的矿业和采石部门(B07T08),劳动密集型制造业中的纺织、服装、皮革和相关产品部门(C13T15),资本密集型制造业中的橡胶和塑料制品部门(C22),技术密集型制造业中的汽车、挂车和半挂车部门(C29),以及服务业中的 IT 和其他信息服务部门(S62T63)这五个部门对中国国际产业关联进行具体分析。其中,在第二节我们通过中国各个部门全球生产网络嵌入度分析了中国 45 个部门参与国内、国际生产分工的程度,本节则主要聚焦于中国主要部门嵌入全球生产网络中国际生产分工的方式与程度。

首先,从中国主要部门的国际产业关联广度上看(表 4-2),在国际产业内和产业间关联中,除去个别部门,中国的出、入广度大体呈上升趋势,表明在部门层面,中国嵌入全球生产网络的范围不断扩展,逐步与更多的经济体构建生产联系,但也存在一些部门的国际产业关联广度呈现出先上升后下降的趋势。这可能是由于在 1995—2007 年,中国开放水平不断提高使得中国嵌入全球生产网络的广度逐渐扩大。在 2008 年后,受到国际金融危机、贸易保护主义回潮以及中国产业结构转型升级的影响,个别部门的产业关联范围略有缩小。以中国 C13T15 前向产业内关联为例,1995—2007 年其出广度呈上升趋势,在 2007 年中国 C13T15 部门共向 50 个经济体出口增加值,但在 2018 年受产业升级和外移的影响,出广度下降至 71.21%,与 47 个经济体存在前向产业内关联。

表 4-2　　　　　　　　中国主要部门国际产业关联广度(%)

部门		出 广 度			入 广 度		
		1995 年	2007 年	2018 年	1995 年	2007 年	2018 年
产业内关联	B07T08	45.45	46.97	51.52	34.85	37.88	33.33
	C13T15	63.64	75.76	71.21	43.94	50.00	53.03
	C22	66.67	69.70	75.76	31.82	50.00	60.61
	C29	37.88	50.00	50.00	39.39	36.36	42.42
	S62T63	40.91	57.58	59.09	42.42	59.09	56.06
产业间关联	B07T08	3.271	3.306	3.030	5.475	5.647	5.441
	C13T15	5.475	6.198	7.472	3.271	4.959	4.787
	C22	5.303	6.026	6.680	3.685	3.960	4.132
	C29	3.306	5.062	5.131	4.408	5.028	5.372
	S62T63	5.682	6.405	5.957	2.927	4.270	4.373

数据来源：(1)根据 OECD-ICIO 表(2021 年版)数据计算而得。

(2)出广度、入广度指标根据式(1-19)和式(1-20)计算而得。其中，在产业内关联网络中，节点总数 N 为 67，所以其出、入广度指标中的分母为 66(67-1)。而在产业间关联网络中，节点总数中除去全球各经济体同一部门和中国其他部门的节点，节点总数 N 为 2905(67 * 45-66-44)，所以其出、入广度指标中的分母为 2904(67 * 45-66-44-1)。

此外，除去中国 S62T63 部门的产业内关联和 B07T08 部门的产业间关联，其他部门产业关联的出广度均大于入广度，表明中国多数部门在全球生产网络中的前向产业关联范围更广，中国中间品出口去向呈现多元化的发展趋势。而中国的 B07T08 和 S62T63 部门分别在产业间关联和产业内关联的入广度大于出广度，其生产对国外中间品的依赖程度较高。在 2018 年，中国 B07T08 部门共与 88 个经济体-部门存在产业间前向关联，与 158 个经济体-部门存在产业间后向关联，这表明在产业间关联中，中国 B07T08 部门进口中间品的来源地更多。

其次，中国主要部门的国际产业关联强度变化趋势主要体现在以下两方面(表 4-3)。

表4-3 中国主要部门国际产业关联强度(%)

	部门	出 强 度			入 强 度		
		1995年	2007年	2018年	1995年	2007年	2018年
产业内关联	B07T08	2.70	4.02	1.60	26.77	45.01	41.96
	C13T15	62.84	56.45	61.58	54.18	27.49	39.70
	C22	11.05	14.94	13.58	9.33	13.95	13.22
	C29	58.53	71.32	73.23	19.89	46.69	41.53
	S62T63	11.86	18.78	24.94	1.45	9.02	30.24
产业间关联	B07T08	97.30	95.98	98.40	73.23	54.99	58.04
	C13T15	37.16	43.55	38.42	45.82	72.51	60.30
	C22	88.95	85.06	86.42	90.67	86.05	86.78
	C29	41.47	28.68	26.77	80.11	53.31	58.47
	S62T63	88.14	81.22	75.06	98.55	90.98	69.76

数据来源:(1)根据OECD-ICIO表(2021年版)数据计算而得;

(2)出强度、入强度指标根据式(4-8)、式(4-9)、式(4-10)和式(4-11)计算而得。中国主要部门的产业内出(入)强度与产业间出(入)强度之和为100%。

第一,中国C13T15和C29部门更多通过前向国际产业内关联来参与全球生产,其他部门则通过国际产业间关联,尤其是通过后向产业间关联嵌入全球生产网络的强度更高。其中B07T08部门的产业间关联出强度在1995—2018年均大于95%,原因是中国B07T08部门生产的矿业产品无须过多加工,可直接投入其他部门的生产过程,其产品更多从事前向产业间关联,而此部门的产业内关联可能更多集中在国内。中国C13T15和C29部门在全球生产网络中更多充当产业内的中间品供给商,其产品需后续加工处理,前向产业内关联强度相对较高。

第二,中国C29和S62T63两部门的产业内关联强度逐步上升。伴随中国汽车行业和IT业的蓬勃发展,中国这两部门更多在国际上构建产业内生产关联,从而全球生产网络的嵌入程度提高,其嵌入全球生产网络的方式正逐步发生转换。

三、中国主要部门国际产业内关联分析

产业内关联是指不同经济体、相同部门双边的生产关联。本部分将对具体部门进行分析,比较前、后向产业内关联指数的变化,以反映中国国际产业内关联的基本状况。其中,在对单个部门的产业内(间)关联分析时,产业内(间)关联强度用中国与同(不同)部门、伙伴经济体的增加值流量占中国同(不同)部门的国际增加值流量总和的比重来表示,利用多值矩阵进行计算,以此反映伙伴经济体在中国国际产业内(间)联系的地位或程度。

1. 矿业和采石部门(B07T08)

初级行业的矿业和采石部门(B07T08)作为其他部门生产所需原材料的供给部门,中国主要通过后向产业内关联进行全球生产,但其前向关联广度更大,其产业内关联状况具体有以下几点变化(见图4-10)。

第一,从中国B07T08部门前向产业内关联来看,中国一直与欧洲、美洲区域存在较稳定的前向产业内关联,而近年,中国B07T08部门与亚大区域的产业内关联减少较多。在1995年,中国B07T08部门主要与欧洲的德国和英国、美洲的美国和加拿大等存在较密切的前向产业内关联。在2007年,中国与亚大区域的联系增多。但之后与亚大的前向产业关联下降程度较大。在2018年,中国与欧洲、美洲和亚大区域的出强度分别为32.39%、21.62%和15.45%。中国主要对美国、瑞典等经济体出口中间品较多,而仅与亚大区域的少数经济体存在产业内关联。

第二,从后向产业内关联来看,中国B07T08部门主要从矿业资源较丰富的经济体进口中间品进行生产。如在1995年,中国主要从南非和澳大利亚进口中间品,并形成稳定的后向产业内联系。之后随着中国对矿业资源需求的增加,中国的产业内关联广度增大,关联强度也在逐步上升。2007年之后,除澳大利亚和南非外,自然资源丰富的巴西逐渐成为中国主要的后向产业内关联经济体。在2018年,澳大利亚、南非和巴西对中国的总入强度高达52.14%,中国B07T08部门在生产过程中进口的增加值有一半以上都来源于这三个经济体。

第三,中国B07T08部门与其他经济体的前、后向产业内关联增强。从前向角度来看,2018年,其他经济体是中国最主要的前向产业内关联经济体,中国

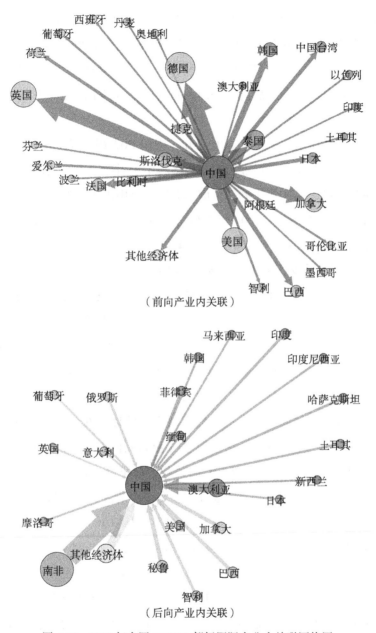

（前向产业内关联）

（后向产业内关联）

图 4-10　1995 年中国 B07T08 部门国际产业内关联网络图

注：本图数据来源于 OECD-ICIO 表（2021 年版）计算所得的多值矩阵，采用 Gephi 软件自绘。图中节点大小和边的粗细与中国对各个经济体（节点）的前、后向产业内关联的多值矩阵中对应元素大小成正比。箭头表示产业关联的方向。

B07T08 部门与其前向产业内关联强度为 30.20%。从后向角度来看，在 2007 年后，中国从其他经济体中进口增加值增多。2018 年，其他经济体与中国的后向产业内关联强度为 24.12%，仅次于澳大利亚。这表明中国 B07T08 部门逐步与更多的发展中经济体构建前、后向产业内关联，进、出口中间品的来源和去向更加多元化。

总体而言，结合表 4-3 和图 4-10 可知，中国 B07T08 部门与全球各经济体间的前向产业内关联较小，其产业内关联更多集中于后向，主要从矿业资源较丰裕的经济体进口产品，其中澳大利亚、南非和巴西是中国主要的后向产业内关联经济体。此外，其他经济体在 2007 年之后与中国的前、后向产业内关联明显，与中国存在紧密的生产关联（见图 4-11、图 4-12）。

2. 纺织、服装、皮革和相关产品部门（C13T15）

纺织、服装、皮革和相关产品（C13T15）是中国深度嵌入全球生产网络的主要生产部门。随着中国比较优势的转换、产业升级的推进，近年 C13T15 部门出现产业外移。目前，中国 C13T15 部门与全球各经济体存在紧密的前、后向产业内关联（见图 4-13 至图 4-15）。具体来说主要呈现以下三点特征。

第一，在产业内前向关联中，与中国 C13T15 部门的产业内关联密切的经济体由发达经济体逐渐转向东南亚地区的发展中经济体。在 1995 年，中国主要向美国、日本、韩国、中国香港、意大利等发达经济体的 C13T15 部门出口中间品，而在 2007 年与发达经济体的产业内前向关联大幅下降，仅与韩国、美国和意大利的关联较多。随着中国纺织业产业外移至东南亚地区，中国与以越南、泰国为代表的东南亚经济体之间的生产联系逐渐增多。在 2018 年，越南一跃成为中国 C13T15 部门主要的出口经济体，中国对其出强度高达 24.74%，此外，中国与印度尼西亚、韩国、意大利和泰国等经济体的产业内前向关联也较密切。

第二，在产业内后向关联中，中国 C13T15 部门一直从纺织业较发达的经济体中进口中间品，且与纺织业逐渐崛起的东南亚经济体的后向关联程度上升。在 1995 年，中国主要从发展高端合成纤维和面料产业的中国台湾、韩国和日本等经济体进口增加值高的中间品，入强度共达 75.31%，中国与其后向产业内关联集中程度较高。之后，随着中国 C13T15 部门生产技术的发展，中国对外依赖程度下降，在 2007 年，这三个经济体虽仍与中国的产业内后向关联最大，但中国

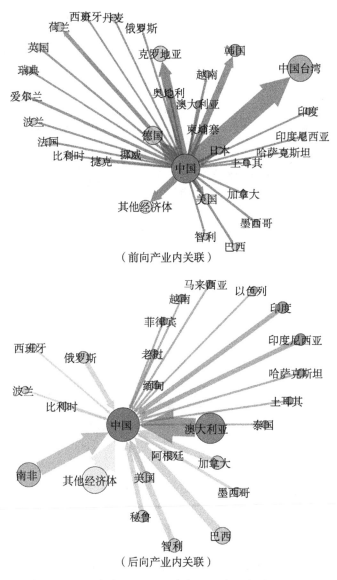

（前向产业内关联）

（后向产业内关联）

图 4-11　2007 年中国 B07T08 部门国际产业内关联网络图

对其的后向产业内关联集中程度却大幅下降。在 2018 年，中国则主要从越南、印度和印度尼西亚等东南亚经济体，以及意大利、日本和中国台湾等纺织技术较先进的经济体进口产品。

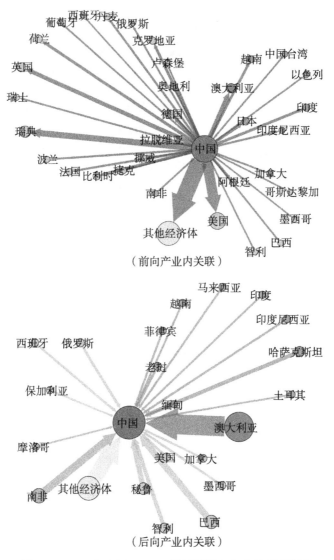

图 4-12 2018 年中国 B07T08 部门国际产业内关联网络图

第三，无论是前向还是后向，中国 C13T15 部门在 2007 年之后与其他经济体的产业内关联逐渐增多。在 2018 年，中国与其他经济体的产业内前、后向关联的出强度和入强度分别为 19.25% 和 12.35%，关联程度较深。这表明中国 C13T15 部门与发展中经济体的产业内关联的密切程度上升，中国在全球产业内

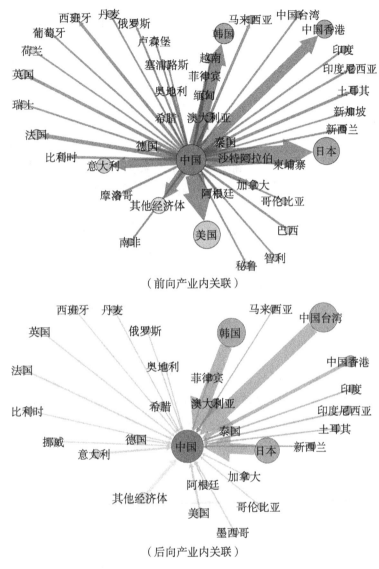

图 4-13　1995 年中国 C13T15 部门国际产业内关联网络图

关联的范围越来越广。

综上所述，随着中国比较优势的转变和产业外移，与中国 C13T15 部门的前、后向产业内关联密切的经济体逐渐由发达经济体转向以东南亚为代表的纺织业逐

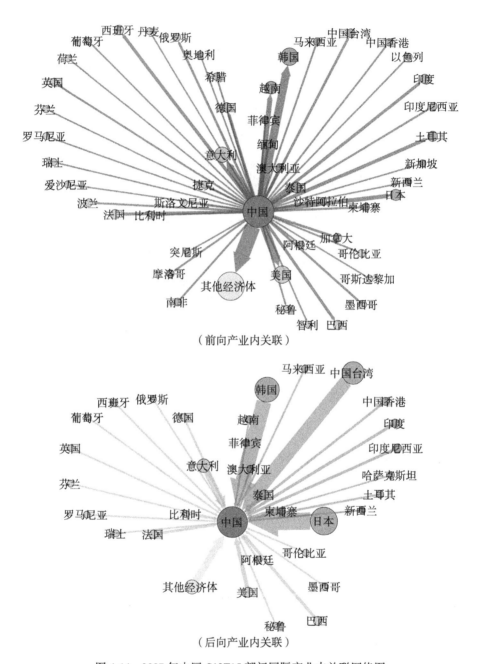

（前向产业内关联）

（后向产业内关联）

图 4-14　2007 年中国 C13T15 部门国际产业内关联网络图

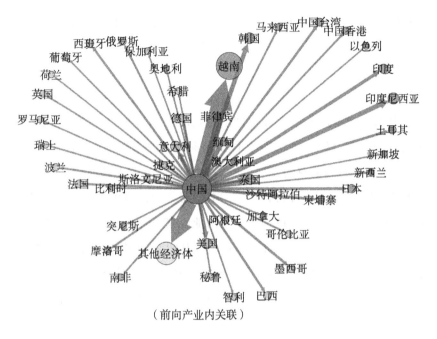

（前向产业内关联）

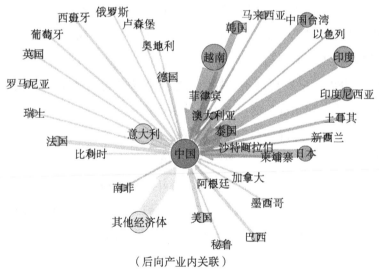

（后向产业内关联）

图 4-15　2018 年中国 C13T15 部门国际产业内关联网络图

渐崛起的发展中经济体。并且，在 2018 年，越南成为中国 C13T15 部门进、出口增加值关联最密切的经济体。

3. 橡胶和塑料制品(C22)

近年来,随着产业转型升级,资本密集型制造业在中国已得到蓬勃发展,但其国际产业内关联规模整体仍较小。这里我们选取橡胶和塑料制品部门(C22)进行具体分析。

首先,中国C22部门产业内前向关联逐步从欧洲、美洲转向亚大区域。在1995年,中国C22部门与欧洲和美洲的出强度分别为37.17%和32.29%,中国主要与美国、英国、日本、德国和法国的前向产业内关联较多。在2007年之后,随着中国资本密集型制造业的发展,中国C22部门与亚大的前向生产联系增多,而与欧洲的生产联系减少。在2018年,中国与亚大区域的产业内前向关联的出强度为43.59%,接近一半,特别是与东南亚经济体的产业内前向关联密切程度上升。其中,中国C22部门与越南、泰国、印度和马来西亚产业内前向关联的出强度之和从1995年的4.08%增长至2018年的19.84%,上升较快。

其次,中国C22部门的产业内后向关联范围越来越广,主要与欧洲和亚大区域的较多经济体建立起产业内关联。在1995年,中国C22部门仅与较少经济体存在产业内后向关联,主要集中从中国台湾进口中间品,入强度高达66.14%。2007年之后,中国C22部门进口中间品的范围明显增大,除欧洲外,亚大区域成为中国C22部门主要的中间品进口地。在2018年,中国C22部门与亚大区域的入强度为64.48%,主要与日本、韩国和中国台湾等经济体的后向关联较高。这反映出中国C22部门正逐步深度嵌入全球生产。

总体而言,中国C22部门在全球生产网络中产业内前、后向关联广度和强度总体呈上升趋势,不再只集中与少数经济体存在产业内关联。我国与日本、美国在C22的产业内前、后向关联一直较稳定,近年与越南和泰国等东南亚经济体的产业内前向关联逐渐增强。但中国C22部门国际产业内关联总体增加值流量较小,更多通过产业间关联来嵌入全球生产网络(见图4-16至图4-18)。

4. 汽车、挂车和半挂车部门(C29)

接下来,我们将对技术密集型制造业中的汽车、挂车和半挂车部门(C29)进行分析。中国作为全球汽车产业重要的市场之一,其汽车产业正蓬勃发展,嵌入全球生产网络的程度也在不断加深。

首先,结合表4-3可知,在1995—2018年,中国C29部门与全球的产业内

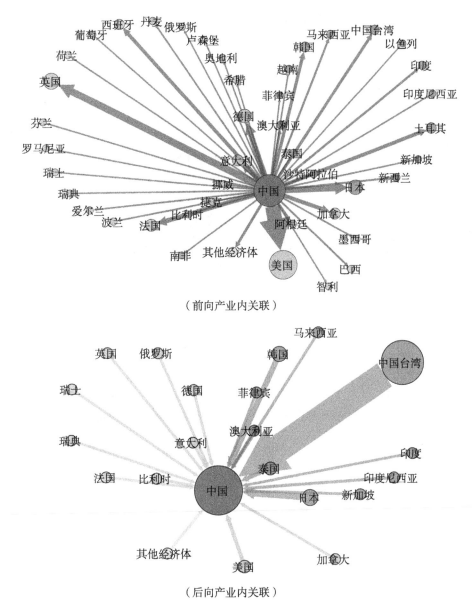

（前向产业内关联）

（后向产业内关联）

图 4-16　1995 年中国 C22 部门国际产业内关联网络图

前、后向关联强度总体上不断上升，其中总体的产业内前向关联占总前向产业关联的比重从 1995 年的 58.53% 增加到 2018 年的 73.23%，总体的后向产业内关联

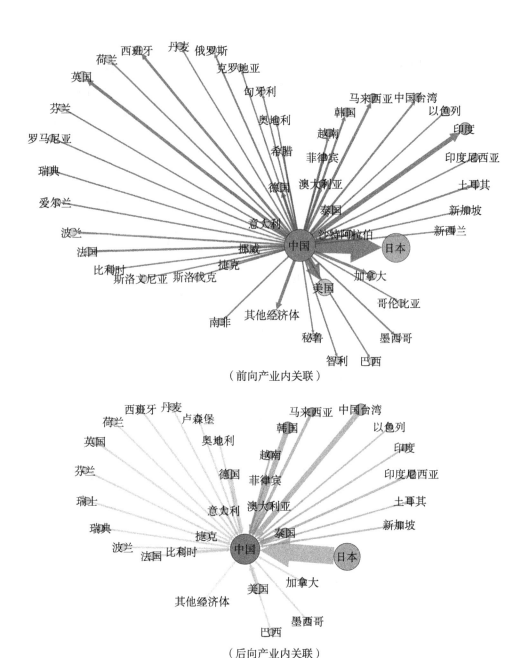

（前向产业内关联）

（后向产业内关联）

图 4-17 2007 年中国 C22 部门国际产业内关联网络图

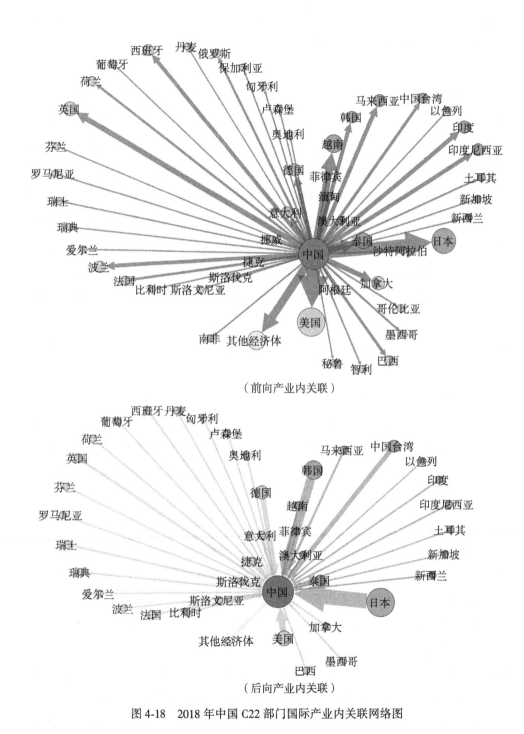

（前向产业内关联）

（后向产业内关联）

图 4-18 2018 年中国 C22 部门国际产业内关联网络图

从 19.89% 上升至 41.53%，表明中国的 C29 部门主要通过产业内关联，尤其是产业内前向关联来嵌入全球生产网络。

其次，从前向角度来看，中国 C29 部门向越来越多的经济体出口中间品，其产业内前向关联呈现出多元化的趋势。在 1995 年，中国 C29 出口的增加值主要集中去往美国、日本和中国香港，中国与它们的出强度分别为 36.81%、30.69% 和 14.72%。2007 年以来，中国 C29 部门增强了与亚大区域产业内联系，中国与韩国间的产业内关联强度逐步提高。在 2018 年，除与日本、美国和韩国关联较多外，中国与德国、墨西哥、其他经济体的产业内前向关联密切程度上升，其中，中国与其他经济体的前向产业内关联出强度由 1995 年的 2.09% 上升至 2018 年的 11.17%，可见，中国 C29 部门与越来越多的经济体构建产业内前向关联。

再次，从后向角度来看，中国 C29 部门主要与全球以汽车制造业闻名的发达经济体存在较多的产业内后向关联。在 1995 年，日本、德国、美国和南非是中国 C29 部门产业内后向关联强度较高的几个经济体。随着中国汽车制造业的发展，中国更多与全球拥有先进汽车制造业的发达经济体建立了产业内后向关联。在 2018 年，中国主要从德国、日本、美国、英国和韩国进口较多中间品，中国与这五个经济体的入强度高达 83.70%。后向关联的经济体仍较集中。

可见，无论是前向还是后向，中国的 C29 部门都主要与以日本、美国和德国等拥有先进汽车制造业的发达经济体关联密切（见图 4-19 至图 4-21）。随着生产技术水平的提升，中国的 C29 部门在全球生产中出口中间品增多，主要通过产业内前向关联来参与全球生产。

5. IT 和其他信息服务部门（S62T63）

在服务业中，我们选取 IT 和其他信息服务部门（S62T63）进行分析。比较 1995 年、2007 年和 2018 年的网络图可以看到，随着大数据和人工智能浪潮的兴起，中国 S62T63 部门的产业内前、后向关联总体上呈上升趋势，中国的全球产业内关联的范围越来越广，增加值流量也越来越高（见图 4-22 至图 4-24）。

从前向角度来看，比较 1995 年、2007 年和 2018 年的数据，可以发现中国 S62T63 部门主要和拥有先进 IT 业的发达经济体存在紧密的产业内前向关联。中国一直与拥有世界领先软件业的德国存在稳定且较密切的产业内前向关联，这三个年份其出强度均高于 18%。除德国外，在 1995 年，中国也与有"中东硅谷"之

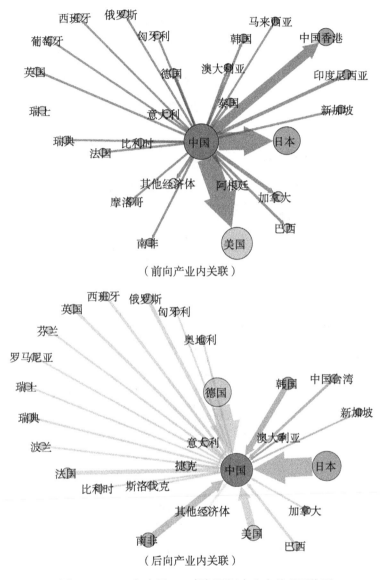

（前向产业内关联）

（后向产业内关联）

图 4-19　1995 年中国 C29 部门国际产业内关联网络图

称的以色列、科技创新型国家比利时和依赖 IT 推动高端制造业发展的日本有着较多的产业内前向关联。2007 年之后，在云计算领域领先的新加坡从中国进口中间品的数量不断上升。2018 年，中国主要与新加坡、德国、美国、韩国等 IT

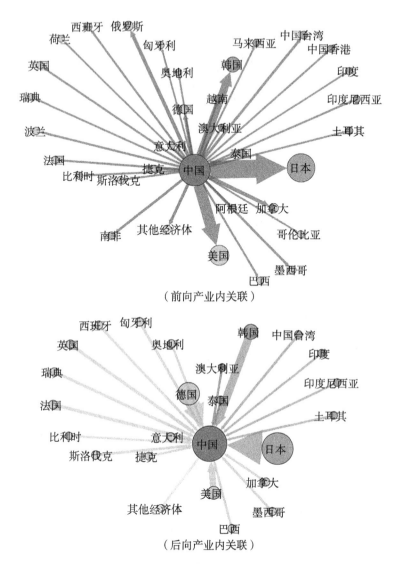

（前向产业内关联）

（后向产业内关联）

图 4-20　2007 年中国 C29 部门国际产业内关联网络图

行业实力雄厚的发达经济体存在较多的产业内前向关联，中国对这四个经济体的出强度总和达到 53%，超过一半。

从后向角度来看，中国 S62T63 部门产业内后向关联范围虽不断扩张，但是中国仍主要从 IT 业发达的经济体中进口中间品。在 1995 年，中国主要从日本和

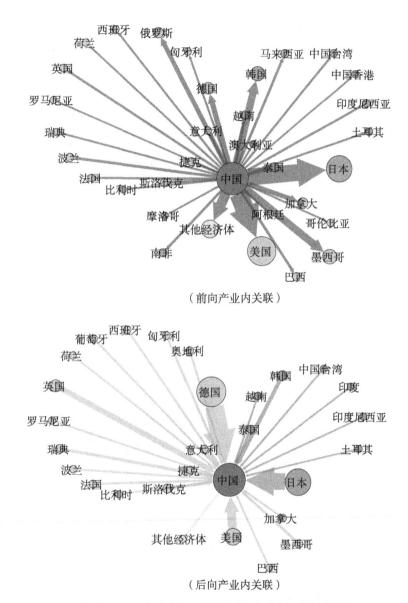

（前向产业内关联）

（后向产业内关联）

图 4-21 2018 年中国 C29 部门国际产业内关联网络图

中国香港的 S62T63 部门进口增加值，但整体规模较小。随着中国 S62T63 部门的发展，对中间品的需求增多，在 2007 年之后，中国主要集中与全球著名的软件外包基地印度存在产业内后向关联，而与日本的关联减少。在 2018 年，中国与

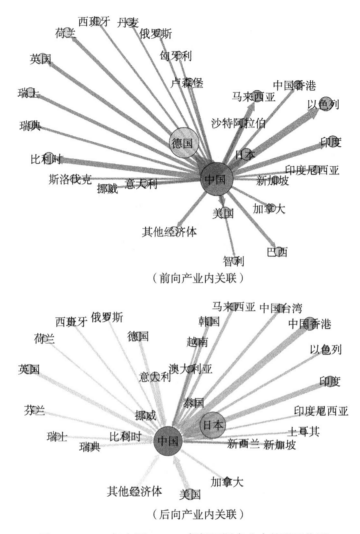

（前向产业内关联）

（后向产业内关联）

图 4-22　1995 年中国 S62T63 部门国际产业内关联网络图

　　印度的产业内后向关联强度高达 34.59%。此外，中国与美国、新加坡和德国的后向生产联系也较多。

　　对中国 S62T63 部门而言，无论前、后向，中国 S62T63 部门主要和软件业先进的经济体存在紧密的产业内关联。目前，中国主要与德国和新加坡存在密切的产业内前向关联。而随着国际产业格局的变迁，中国的国际产业内后向关联主要

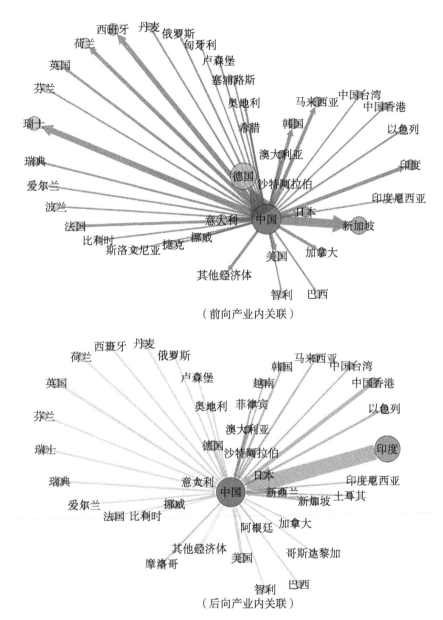

图 4-23 2007 年中国 S62T63 部门国际产业内关联网络图

经济体逐渐从日本转向印度。

从上述对具体部门的国际产业内关联分析中，我们可以发现无论是初级行

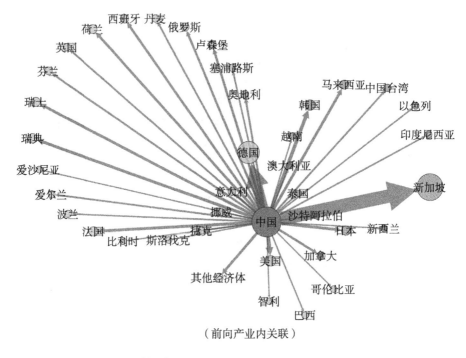

（前向产业内关联）

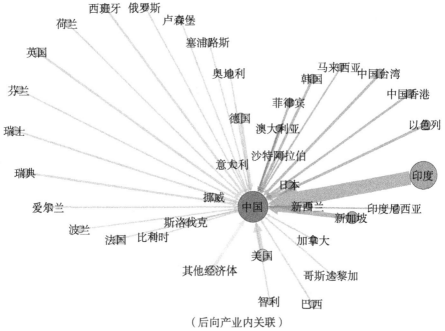

（后向产业内关联）

图 4-24　2018 年中国 S62T63 部门国际产业内关联网络图

业、制造业还是服务业,中国更多与同一部门具有优势的经济体存在产业内前、后向关联。并且随着中国生产水平的提升,中国与新兴经济体,特别是东南亚经济体的产业内关联水平上升较快,使中国嵌入全球生产网络中的范围更广、程度更深,从而为推进中国的产业升级、增强生产网络韧性提供新动能。

四、中国主要部门国际产业间关联分析

产业间关联是不同经济体、不同部门之间的生产关联。本部分选取与国际产业内关联部分相同的部门来分析国际产业间关联。为使网络图更清晰、直观,本文选取多值矩阵中与中国主要部门联系密切的前 60 位经济体-部门节点进行绘图,反映中国主要部门的国际产业间关联。

1. 矿业和采石部门(B07T08)

初级行业中的矿业和采石部门(B07T08)在生产链中一般处于上游,通过前向关联为其他部门提供资源类中间投入品。

从部门流向来看,比较 1995 年和 2018 年的网络图(图 4-25),一直以来,中国 B07T08 部门的产品主要流向化工和化学制品(C20)、其他非金属矿物制品部门(C23)、基本金属部门(C24)和建筑业(F41T43)。在 2018 年,中国与各经济体的焦炭和精炼石油产品部门(C19)的前向关联也逐步增多,表明中国 B07T08 部门的产品转为出口深加工。此外,中国还与部分经济体的服务业关联增多,中国 B07T08 部门在全球生产网络中的嵌入程度逐渐加深。

从经济体流向来看,中国 B07T08 部门主要集中与少数经济体存在产业间前向关联。在 1995 年,中国 B07T08 部门主要与日本、美国和泰国的 C23 和 F41T43、韩国的 C24 等经济体-部门联系较多。日本是与中国 B07T08 部门有着紧密产业间关联的主要经济体。在 2018 年,中国 B07T08 部门主要向日本的 F41T43、C19、C23 和 C24 等部门出口中间品,中国 B07T08 部门对日本各部门的总出强度高达 66. 49%,中国 B07T08 部门的产业间增加值出口主要流向日本。

相较前向,中国 B07T08 部门国际产业间后向关联密切的经济体-部门较固定,但关联程度有明显下降趋势(见图 4-26)。在 1995—2018 年,中国 B07T08 部门主要与全球各经济体的化工和化学制品(C20)、未另分类的机械和设备(C28)

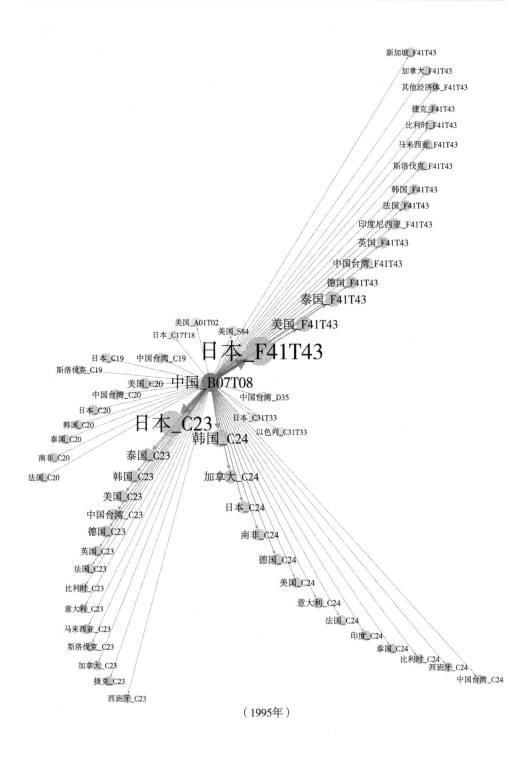

（1995年）

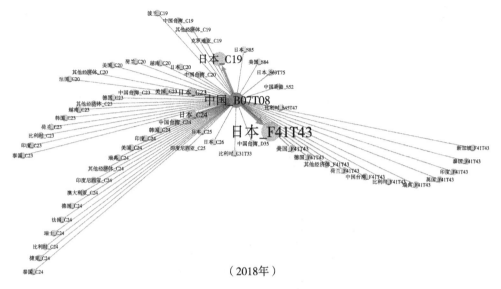

（2018年）

图 4-25　中国 B07T08 部门国际产业间前向关联网络图

注：本图数据来源于 OECD-ICIO 表（2021 年版）计算所得的多值矩阵，选取与中国主要部门联系密切的前 60 位经济体-部门作为节点，采用 Gephi 软件自绘。图中节点大小和边的粗细与中国对经济体（节点）的产业间关联多值矩阵中对应元素的大小成正比，箭头表示产业关联的方向。本图将经济体-部门呈放射状进行排列，以逆时针方向排列部门，而经济体则沿"分支"排列（增加值流量较大的经济体更靠近中心）。

与批发和零售、机动车辆修理（S45T47）部门存在较多的后向关联。2018 年，中国 B07T08 部门与韩国和日本的 C20 部门，德国、日本和韩国的 C28 部门，以及日本、中国香港和美国的 S45T47 部门的产业间后向关联较明显，入强度均大于 2.50%。

从变化趋势来看，在 1995 年，中国主要从各经济体的 C13T15、C20、C25、C26、C28、S45T47 和 S49 部门进口中间品。但在 2007 年之后，中国与全球的 C13T15、C26 和 S49 部门的后向关联减少，而转向与矿业和能源产品的提取（B05T06）和焦炭和精炼石油产品（C19）部门的产业间关联增多。在 2018 年，中国 B07T08 部门与澳大利亚的 B05T06 和其他经济体的 C19 部门的产业间后向关联上升趋势较明显，入强度分别为 2.95% 和 4.21%。

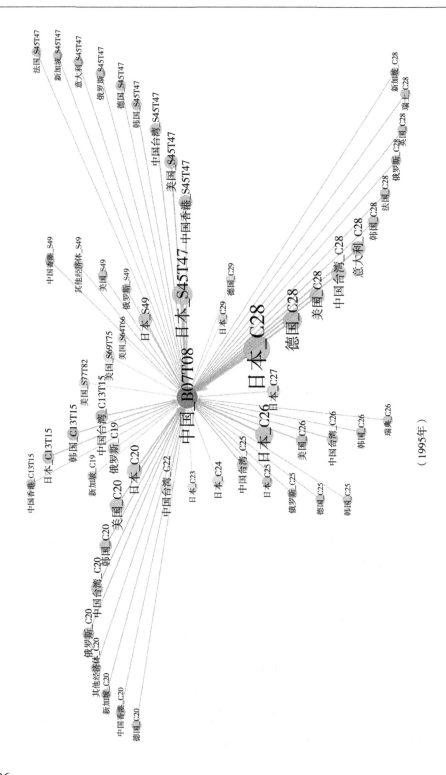

（1995年）

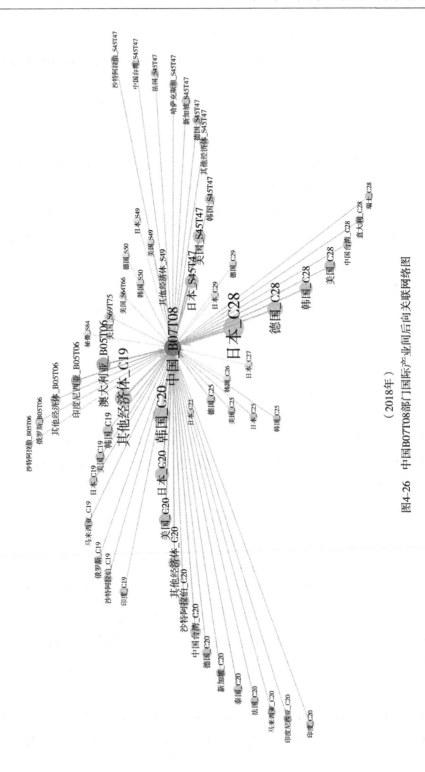

（2018年）

图4-26　中国B07T08部门国际产业间后向关联网络图

2. 纺织、服装、皮革和相关产品部门（C13T15）

接下来对纺织、服装、皮革和相关产品部门（C13T15）这一劳动密集型制造业进行分析。

首先，从图 4-27 中可以看出，中国 C13T15 的增加值出口范围较广，与许多部门存在产业间关联，且主要与少数发达经济体存在显著的产业间前向关联。在 1995 年，中国主要与日本、美国和中国香港的产业间前向关联较多，其中以日本的橡胶和塑料制品（C22）、建筑业（F41T43）和批发和零售、机动车辆修理（S45T47），美国的汽车、挂车和半挂车（C29）和 S45T47，以及中国香港的 S45T47 为代表，中国 C13T15 部门的出强度均大于 3.21%。在 2007 年之后，随着中国在全球生产网络的嵌入程度加深，中国内地与中国香港各个部门的产业间关联程度降低，集中与日本和美国的多个部门联系紧密。在 2018 年，中国 C13T15 部门与美国的 C17T18、C29 和机械、设备的修理和安装（C31T33）等制造业，以及美国和日本以 S45T47 为主的多个服务业部门的产业间前向关联程度较高。

其次，中国 C13T15 部门与发展中经济体少数部门的产业间前向关联逐渐增多。在 2018 年，中国 C13T15 出口中流向墨西哥 C29 部门的增加值流量上升较明显，其出强度为 2.55%，在中国出强度中排在前四。此外，中国 C13T15 部门与其他经济体的 C31T33、S45T47 等部门的关联程度增加，表明中国 C13T15 部门与发展中经济体的产业间前向关联程度正逐步上升，其中间品出口去向也越来越分散，中国纺织业与越来越多的经济体构建生产关联。

反观后向，中国 C13T15 部门的国际产业间后向关联变化主要呈现以下两点特征（见图 4-28）。

第一，中国 C13T15 部门与全球经济体的化工和化学制品（C20）和批发和零售、机动车辆修理（S45T47）部门存在稳定的产业间后向关联。无论是在 1995 年还是 2018 年，中国 C13T15 部门一直与日本、韩国、美国和中国台湾等经济体的 C20 和 S45T47 部门后向生产关联较稳定，中国从这两个部门进口中间品较多。

第二，中国 C13T15 部门从自然资源丰裕经济体的初级行业进口中间品数量逐步增多。在 2018 年，中国与巴西、加拿大、澳大利亚等的农、畜、林、狩猎

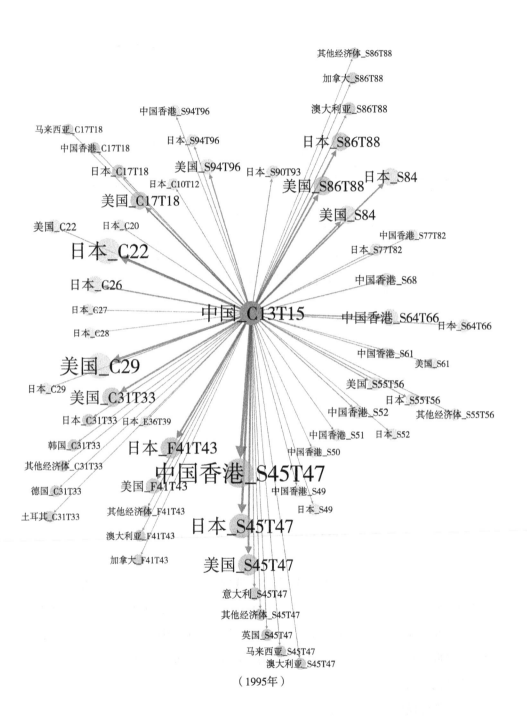

（1995年）

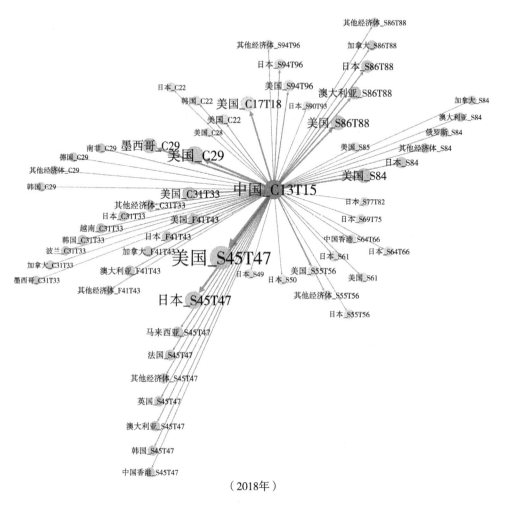

（2018年）

图 4-27 中国 C13T15 部门国际产业间前向关联网络图

（A01T02），以及澳大利亚、沙特阿拉伯、俄罗斯等的矿业和能源产品的提取部门（B05T06）的产业间后向联系增多。其中，中国 C13T15 从巴西的 A01T02 部门进口中间品数量最多，入强度高达 9.32%。这表明随着中国纺织业转型升级，中国逐渐倾向进口初级原材料投入生产，中国 C13T15 部门在全球生产网络中有向上游移动的趋势。

3. 橡胶和塑料制品（C22）

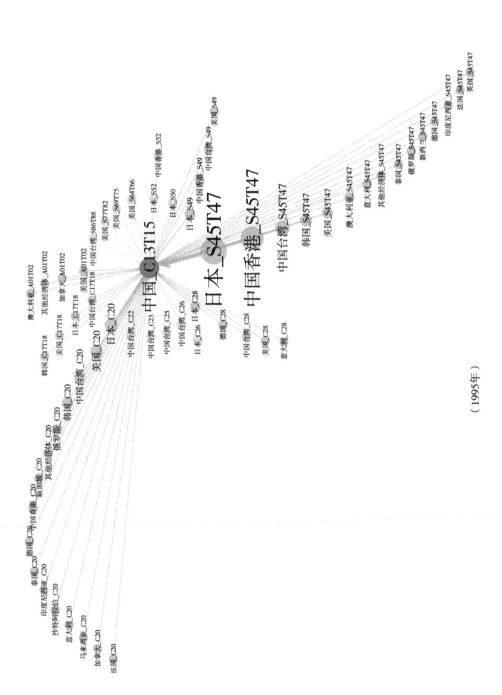

（1995年）

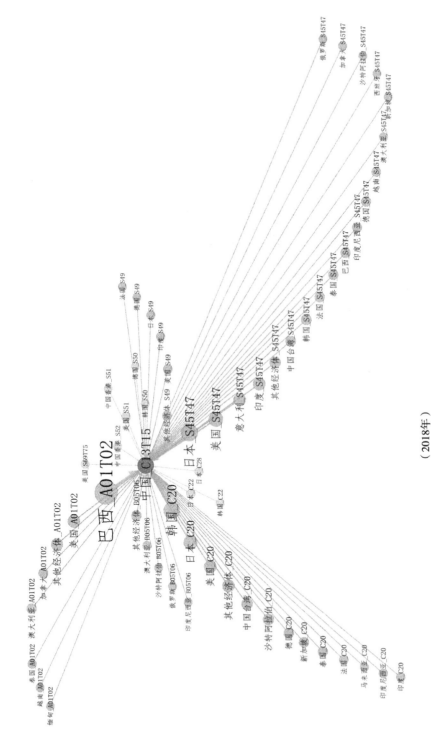

图4-28 中国C13T15部门国际产业间后向关联网络图
（2018年）

资本密集型制造业中的橡胶和塑料制品（C22）作为国民经济基础产业之一，在我国发展起步较晚，与国外先进生产水平存在一定差距，在高端产品上对国外依赖程度较高，中国 C22 部门主要通过国际产业间关联来嵌入全球生产网络。

首先，中国 C22 部门主要与汽车、挂车和半挂车部门（C29）、建筑业（F41T43）和批发和零售、机动车辆修理部门（S45T47）这三个部门存在紧密的国际产业间前向关联，且与发展中经济体的关联程度上升。在 1995 年，中国 C22 部门主要向发达经济体的制造业和服务业中的批发零售业出口产品，集中于美国、英国和中国香港等发达经济体的食品、饮料和烟草（C10T12）、未另分类的机械和设备（C28）、C29、机械、设备的修理和安装（C31T33）、F41T43 和 S45T47 等部门。随着中国嵌入全球生产网络的范围越来越广，中国的 C22 部门主要集中与 C29、F41T43 和 S45T47 这三个部门存在较多的产业间前向关联，经济体更多。在 2018 年，中国主要向印度和墨西哥的 C29 部门、其他经济体的 F41T43 和 S45T47 部门等的产业间前向关联较明显，这表明中国 C22 部门与发展中经济体的相关部门的产业间前向联系增多（见图 4-29）。

其次，中国 C22 部门的国际产业间后向关联变化主要体现在以下两点（见图 4-30）。

第一，中国 C22 部门一直从全球各经济体的化工和化学制品部门（C20）与批发和零售、机动车辆修理部门（S45T47）进口较多的中间品。具体来说，中国在 1995—2018 年一直与韩国、日本、美国、沙特阿拉伯和中国台湾等经济体的 C20 部门存在稳定的产业间后向关联，在 2018 年，入强度分别为 10.46%、7.15%、5.96%、4.14% 和 4.09%。此外，中国还与日本、美国和韩国的 S45T47 部门存在稳定的后向关联，在 2018 年的入强度均大于 2%。

第二，中国 C22 部门与自然资源丰裕经济体初级行业的产业间后向关联增多。在 2018 年，中国 C22 部门与日本、韩国、中国台湾等发达经济体的 C13T15 和 C17T18 部门的关联减少，而从其他经济体、越南和新西兰的 A01T02 部门，以及其他经济体、沙特阿拉伯和俄罗斯等的 B05T06 部门中进口中间品的数量增加，表明中国 C22 部门在全球生产网络当中逐步向产业链上游移动。

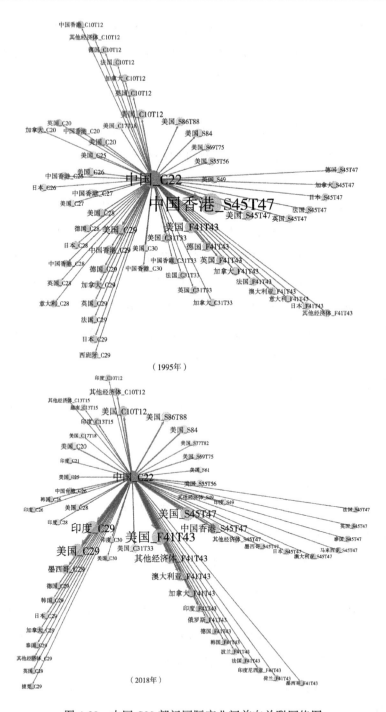

（1995年）

（2018年）

图 4-29　中国 C22 部门国际产业间前向关联网络图

泰国_S45T47
其他经济体_S45T47
澳大利亚_S45T47
德国_S45T47
新加坡_S45T47
俄罗斯_S45T47
韩国_S45T47
中国台湾_S45T47

日本_C13T15
中国香港_C13T15　韩国_C13T15　其他经济体_A01T02　美国_S49　美国_S45T47
其他经济体_C13T15　中国台湾_C13T15　南非_B07T08　美国_S69T75　中国香港_S49　中国香港_S45T47
美国_C13T15　　　　　日本_S52
澳大利亚_C13T15　　　　　　　　　　　　日本_S49
　　　　　日本_C17T18　美国_C17T18　　中国_C22　日本_S45T47
韩国_C17T18　　　韩国_C19　　　　　日本_C28
中国台湾_C17T18　　　　　　　　　　日本_C28　德国_C28　美国_C28
中国香港_C17T18
印度尼西亚_C17T18　　　　　　日本_C26
日本_C20　　　　　　中国台湾_C25　中国台湾_C26　美国_C26
　　　　　　　　日本_C24
美国_C20
韩国_C20
中国台湾_C20
俄罗斯_C20
其他经济体_C20
新加坡_C20
中国香港_C20
德国_C20
泰国_C20
印度尼西亚_C20
沙特阿拉伯_C20
马来西亚_C20
意大利_C20
法国_C20
加拿大_C20
英国_C20
比利时_C20
澳大利亚_C20
荷兰_C20

（1995年）

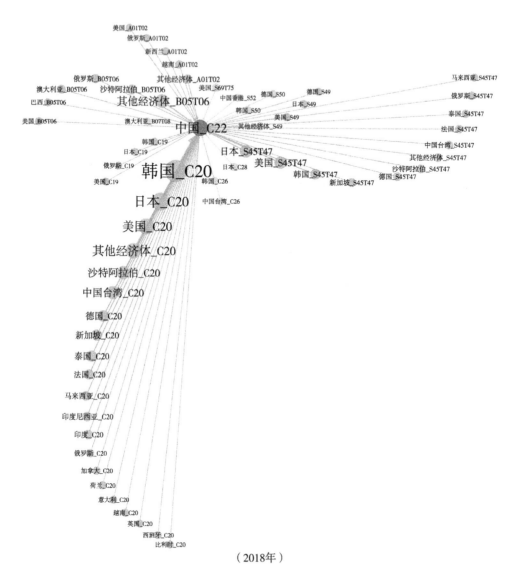

（2018年）

图 4-30　中国 C22 部门国际产业间后向关联网络图

4. 汽车、挂车和半挂车部门(C29)

中国作为汽车产销大国,已连续 14 年汽车产销稳居全球第一,①中国 C29 部

---

① 数据来源：王政．乘势而上,汽车产业马力足．人民日报,2023-1-17.

门通过产业间关联来嵌入全球生产网络的状况也在不断发生变化。

首先，在1995—2018年，中国C29中间品出口流向的部门数量虽然逐步减少，却与全球越来越多的经济体构建前向产业间关联。从图4-31中可以看出，在1995年，中国与美国、日本的全行业都存在一定的关联。随着中国汽车产业的发展，中国C29部门的中间品更多流向美国、日本、其他经济体等的未另分类的机械和设备部门（C28）、批发和零售、机动车辆修理部门（S45T47）和陆路运输和管道运输（S49）等部门中。其中，在2018年，中国与其他经济体的C28、S45T47和S49等多个部门构建产业间前向关联，表明中国C29部门不断扩展自身的全球生产关系网络，与不同的经济体-部门构建生产联系，使自身出口呈现多元化的格局。

其次，中国C29部门的国际产业间后向关联较多的部门逐步由未另分类的机械和设备部门（C28）与批发和零售、机动车辆修理部门（S45T47）转变为基本金属（C24）和S45T47部门，并从自然资源丰裕的经济体中进口较多中间品（见图4-32）。在1995年，中国C29部门主要从日本、德国、美国和中国台湾等发达经济体的C28和S45T47部门中进口中间品。随着中国汽车制造业的崛起，尤其是新能源汽车的发展，在2018年，中国虽仍与生产高端汽车的发达经济体的S45T47部门存在较多的产业间后向关联，但是也从拥有较多金属矿石资源的智利、澳大利亚等经济体的C24部门中进口较多中间品，其入强度均排在前五位。这表明中国C29部门的高端汽车领域发展不足，从国外进口较多，且随着中国新能源汽车的蓬勃发展，中国对金属资源的需求也在逐步增加。目前，中国的汽车产业正向高质量发展推进。

5. IT和其他信息服务部门（S62T63）

首先，从前向角度来看，观察图4-33可以发现，与中国S62T63部门存在产业间前向关联的部门的多样性减少。目前，中国S62T63部门主要与少数经济体的服务业存在较多的产业间前向关联，且主要集中于亚大区域。在1995年，中国S62T63部门与德国、日本和美国的制造业和服务业都有较多的产业间前向关联，中国与其产业间关联的范围较广。随着中国深度融入亚大区域生产网络，在2018年，中国S62T63部门与新加坡、日本、韩国等亚大区域的经济体和美国、德国等的服务业部门存在较多的产业间前向关联。其中，中国S62T63部门主要

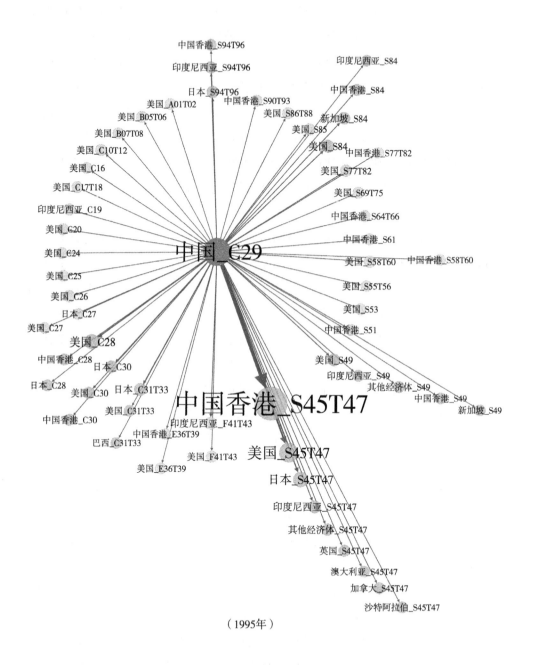

（1995年）

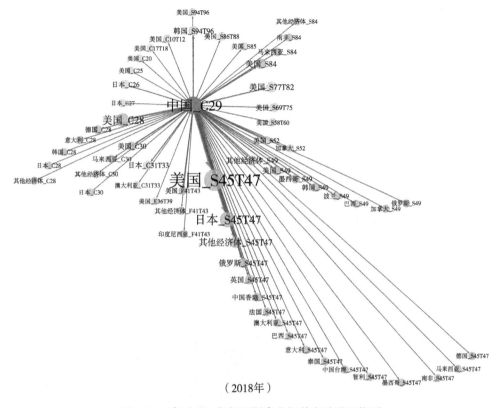

（2018年）

图4-31　中国C29部门国际产业间前向关联网络图

向新加坡的金融和保险服务部门（S64T66）、专业、科学和技术活动部门
（S69T75）与公共管理和国防、强制性社保部门（S84）等服务业部门出口增加值流
量较大。这表明中国S62T63部门与全球各经济体的服务业部门产业间前向关联
较密切。

其次，从后向角度来看，中国S62T63部门的后向国际产业间关联主要体现
出两点特征（见图4-34）。

第一，中国S62T63部门更集中与发达经济体构建产业间后向关联。在1995
年，中国主要和日本、美国、韩国、中国台湾和德国等经济体的纸制品和印刷
（C17T18），计算机、电子、光学产品（C26），未另分类的机械和设备（C28）和批
发和零售、机动车辆修理部门（S45T47）部门的产业间后向关联较多。之后中国

209

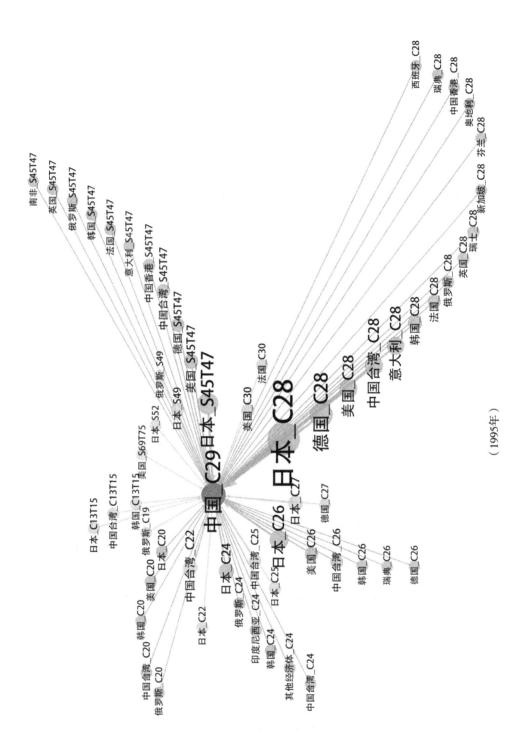

（1995年）

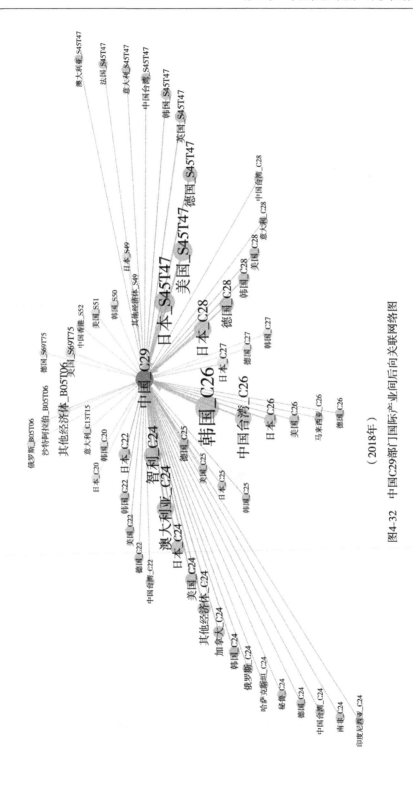

图4-32 中国C29部门国际产业间后向关联网络图

（2018年）

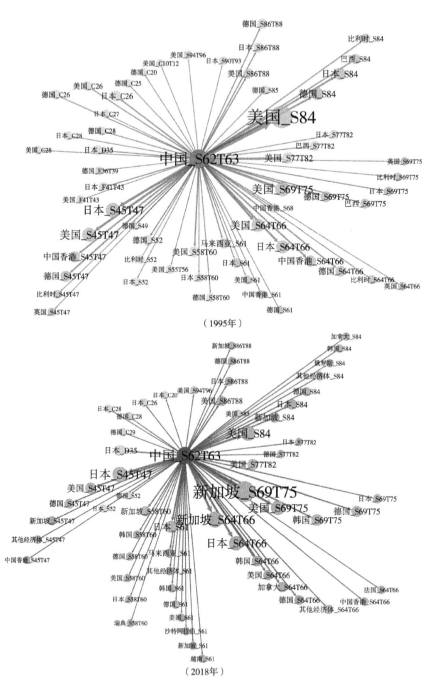

（1995年）

（2018年）

图 4-33　中国 S62T63 部门国际产业间前向关联网络图

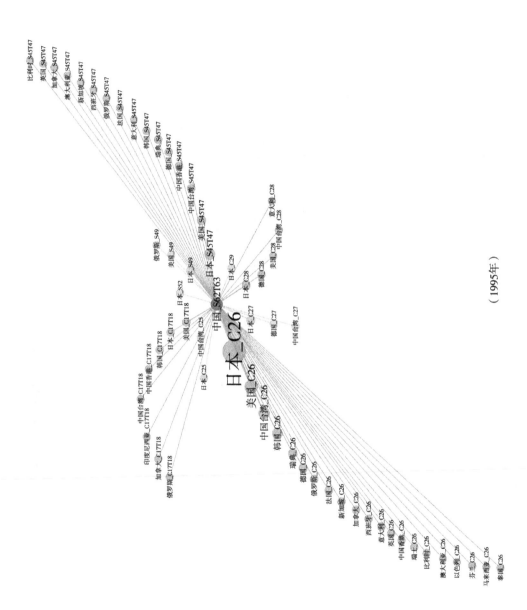

（1995年）

213

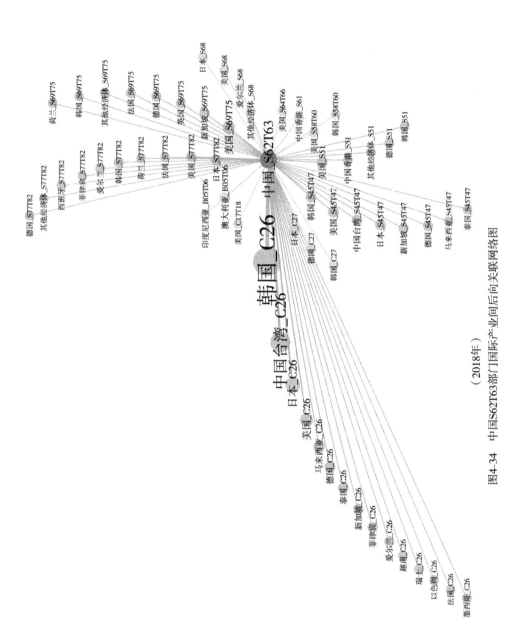

图4-34　中国S62T63部门国际产业间后向关联网络图

（2018年）

S62T63 部门从各经济体的 C26 和服务业部门进口中间品增多。在 2018 年，中国主要与韩国、中国台湾和美国等经济体的 C26 的后向关联最多，在入强度中排在前三。此外，中国和各发达经济体的 S45T47，航空运输（S51），专业、科学和技术活动部门（S69T75）与管理和支持活动（S77T82）存在较多的产业间后向关联。目前，中国 S62T63 部门仍对发达经济体的产品设计和核心零部件的生产依赖程度较高。

第二，中国 S62T63 部门从自然资源丰裕的经济体中进口矿业产品增多。相较 1995 年，在 2018 年，中国 S62T63 部门新增与澳大利亚和印度尼西亚的矿业和能源产品的提取（B05T06）的后向产业间关联。这表明中国 S62T63 部门正逐步推动自身产业链向前端延伸，从而生产增加值更高的产品。

通过上述分析，我们可以看到中国不同部门在全球生产网络中的产业间关联程度与关联方式都存在一定差异，但总体呈现出以下两个基本特征：第一，无论是前向还是后向，在产业内关联中，中国的单个部门主要和全球的特定部门有着较紧密的生产关联，表明中国在全球生产网络当中的位置相对较稳定。第二，在前、后向产业间关联中，中国主要和发达经济体或拥有相关先进技术的经济体存在较紧密的生产联系。并且，近年来，随着全球生产网络的布局发生变化，中国越来越倾向与发展中经济体和自然资源丰裕的经济体产生关联，逐步向产业链上游移动，中国通过国际产业关联来嵌入全球生产网络的广度和深度都得到增强。目前，中国正积极利用全球资源来助力自身产业的发展和升级。

第四节　中国在 GVC 中的生产长度与位置

伴随全球生产网络的扩张、产业链向两端延伸，各经济体-部门根据自身禀赋和优势从事产品的不同生产环节来进行国际分工合作，通过跨境生产来嵌入全球生产网络，谋求自身的发展。目前，已有较多学者对全球价值链生产长度及嵌入位置进行了研究和测算，Dietzenbacher et al.（2005）首次提出平均传递步长（Average Propagation Length，APL）来反映部门间的"联系长度"，之后 Fally（2012）、Antras et al.（2012）以及 Miller et al.（2015）等学者将位置与长度相结合测量的指标称为"上游度""下游度"，以此来评估经济体-部门在全球价值链上的位置及参与模式。Wang et al.（2017）将视角扩展到全球层面，考虑自身总产出，基于前、后向关联提出了生产长度和位置指数的测算方法，并对以往的方法进行了改进。本节借鉴 Wang et al.（2017）的方法对中国嵌入全球生产的生产长度与位置进行测算，计算中国在全球生产分工的位置和水平，从而分析中国在全球生产网络中的实际活动状况。

本书试图将全球价值链方法和社会网络分析方法相结合来研究全球生产网络，在第一章我们论及了全球生产的"链"与"网"的异同。对生产长度和位置，现有的方法主要是基于全球价值链，即一种产品从初始投入到最终品产出过程所序贯经历的环节数为生产长度，根据特定环节相对起始点和终点的距离来确定生产位置，并且是一个物理位置（倪红福，2019）。而在社会网络分析中也有节点的网络距离和位置的相关指标和测度方法，如"捷径距离""孤立位置""谄媚位置""经纪人位置""首属位置"等（刘军，2019）。全球价值链上的生产长度和位置与社会网络分析中的距离和位置，在含义、测度方法上并不一致。①这一节我们采用全球价值链的生产长度和位置测度方法，并进行经济学的解释，故使用全球价值链（GVC）上生产长度和位置这一表述。②

一、生产长度与位置测量方法

Wang et al.（2017）根据产品生产和消费过程的发生地，将总体生产活动分解为纯国内生产活动、GVC 生产活动。通过对"生产长度"和"位置"进行度量，来反映经济体-部门嵌入全球生产中的复杂程度。

GVC 生产活动最基本的标志是产品生产过程中至少存在一次跨境生产。它可以被分解为三小类：

---

①　Serwach et al.（2017），Crisculol et al.（2018）等学者在相关研究中，都曾尝试采用社会网络分析方法进行全球生产网络或贸易网络的位置研究，他们设置的位置指标及测度方法与全球价值链的位置有所不同。

②　在 Wang et al.（2017）文中，作者虽多处使用了"全球生产网络"（global production network）、"节点"（node）的表述，但仍然是基于全球价值链（global value chain）的含义，而非严格意义上的网络含义。

①首次跨境前的国内生产活动(中间品首次出口国的国内生产活动);

②跨境生产活动;

③首次跨境后的国内生产活动(中间品首次出口后参与生产的所有经济体的国内生产活动,对出口国来说,属于国际生产活动)。

这三类生产活动又可分别从生产联系范围层面(国内和国际)、生产联系程度层面(简单和复杂)、生产联系方向层面(前向和后向)进行细分和组合,从而测量各类生产活动的生产长度和位置。

本节视角主要聚焦于涉及跨境生产的 GVC 生产活动,不对纯国内生产活动进行分析。我们先概述 GVC 生产长度和位置的度量方法,再对中国进行实证分析。

1. GVC 生产的国内生产长度

根据 Wang et al.(2017)的定义,生产长度是特定经济体-部门增加值被计为总产出的次数,可理解为该部门的增加值自被创造出起,至生产出最终品的过程中共经历几个生产阶段或部门。GVC 生产的国内长度是指产品的生产活动至少经历了一次跨境,由多国多部门共同生产,其中在国内所经历的阶段数。经过推导,矩阵表达为:①

$$PLd\_GVC = \frac{Xd\_GVC}{VY\_GVC} = \frac{Xd\_GVC\_S + Xd\_GVC\_C}{VY\_GVC\_S + VY\_GVC\_C} = \frac{\hat{V}LLA^F B\hat{Y}}{\hat{V}LA^F B\hat{Y}} \quad (4\text{-}13)$$

式(4-13)中,Xd_GVC 是 GVC 生产活动引致的国内总产出;Xd_GVC_S 是指通过简单的 GVC 出口生产而引致的来源经济体-部门的总产出,这些增加值被其贸易伙伴直接消费。Xd_GVC_C 是指由复杂的 GVC 出口生产所引致的来源经济体-部门的总产出,其增加值被其贸易伙伴用来生产出口品。VY_GVC 是指中间品出口总额生产所产生的国内增加值,可分为由简单的出口生产所产生的国内增加值 VY_GVC_S 和由复杂的出口生产所产生的国内增加值 VY_GVC_C 两部分。

经济体-部门的前向 GVC 国内生产长度(PLvd_GVC)计算公式为:

$$PLvd\_GVC = \frac{Xvd\_GVC}{V\_GVC} = \frac{\hat{V}L(B-L)Y}{\hat{V}LA^F BY} \quad (4\text{-}14)$$

---

① 我们只表述各式的最终结果,具体推导过程参见 Wang Z, Wei S J, Yu Xinding, Zhu Kunfu. Characterizing Global Value Chains: Production Length and Upstreamness, NBER Working Paper 23261, 2017:6-23.

式(4-14)中，Xvd_GVC 是前向 GVC 生产引致的国内总产出；V_GVC 是前向 GVC 生产引致的国内增加值。

经济体-部门的后向 GVC 国内生产长度(PLyd_GVC)计算公式为：

$$PLyd\_GVC = \frac{Xyd\_GVC}{Y\_GVC} = \frac{VL(B-L)\hat{Y}}{VLA^{F}B\hat{Y}} \tag{4-15}$$

式(4-14)中，Xyd_GVC 是后向 GVC 生产引致的国内总产出；Y_GVC 是参与后向 GVC 生产所产生的国内增加值。

其中，PLd_GVC、PLvd_GVC 和 PLyd_GVC 主要考察在跨境生产中，出口经济体内部各部门间的生产合作关系，其生产过程不涉及出口和与全球各经济体间的生产关联，仅从这三个指标无法分析中国在全球价值链上的分工位置，所以在后文中不做具体分析。

2. GVC 生产的国际生产长度

GVC 生产的国际长度可理解为特定国家-部门的中间品出口后直到生产出最终品过程中在其他国家所经历的阶段数，也即中间品出口中的国内增加值在离开来源国之后被计为总产出的次数。在国外经历的生产阶段数分为两部分：(1)生产活动经历的跨境次数；(2)中间品出口离开来源国后涉及 GVC 的所有国家的国内生产长度。

特定经济体-部门的国际(或国外)生产长度可计算为：

$$PLi\_GVC = \frac{Xi\_GVC}{VY\_GVC} = \frac{Xi\_GVC\_S + Xi\_GVC\_C}{VY\_GVC\_S + VY\_GVC\_C} = \frac{\hat{VLA^{F}}BB\hat{Y}}{\hat{VLA^{F}}B\hat{Y}} \tag{4-16}$$

式(4-16)中，Xi_GVC_S 是来源经济体-部门的国内增加值通过简单的全球价值链生产中引致的国际总产出。Xi_GVC_C 是指从来源经济体-部门中间品经过多次跨境，通过复杂的全球价值链生产为最终品中引致的国际总产出。

特定经济体-部门的前向 GVC 国际生产长度(PLvi_GVC)计算公式为：

$$PLvi\_GVC = \frac{Xvi\_GVC}{V\_GVC} = \frac{Ev\_GVC}{V\_GVC} + \frac{Xvf\_GVC}{V\_GVC}$$

$$= \frac{\hat{V}BA^{F}BY}{\hat{V}LA^{F}BY} + \frac{\hat{V}(B-L)A^{D}BY}{\hat{V}LA^{F}BY} \tag{4-17}$$

特定经济体-部门的后向 GVC 国际生产长度(PLyi_GVC)计算公式为：

$$PLyi\_GVC = \frac{Xyi\_GVC}{Y\_GVC} = \frac{Ey\_GVC}{Y\_GVC} + \frac{Xyf\_GVC}{Y\_GVC}$$

$$= \frac{VBA^F B\hat{Y}}{VLA^F B\hat{Y}} + \frac{V(B-L)A^D B\hat{Y}}{VLA^F B\hat{Y}}$$

(4-18)

3. GVC 总平均生产长度

GVC 总平均生产长度由国内生产长度和国际生产长度加总而得，将式(4-13)和式(4-16)进行加总，即可得到 GVC 生产长度：

$$PL\_GVC = PLd\_GVC + PLi\_GVC = \frac{Xd\_GVC}{VY\_GVC} + \frac{Xi\_GVC}{VY\_GVC}$$

$$= \frac{\hat{V}LLA^F B\hat{Y}}{\hat{V}LA^F B\hat{Y}} + \frac{\hat{V}LA^F BB\hat{Y}}{\hat{V}LA^F B\hat{Y}} = \frac{X\_GVC}{VY\_GVC}$$

(4-19)

从生产联系程度上，GVC 生产长度(PL_GVC)可以分为简单 GVC 生产长度(PL_GVC_S)和复杂 GVC 生产长度(PL_GVC_C)两部分，具体公式如下：

$$PL\_GVC\_S = \frac{X\_GVC\_S}{VY\_GVC\_S}$$

$$= PLd\_GVC\_S + CB\_GVC\_S + PLf\_GVC\_S$$

(4-20)

$$PL\_GVC\_C = \frac{X\_GVC\_C}{VY\_GVC\_C}$$

$$= PLd\_GVC\_C + CB\_GVC\_C + PLf\_GVC\_C$$

(4-21)

从生产联系方向上，GVC 生产长度(PL_GVC)可以分为前向 GVC 生产长度(PLv_GVC)和后向 GVC 生产长度(PLy_GVC)两部分，其中前向是基于供给侧角度分析各经济体-部门生产的增加值到最终品的距离，后向是基于需求侧角度分析最终品的增加值到初始投入的距离，具体计算公式可参照第一章第四节公式(1-14)和式(1-15)。

4. GVC 位置的测算

Wang et al. (2017) GVC 位置指数是一个相对的测量指标，位置需要根据其到 GVC 两端的"距离"来综合考虑，才能正确决定特定国家-部门在 GVC 中的相对"上游度"或"下游度"。这是 Wang et al. (2017) 方法与其他方法的最主要区别。据此，Wang et al. (2017) 的 GVC 中的平均生产线位置测量的矩阵表达式为：

$$GVCPs = \frac{PLv\_GVC}{(PLy\_GVC)'} \qquad (4\text{-}22)$$

式(4-22)中,分子为基于前向联系的 GVC 生产长度;分母为基于后向联系的 GVC 生产长度。该指数越大,特定国家-部门越上游,反之则越下游。分子和分母具体计算公式分别见式(1-14)和式(1-15)。

二、中国在 GVC 中的生产长度分析

在本部分,我们采用 Wang et al.(2017)的方法,根据 OECD-ICIO 表(2021 年版)数据对中国整体层面和部门层面的各项生产长度进行测算,以此对从整体和部门层面的中国前、后向生产长度的变化趋势及其驱动因素进行分析。

1. 中国整体层面的生产长度变化及其结构分解

本部分将聚焦于中国单个经济体,并不区分部门,对整体层面的生产长度变化及其结构分解进行分析。

首先,中国前向 GVC 生产长度和后向 GVC 生产长度的变化主要有以下两点共同特征:

第一,中国前、后向的 GVC 生产长度整体均呈波动上升的趋势。这表明随着中国与世界生产进行衔接,中国通过参与国际生产分工不断推进生产链条向两端延伸,使得无论是前向还是后向生产长度都逐步增大,在 2018 年其数值分别为 4.66 和 4.81。从变化趋势来看,中国的前、后向生产长度主要在 1998 年、2008 年和 2015 年的变化幅度较大。在 1998 年后,受亚洲金融危机影响,中国产业生产受到冲击,使得中国前、后向 GVC 生产长度出现短暂下降,2001 年中国加入 WTO 推动着中国前、后向 GVC 生产长度变长。在 2008 年受国际金融危机影响,中国的生产长度略有变短,但在 2010 年后便出现回升。这与马风涛(2015)、倪红福和王海成(2022)等学者的研究结果相一致。2015 年以后,西方发达经济体的"再工业化"浪潮和贸易保护主义的兴起,使得中国的前、后向 GVC 生产长度逐渐递减。但整体来看,中国的前、后向的 GVC 生产长度呈上升趋势。

第二,无论是前向还是后向,中国生产的国内增加值通过简单的 GVC 生产所引致的总产出的占比较高,而通过复杂 GVC 生产所引致的总产出占比较少。

从变化趋势来看，在前向当中，除 2008 年被全球金融危机暂时打断，Xv_C 占比一直呈上升趋势。而在后向当中，Xy_C 占比在 1995—2008 年一直呈上升趋势，但在 2009 年受国际金融危机影响，其占比出现断崖式下跌。2015 年后受贸易保护主义影响，Xy_C 占比仍略有下降。在 2018 年，Xv_C 和 Xy_C 占比分别为 42.30% 和 37.46%，表明中国前向嵌入 GVC 的复杂程度相对后向来说更高。但整体来看，中国国内增加值对复杂的全球价值链参与程度还较低，中国仍需进一步提升自身嵌入全球价值链的程度和深度(马风涛等，2019)。

其次，中国前向 GVC 生产长度呈波动中上升趋势，但中国的前向国际生产长度则较稳定，一直稳定在 2.0 左右，几乎无变化(见图 4-35)。2018 年，中国的前向国际生产长度为 2.04，仅高于突尼斯、爱尔兰、墨西哥和哥斯达黎加，低于日本的 2.29 和美国的 2.18。而从复杂性看，中国的国内增加值经过前向简单全球价值链方式引致总产品的占比一直在下降，复杂方式的占比在上升。这些意味着中国中间品对全球生产的供给较稳定，并且传递到最终品产出所经历的阶段数增加，因此全球生产的复杂程度提升。

再次，从后向角度来看，中国后向 GVC 国际生产长度呈曲折上升的趋势，其变化趋势与后向 GVC 生产长度变化趋势相同。从图 4-36 可以看出，中国后向 GVC 国际生产长度的数值由 1995 年的 2.94 逐步上升到 2018 年的 3.11，表明中国对国外中间品供给依赖程度在增大，中国生产最终产品需经历更多的上游生产过程，且对全球经济变化较为敏感。

2. 中国部门层面的生产长度变化及其结构分解

本部分将聚焦于中国部门层面的生产长度的变化及其结构分解。虽然中国不同部门的发展状况和前、后向生产长度变化趋势具有异质性，但中国各部门与中国整体的生产长度变化和参与简单或复杂 GVC 的占比情况都大致相同，且由于中国 45 个部门的总体数据较多，无法一一进行展示，所以本节并不多作赘述，只选取部分代表性部门进行分析。本节将选取劳动密集型制造业中的纺织、服装、皮革和相关产品部门(C13T15)和服务业中的 IT 和其他信息服务部门(S62T63)这两个代表性部门的生产长度变化及其结构分解进行分析。

1. 纺织、服装、皮革和相关产品部门(C13T15)

我们将对劳动密集型制造业中的 C13T15 部门的前、后向生产长度的数值变

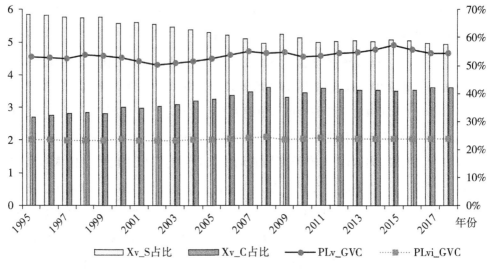

图 4-35　中国前向生产长度变化及其结构分解

注：（1）数据来源于 OECD-ICIO 表（2021 年版），根据式（1-14）和式（4-16）计算和编制所得。

（2）左侧纵轴表示 PLv_GVC 和 PLvi_GVC 数值大小；右侧纵轴表示单个经济体的国内增加值经过前向简单或复杂全球价值链引致的总产出（Xv_S 或 Xv_C）的占比。

化及其结构分解进行分析。

首先，通过图 4-37 和图 4-38 可以发现，中国 C13T15 部门的前、后向生产长度均呈"W"形曲折上升。其前、后向生产长度虽在 1999 年和 2008 年前后有所波动，但迅速回升。在 2018 年，中国 C13T15 部门的前、后向 GVC 生产长度分别为 4.30 和 5.38，相较 1995 年分别上涨了 13.61% 和 17.76%，其数值大小在全球经济体内排名均位于第一。中国 C13T15 部门正通过增加中间品出口、进行产业转移等方式双向深度嵌入全球价值链，参与国际生产。

其次，从中国 C13T15 部门的前、后向生产长度的结构分解来看，可以发现有以下几点特征。

第一，在前向当中，中国 C13T15 部门生产的国内增加值通过简单 GVC 生产所引致的总产出占比高于通过复杂 GVC 生产所引致的总产出，表明参与简单

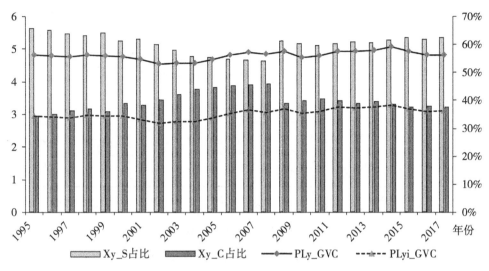

图 4-36 中国后向生产长度变化及其结构分解

注：（1）数据来源于 OECD-ICIO 表（2021 年版），根据式（1-15）和式（4-17）计算和编制所得。

（2）左侧纵轴表示 PLy_GVC 和 PLyi_GVC 数值大小；右侧纵轴表示单个经济体的国内增加值经过后向简单或复杂全球价值链引致的总产出（Xy_S 或 Xy_C）的占比。

GVC 生产是中国纺织业目前主要的生产方式。但其 Xv_C 占比正稳步上升，在 1995—2018 年，中国 C13T15 部门的 Xv_C 占比从 32.02% 上升至 43.80%，中国倾向参与复杂的生产链来嵌入全球价值链，向世界出口中间品的水平越来越高。

第二，在 1995—2018 年，中国 C13T15 部门的前向 GVC 国际生产长度一直在 1.8 上下浮动，未有明显变化趋势，表明中国 C13T15 部门离最终品的生产距离较稳定，其前向 GVC 生产长度的增长主要是国内生产分工的细分导致的，而并非参与更上游的国际生产阶段所导致的。

第三，从后向角度来看，中国 C13T15 部门的生产的国内增加值通过简单 GVC 生产所引致的总产出占比小于通过复杂 GVC 生产所引致的总产出，其参与复杂全球价值链程度较高，占比均在 57% 以上。从图 4-38 可以发现，2001 年中国加入 WTO 后，中国 C13T15 部门 Xy_C 占比显著提升，在 2007 年高达 74.65%，但在 2008 年受国际金融危机影响，Xy_C 占比显著下降，但近年有回升

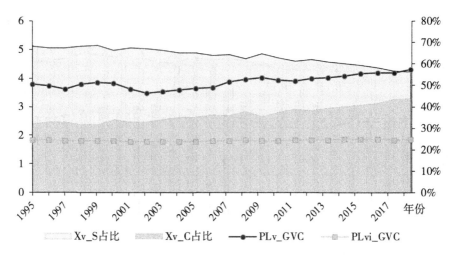

图 4-37 中国 C13T15 部门前向生产长度变化及其结构分解

注：(1)左侧纵轴表示 PLv_GVC 和 PLvi_GVC 数值大小；右侧纵轴表示单个经济体的国内增加值经过前向简单或复杂全球价值链引致的总产出(Xv_S 或 Xv_C)占比。

(2)Xv_S 和 Xv_C 的占比用从横轴向上的阴影部分面积表示。下同。

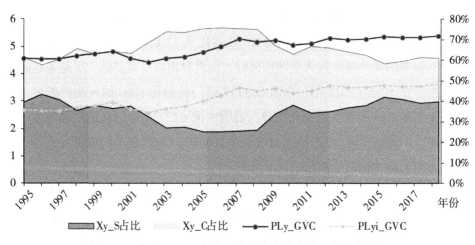

图 4-38 中国 C13T15 部门后向生产长度变化及其结构分解

趋势。整体来看，中国 C13T15 部门后向嵌入复杂全球价值链的程度较高，中国正充分利用全球资源生产产品。

第四，在 1995—2018 年，中国 C13T15 部门的后向 GVC 国际生产长度一直波动上升，在 2018 年，后向国际生产长度可高达 3.64。这表明中国 C13T15 部门生产所需的中间品在国外经历的生产阶段越来越长，中国逐步靠近 C13T15 部门的最终品生产。

从全球范围来看，中国纺织业的前、后向生产长度均较高，再结合第三章第二节的分析，2018 年中国纺织业部门的 DVX 已占到全球总额的 43.9%（见表3-8A），充分说明中国纺织业部门既是全球生产网络中重要的中间品供应部门，又是规模庞大的最终品生产部门。

2. IT 和其他信息服务部门（S62T63）

服务业中的 IT 和其他信息服务部门（S62T63）的前、后向生产长度变化趋势表现在：

首先，从前向角度来看，中国 S62T63 部门的前向生产长度整体呈现先上升后下降的变化趋势。在 1995—2006 年，S62T63 部门的前向生产长度一直呈波动上升趋势。2007 年以后，在国际金融危机影响下，全球生产格局发生变化，中国 S62T63 部门的前向生产长度不断下降，逐步向生产链下游移动。

其次，从中国 S62T63 部门前向生产长度的结构分解来看，主要有以下两点特征（见图 4-39）。

第一，中国 S62T63 部门的国内增加值通过简单 GVC 引致的总产出占比要高于通过复杂 GVC 引致的总产出占比，但除 2008 年全球金融危机影响外，Xv_C 占比一直呈上升趋势。这表明中国 S62T63 部门前向参与全球价值的复杂程度上升，相关产品的价值链不断得到延长，说明该部门逐渐由从事简单的加工组装环节逐步向中间品出口延伸。

第二，中国 S62T63 部门的前向国际生产长度一直稳定在 2.0 左右，虽有上涨但变化幅度不大。这表明从前向角度来看，中国 S62T63 部门出口中间品经历的国外生产阶段数较稳定，相对国外而言，中国 S62T63 部门未有明显向上游移动的趋势，中国需建立自身的生产优势，出口高技术水平的中间品。

再次，中国 S62T63 部门后向生产长度在 1995—2018 年整体呈现先下降后上

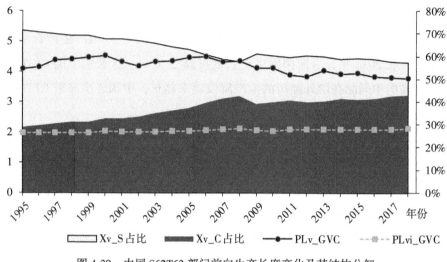

图 4-39 中国 S62T63 部门前向生产长度变化及其结构分解

升的趋势,与前向生产长度的变化趋势相反。在 1998—2002 年,受亚洲金融危机影响,中国 S62T63 部门的后向生产长度呈下降趋势,而在 2003—2015 年,其后向生产长度呈波动上升趋势。近些年,受国际贸易保护主义的负面影响,其后向生产长度稍有下降。但整体来看,中国 S62T63 部门更多从事接近最终消费的承接外包、咨询服务业,其生产的最终品经历的上游生产阶段较长,主要嵌入全球价值链的下游阶段。

最后,从中国 S62T63 部门后向生产长度的结构分解来看,主要有以下两点特征(见图 4-40)。

第一,中国 S62T63 部门的 Xv_S 占比要高于 Xv_C 占比,且 Xv_S 一直呈波动上升趋势。中国 S62T63 部门对发达经济体的中间产品依赖程度较深,且主要通过简单 GVC 进口中间品进行生产,中国 S62T63 部门产品生产的多元化水平还需提升。

第二,中国 S62T63 部门的后向 GVC 国际生产长度呈现先下降后上升的趋势,与后向生产长度变化趋势相同。中国 S62T63 部门的后向国际生产长度从 1995 年的 2.41 上升至 2018 年的 2.94,表明中国 S62T63 生产最终品所需的中间品经历的国外生产阶段数增加,进口中间品的复杂度提升。从国际角度来看,中

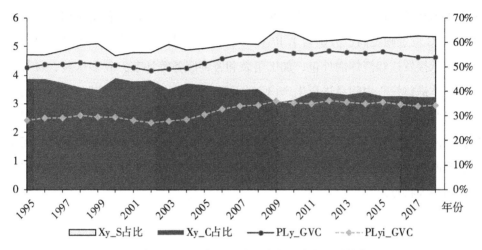

图 4-40　中国 S62T63 部门后向生产长度变化及其结构分解

国 S62T63 逐步向全球价值链的下游方向移动。

目前，中国 S62T63 部门的前向生产长度正在缩短，后向生产长度正在变长，向全球价值链的下游方向移动，且中国越来越倾向对复杂 GVC 出口中间品，而从简单 GVC 中进口增加值生产最终品。因而提高核心生产技术水平，更多从事核心零部件的生产，提升嵌入水平是中国高技术部门进一步发展的方向。

三、中国在 GVC 中的位置分析

在本部分，将参照 Wang et al.（2017）的做法，对不同年份的中国整体和部门层面的 GVC 位置（GVCPs）进行计算和分析，从而分别说明中国整体和部门层面的生产阶段在 GVC 中的位置。

1. 中国整体层面的位置及变化

图 4-41 展示了中国与几个经济体的 GVC 位置变化及比较，可以发现中国的 GVC 位置维持在 0.95~0.97，中国嵌入全球价值链的位置偏下游，但其指数呈波动上升的趋势。这表明中国正不断提升自身专业化分工水平，逐渐向全球价值链上游移动。但横向对比表明，中国的 GVC 位置大小在全球范围内处于较低水平。在 2018 年，中国的 GVC 位置为 0.97，与同样较多从事加工贸易的墨西哥的 GVC

位置较接近,略高于越南这一新兴的东南亚经济体,但中国的 GVC 位置要显著小于美国和日本这类发达经济体。此外,自然资源丰裕的秘鲁和澳大利亚等经济体的 GVC 位置则更高,分别为 1.17 和 1.13,其数值均大于中国。可见,目前中国主要承接发达经济体的外包、加工组装和咨询服务等环节,较多从美、日等发达经济体进口核心中间品进行生产(倪红福等,2022),中国在全球价值链中的位置相对"下游"。从总体变化趋势上看,日本、美国的位置指数虽高于中国、墨西哥、越南,但 2008 年以后,日本、美国的位置指数出现较大幅度的下降,而中国、墨西哥、越南则稳中有升。这也在一定程度上体现了近十几年全球生产格局变化的一大特点。

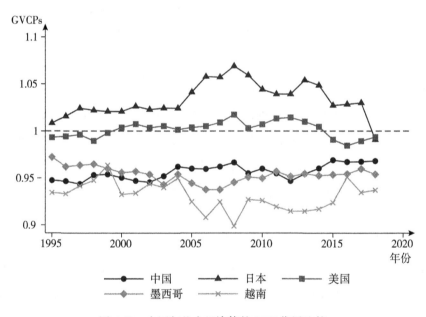

图 4-41　中国与几个经济体的 GVC 位置比较

注:(1)数据来源于 OECD-ICIO 表(2021 年版),根据式(1-16)计算和编制所得。

(2)虚线对应的纵轴值为 1。

2. 中国部门层面的位置及变化

图 4-42 显示了 1995 年和 2018 年中国各部门的 GVC 位置。其中,由于服务业中的家庭作为雇主的活动(S97T98)的 GVC 位置为 0 或空值,在本节并不列举

和分析。

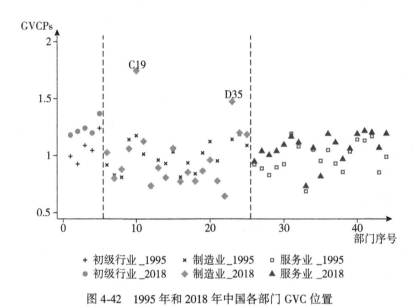

图 4-42　1995 年和 2018 年中国各部门 GVC 位置

注：（1）图中横轴表示部门序号，对应部门见第三章附表 2 中 ICIO 表部门名称。

（2）图中共列举了除家庭作为雇主的活动（S97T98）以外的 44 个部门的 GVC 位置指数。

首先，从图 4-42 观察中国各部门的 GVC 位置可以发现，在 2018 年，中国初级行业的 GVC 位置均在 1.18 以上，偏向于上游，服务业次之，而大部分制造业的 GVC 位置则小于 1.0，集中于下游区域。作为原材料供给的初级行业，由于为全球生产提供自然资源的中间品投入，其位置处在全球价值链的上游阶段，尤其是矿业支持性服务活动（B09），在 2018 年的 GVC 位置高达 1.37。而在制造业中，除了焦炭和精炼石油产品（C19）与电、煤气、蒸气和空调的供应（D35）这类基础性部门的 GVC 位置较高，中国的大部分制造业在全球的位置水平都相对偏小，以纺织、服装、皮革和相关产品（C13T15），医药、医药化学和植物产品（C21）和机械、设备的修理和安装等（C31T33）为例，其 GVC 位置分别为 0.64、0.73 和 0.74，表明中国制造业更多从事加工装配等下游部门的生产环节，缺乏关键的生产技术，对国外进口中间品的依赖程度过强，在全球价值链上的位置较低。此外，近年，服务业为其他部门提供中间品来参与全球生产，通过承接外国的服务业外包和制造业服务化提升在 GVC 的位置水平(高翔等，2022)，使其在全球价值链中处于中间位置。

其次，从 GVC 位置的变化趋势来看，除去制造业中的其他非金属矿物制品(C23)，未另分类的机械和设备(C28)，汽车、挂车和半挂车(C29)，其他运输设备(C30)和服务业的 IT 和其他信息服务(S62T63)部门的 GVC 位置下降外，中国大部分部门的 GVC 位置指数均呈上升趋势。尤其是初级行业和制造业中的焦炭和精炼石油产品(C19)与电、煤气、蒸气和空调的供应(D35)等涉及自然资源供给与应用部门的 GVC 位置上升较快。这表明随着中国嵌入全球价值链的程度加深，多数部门的中间品出口供应能力增强，中国逐步向全球价值链上游方向移动。而在对生产所需的资源、技术等要求较高的 C23、C28、C29、C30 和 S62T63等部门，由于这些部门存在大量的加工贸易活动(唐宜红等，2018)，中国在其中主要从事下游的生产活动，而对技术水平要求较高的上游生产阶段的生产能力相对不足。这也从侧面印证了中国产业转型升级的必要性。

总之，中国不同部门的 GVC 位置指数虽有差距，但整体均在 1.0 上下波动，且除去对生产所需的资源、技术等要求较高的个别部门外，中国大多部门的 GVC位置都呈上升趋势，中国正逐步提升自身在全球价值链上的嵌入水平和位置。

第五节　本章小结

1. 自改革开放以来，中国通过多种方式深度嵌入全球生产网络，主要方式有：加工贸易、产业转移、双向 FDI 和区域枢纽。中国加工贸易经历了"探索—发展—生产中心形成—转型升级"四个阶段，当前正着力延长国内产业链，提高国内增加值率，提升自主创新能力，实施产能双向转移。IFDI 和 OFDI 推动了中国国内企业迅速进入全球生产网络并提升国际竞争力。中国已成为全球三大生产中心之一，是跨国公司投资热点地区，通过构筑"双层区域一体化"——总部经济和国内产业集群，中国正日益发挥着全球生产活动的区域枢纽作用。

2. 在总体上，中国与全球的增加值联系无论是出广度还是入广度均在上升，前向嵌入全球生产网络的范围更广。简单的跨境生产联系是中国嵌入全球生产网络的主要方式，复杂方式逐渐增大。2008 年之后，中国在全球生产链条中的位置不断向上游迈进，正从全球最终品的生产基地向全球中间品生产基地转换。2018 年，中国出口增加值占全球总跨境增加值的 10.31%，位居全球第二位，但对国外增加值进口依赖程度仍然较高。

3. 中国逐步与欧洲、亚大和美洲区域建立起稳定的前、后向生产联系，与发展中经济体的生产联系明显增强，特别是与东南亚地区的前向生产联系，以及与自然资源丰富型经济体的后向生产联系更加密切，反映中国的投入来源和产出销售市场更加多元化，产业链供应链安全性不断提升。

4. 中国与全球的制造业前向联系程度较高，在劳动密集型部门继续保持优势的同时，技术密集型制造业已成为国内增加值出口的中坚力量，推动着中国制造业转型升级，但是对外技术依赖现象仍然存在。

5. 本书在借鉴 Wang et al. (2018) 的双边层面增加值关联测算方法基础上，将全球价值链方法与社会网络分析方法相结合，构建了中国各部门的国际产业内和产业间生产关联的分析框架。产业内关联是不同经济体、相同部门双边的生产关联；产业间关联是不同经济体、不同部门双边的生产关联。全球生产网络分工的核心特征是产品生产环节的分工，产业内企业之间的生产关联是生产环节分工的重要途径，也更能体现这一核心特征。

6. 中国的矿业和采石部门主要通过后向产业内关联进行全球生产，前向产业内关联程度较小，但关联广度更大。主要从矿业资源较丰富的经济体进口产品，其中澳大利亚、南非和巴西是中国主要的后向产业内关联经济体。国际产业间关联集中程度较高，一直以来，中国的矿业和采石部门的产品主要流向化工和化学制品、其他非金属矿物制品部门、基本金属部门和建筑业，经济体主要集中于日本、美国、韩国和泰国等。中间投入品进口来源集中在澳大利亚的矿业和能源产品的提取部门以及其他经济体的焦炭和精炼石油产品部门。

7. 中国的纺织业部门是中国深度嵌入全球生产网络的主要部门，与全球生产的前向产业内关联中，已从发达经济体逐渐转向东南亚地区的发展中经济体。越南已成为与中国纺织业部门增加值关联最密切的经济体。在国际产业间关联上，中国纺织业部门与发展中经济体前、后向关联程度增强，中间品出口去向越来越分散，与越来越多的经济体建立起产业间生产关联，同时在全球生产链条上有向上游移动的趋势。

8. 中国的橡胶和塑料制品部门的国际产业内前、后向联系广度和强度总体呈上升趋势，不再集中于少数经济体。前向关联逐步从欧美转向亚大区域，后向关联范围越来越广，但国际产业内增加值关联总量较小，更多通过产业间关联来嵌入全球生产网络。中国的橡胶和塑料制品部门在高端产品上对国外依赖程度较高，主要与汽车制造部门、建筑业、批发和零售部门存在紧密的国际产业间前向关联，与发展中经济体的关联程度上升。与全球各经济体的化工和化学制品部门、批发和零售部门、初级行业的产业间后向关联程度较高。

9. 中国作为全球汽车产业重要的市场之一，汽车产业正蓬勃发展，嵌入全球生产网络的程度也在不断加深。无论是前向还是后向，中国的汽车制造部门都主要与以日本、美国和德国等拥有先进汽车制造业的发达经济体关联密切。随着生产技术水平的提升，该部门在全球生产中出口中间品增多，主要通过产业内前向关联来参与全球生产。随着中国汽车产业的发展，中国的汽车制造部门的中间品更多流向美国、日本、其他经济体等的未另分类的机械和设备部门、批发和零售、机动车辆修理部门和陆路运输和管道运输等部门。但是，中国在高端汽车领域发展仍显不足，从国外进口较多，且随着中国新能源汽车的蓬勃发展，中国对金属资源的需求也在逐步增加。总体上，中国汽车制造部门正在不断扩展自身的全球生产关系网络，推动中国的汽车产业向高质量发展。

10. 随着数字信息技术的发展和数字经济的兴起，中国的 IT 和其他信息服务部门的国际产业内前后向关联都呈上升趋势，增加值流量也越来越高。中国主要与拥有先进 IT 业的发达经济体存在紧密的产业内前后向关联。近年来与印度的产业内后向关联不断增大。国际产业间联系上，随着中国深度融入亚大区域生产网络，中国的 IT 和其他信息服务部门与新加坡、日本、韩国等亚大区域的经济体以及美国、德国等的服务业部门存在较多的产业间前向关联。产业间后向关联更集中于发达经济体，部门分布于纸制品和印刷、计算机设备、未另分类的机械和设备等制造业，以及批发和零售、航空运输、科学和技术活动、管理和支持活动等服务业部门。

11. 中国前、后向的 GVC 生产长度整体上呈波动上升的趋势，中国生产的国内增加值通过简单的 GVC 生产所引致的总产出的占比要高于复杂 GVC 生产。中国前向国际生产长度较稳定，后向国际生产长度曲折上升，意味着中国对于国外中间品供给依赖程度在增大，中国生产最终产品需经历更多的上游生产过程，且对全球经济变化较敏感。

12. 中国纺织部门以及 IT 和其他信息服务部门都主要以简单 GVC 生产方式参与全球生产网络，前向 GVC 国际生产长度较稳定，后向嵌入复杂全球价值链的程度较高且一直在上升。反映中国纺织部门既是全球生产网络中重要的中间品供应部门，又是规模庞大的最终品生产部门。相对而言，中国 IT 和其他信息服务部门的前向生产长度正在缩短，后向生产长度正在变长，有向全球价值链的下游方向移动趋势，因而提高核心生产技术水平，更多从事核心零部件的生产，提升嵌入水平是中国高技术部门进一步发展的方向。受 2008 年全球金融危机和"逆全球化"影响，全球价值链生产长度缩短，而中国整体上 GVC 生产长度稳中有升，表明中国已成为全球生产的重要支撑力量。

13. 整体上，中国的 GVC 位置指数维持在 0.95~0.97，在全球生产线上处于偏下游位置，但有上升趋势。相对而言，中国初级行业的 GVC 位置偏向于上游，服务业次之，而大部分制造业的 GVC 位置集中于下游区域。多数部门的中间品出口供应能力不断增强，并逐步向全球价值链上游方向移动，但对生产所需的资源、技术等要求较高的部门，加工组装生产活动仍占有较大份额，上游生产阶段的生产能力相对不足。这也从侧面印证了中国产业链转型升级的必要性。

第五章　双向 FDI 与中国嵌入全球生产网络

改革开放以来，中国对外开放程度逐步加深，"引进来"和"走出去"的规模不断扩大。即使在新冠疫情的冲击下，中国引进的国际直接投资（IFDI）流量和对外直接投资（OFDI）流量在 2022 年仅次于美国，均居世界第二位（UNCTAD，2023）。相应地，中国利用双向 FDI 嵌入国际生产网络的程度进一步加深。学术界已就 FDI 对东道国及母国的溢出效应作了大量探索，也有部分研究成果分析了双向 FDI 与全球生产网络的关系，认为 FDI 对出口中的国外增加值有较大贡献，外资加强了同上游生产主体的联系程度（Ma et al.，2015）；李磊等（2017）基于 2000—2013 年微观企业数据发现，IFDI 对中国企业参与全球生产具有促进效应，但这种效应受到外资的本地化生产程度、内外资企业技术距离等因素的影响；钟祖昌等（2021）采用社会网络分析法发现，FDI 网络和 OFDI 网络具有互动效应，这有效提升了一国在全球生产中的嵌入度。本章在现有文献基础上，首先介绍中国 IFDI 的变动状况；其次，区分加工贸易和一般贸易，从增加值来源、最终品去向、在全球生产网络中的分工复杂程度及嵌入位置等角度进行比较；最后，揭示中国 OFDI 的特征以及对中国参与全球生产网络的影响。

第一节　中国引进国际直接投资（IFDI）

本节主要从宏观层面和行业层面阐述中国 IFDI 的演变。FDI 进入东道国之后，不仅使用来自上游的中间品投入，而且为下游提供中间品，从而同本土企业以及东道国境内的其他外资企业建立生产关联。因此，本节借助 OECD-ICIOMNE 表（2019 年版），刻画各行业区分内外资的生产关联。

一、中国 IFDI 的变动趋势

本部分基于规模、区域分布、行业分布与动机分别考察来华 FDI 的变化趋势，为后文的研究奠定基础。

1. 中国 IFDI 的阶段性特征

中国 IFDI 的流量规模如图 5-1 所示，不难看出，在改革开放之初的 10 年里，不论是外资的合同项目数还是 IFDI 流量都缓慢增加。自 20 世纪 90 年代以来，合同项目大体以 10 年为界限，呈阶段性波动。1992 年中国启动市场经济体制改革、2001 年加入 WTO 以及近年来国内经济社会转型是引起外资合同项目数增长的重要驱动力。IFDI 流量也表现出阶段性特征，具体如下：

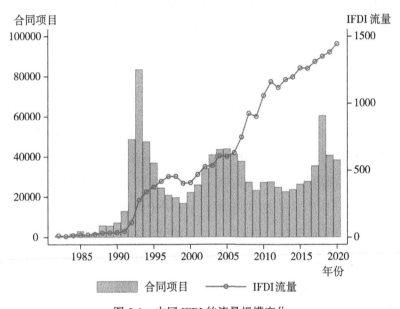

图 5-1　中国 IFDI 的流量规模变化

注：（1）合同项目的单位为个；IFDI 流量为各年份实际使用外资额，单位为亿美元。数据来源于《中国外资统计公报》。

（2）图中左 1 柱形和曲线点表示 1979—1982 年的合同项目及 IFDI 流量均值。

第一阶段（1991—2000 年），IFDI 在稳步增长之余略微下跌。这一时期，国际政策的自由化发展及中国对外开放进入新阶段都促进了中国持续、稳定地吸收外资；1998—2000 年，受 1998 年东亚金融危机影响，来华外资遭遇短暂下滑。

第二阶段（2001—2011 年），IFDI 在小幅波动之中快速增长。加入 WTO 之后，对外开放程度持续扩大，来华外资快速提升，这一期间仅略有波动。即使是 2008 年全球金融危机的冲击，来华 FDI 也只在 2009 年下降 2.6%，此后又迅速恢复增长趋势。

第三阶段（2012—2020 年），IFDI 进入缓速增长的新时期。在新增长时期，进入中国的 FDI 虽逐年上升，但增速有所放缓。全球 FDI 不景气只是原因之一，更为重要的原因在于，中国的引资政策逐步完善，引资结构逐渐合理，不再简单地追求外资规模增长。

综上所述，外资合同项目数和实际使用外资额均表现出阶段性特征。前者大体以 10 年为界，呈阶段性变化；后者在各阶段的增长态势各不相同，且近年来的增速有所减缓。

2. 中国 IFDI 的区域分布

第三章的分析表明，全球生产网络依然呈"大三角"主导的国际直接投资格局。中国 IFDI 主要来自哪些区域的经济体呢？本部分利用双边 IFDI 存量数据绘制中国 IFDI 网络图，反映中国 IFDI 的区域分布，①见图 5-2。

从图 5-2 可以看出，相比 2010 年，2018 年中国 IFDI 网络图较稀疏。这是由于俄罗斯、阿根廷、罗马尼亚等经济体的撤资比例超过新设投资比例，在中国 IFDI 存量中的占比不断下降，阈值筛选之后便未能在图中显示出这些经济体。虽然中国 IFDI 网络变得稀疏，但分布格局无明显变化，在各大洲均由少数几个经济体主导。亚大区域的中国香港、日本、新加坡、韩国是对华投资的主要经济体；欧洲对中国的投资主要由德国、法国、英国推动；美洲区域始终是美国一枝独秀，美国对中国的投资明显高于美洲其他经济体；非洲各经济体对中国的投资整体偏低。相比较而言，亚大区域是中国 IFDI 的主要来源地。以 2018 年为例，

---

① IFDI 流量刻画时变特征，而存量更能揭示经济体之间的投资关联强度，因此，这里我们选用存量绘图。在本节其余地方，若未特别说明，均指 IFDI 流量。此外，网络图中节点经由阈值（1‰）筛选而得。

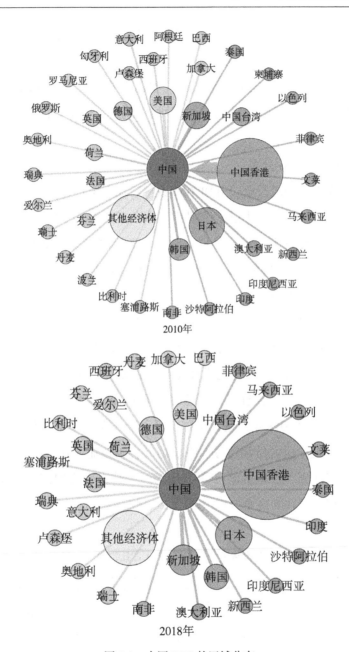

图 5-2　中国 IFDI 的区域分布

注：(1)基于国际货币基金组织(IMF)的国际直接投资数据库，利用 Gephi 软件绘制。

(2)节点和边的大小与双边 IFDI 存量成比例。

即使排除占比最大的中国香港(49%),亚大区域在中国 IFDI 中的份额(16%)仍高于其他区域。

由此可见,中国 IFDI 的区域分布格局整体上较稳定,呈现以下两个特征,一是在各大区域由少数经济体主导,二是中国 IFDI 主要来自区域内——亚大区域。

3. 中国 IFDI 的行业分布

从行业分布看,初级行业的 IFDI 在多数年份仅占全行业的 5%,制造业和服务业是 IFDI 的主要行业。总体上,制造业和服务业的 IFDI 此起彼伏。21 世纪之初,制造业在引进外资中占重要地位,占据份额超过 50%;2005 年之后,制造业 IFDI 与服务业 IFDI 之间的差距逐渐缩小;自 2010 年起,服务业实现赶超,并不断拉大和制造业的差距。

制造业各部门 IFDI 的占比见表 5-1,变化率显示,多数劳动密集型部门和资本密集型部门的占比均呈下滑之势,个别技术密集型部门的占比虽有所下降但速度较慢。部门间横向对比发现,化学和化学产品部门(C20),计算机、电子、光学产品部门(C26),未另分类的机械和设备部门(C28)等技术密集型部门 IFDI 占比具有绝对优势,如 2018 年,这三个部门不仅居于制造业前三位,而且它们的 IFDI 总和在制造业中所占份额超过 50%。因此,制造业 IFDI 的减少主要表现为劳动密集型部门和资本密集型部门 IFDI 的缩减。技术密集型部门不仅所受影响较小,而且始终保持在制造业 IFDI 中的主体地位。

表 5-1　　　　　　　　　中国制造业各部门 IFDI 占比(%)

	部门编码	2005 年	2008 年	2011 年	2012 年	2015 年	2018 年	变化率
劳动密集型	C10T12	7.61	6.32	7.57	8.39	8.07	8.07	15.92
	C13T15	5.55	4.12	3.39	3.01	2.17	1.41	−52.07
	C16	2.08	1.89	1.66	1.24	1.31	1.02	−34.33
	C31T33	1.41	1.40	1.11	0.62	0.72	0.72	−45.15
资本密集型	C17T18	5.14	4.78	5.45	4.76	4.85	5.29	3.11
	C19	0.73	1.02	0.52	0.38	1.28	0.74	11.68

续表

	部门编码	2005 年	2008 年	2011 年	2012 年	2015 年	2018 年	变化率
资本密集型	C22	6.86	6.11	5.70	5.58	4.87	5.07	-19.20
	C23	4.95	4.87	7.23	6.02	6.45	4.35	-3.34
	C24	4.65	4.86	5.11	4.24	4.73	4.54	-5.16
	C25	3.82	3.87	3.53	3.21	3.83	4.20	-0.48
技术密集型	C20	7.40	9.33	8.22	9.25	7.23	8.99	0.80
	C21	1.46	1.49	2.59	2.23	3.81	3.59	113.18
	C26	20.33	19.11	16.08	15.62	18.81	23.00	-7.01
	C27	7.47	7.95	8.02	6.64	7.03	6.93	-10.84
	C28	10.47	14.30	15.43	18.21	14.68	19.94	28.89
	C29T30	10.07	8.58	8.40	10.60	10.17	2.13	0.30

数据来源：依据《中国贸易外经统计年鉴》《中国外资统计》以及《中国外商投资报告》计算而得，变化率是 2012—2018 年 IFDI 占比的均值相对 2005—2011 年 IFDI 占比的均值的变化程度。

对服务业而言，外资主要进入生产性服务部门。自 2005 年以来，生产性服务部门 IFDI 在服务业 IFDI 中的比重始终高于 90%，并于 2016 年达到 97.86%的峰值水平。[①]这表明，服务业 IFDI 的增长态势是由电信、IT 和其他信息服务、金融和保险活动、管理和支持服务等部门拉动的。

总而言之，服务业代替制造业成为吸收 FDI 的主要阵地，制造业中技术密集型部门的增势明显，服务业 IFDI 重点流入生产性服务部门。这些变动与国际直接投资呈现轻型化有着密切关系（UNCTAD，2017）。

4. 中国 IFDI 的动机

跨国公司作为全球生产网络的主导方，通过对外直接投资优化配置全球资源，将分散在各地的生产环节组织起来。学术界普遍认为，跨国公司海外投资的动机有市场寻求型和成本驱动型两大类，此外，文献还基于研究主题将成本驱动型进一步细分为资源寻求型、效率寻求型、知识寻求型、出口导向型等（毛其淋

① 数据来源：作者根据相关数据整理。

等，2016；路玮孝等，2021）。中国作为重要的 FDI 流入地，来华 FDI 具有何种动机？厘清这一问题既能反映中国 IFDI 的结构特征，为优化引资结构提供借鉴之处，又能为研究 IFDI 的溢出效应提供新的思路。

既有研究主要采用两种方法识别对外投资的动机，一是在国家层面上，根据母国与东道国的资源禀赋和发展水平进行识别；二是从行业和企业层面上，依据跨国公司海外子公司的产品销售去向（Feinberg & Keane，2006；郑磊和汪旭辉，2018）。由于后者考虑到海外投资项目可能具有多种动机，而基于产品在不同市场的销售份额能够更清楚地识别市场寻求型或成本驱动型，因此，本部分采用这一方法估算中国 IFDI 的动机。具体而言，跨国公司海外子公司的销售市场共有三类——东道国、母国以及第三国，我们将在东道国本地销售的份额归为市场寻求型 IFDI，将返销到母国以及出口至第三国的份额归为成本驱动型 IFDI。①

基于上述方法，本部分利用 OECD-ICIOMNE 表（2019 年版）测度中国 IFDI 的动机（见表 5-2）。在整体上，2005 年市场寻求型 IFDI 和成本驱动型 IFDI 在中国总 IFDI 中分别占 56.81% 和 43.19%，2016 年这两类动机的占比为 67.56% 和 32.44%，表明市场寻求型 IFDI 是跨国公司对中国直接投资的主要动机，且该类 IFDI 的份额不断增大。

表 5-2　　　　　　　　中国各部门 IFDI 动机（%）

部门编码	2005 年		2010 年		2016 年	
	市场寻求型	成本驱动型	市场寻求型	成本驱动型	市场寻求型	成本驱动型
A	93.67	6.33	98.61	1.39	99.00	1.00
B	61.52	38.48	86.62	13.38	93.78	6.22
C10T12	88.65	11.35	92.13	7.87	93.60	6.40
C13T15	24.13	75.87	34.99	65.01	53.34	46.66
C16	47.36	52.64	65.69	34.31	75.09	24.91

---

①　既有文献在考察特定双边之间的 IFDI 时，进一步将成本驱动型 IFDI 分为面向母国的成本驱动型 IFDI 和出口导向型 IFDI。倘若考察中国各部门来自全球的 IFDI 有何动机，由于很难确定中国各部门 IFDI 的母国，故未对成本驱动型 IFDI 作详细划分。

续表

部门编码	2005 年		2010 年		2016 年	
	市场寻求型	成本驱动型	市场寻求型	成本驱动型	市场寻求型	成本驱动型
C17T18	87.04	12.96	86.87	13.13	85.99	14.01
C19	97.32	2.68	98.23	1.77	98.91	1.09
C20T21	74.44	25.56	76.53	23.47	83.49	16.51
C22	63.59	36.41	69.46	30.54	70.80	29.20
C23	63.08	36.92	65.75	34.25	68.99	31.01
C24	55.29	44.71	63.95	36.05	73.38	26.62
C25	56.56	43.44	59.25	40.75	69.65	30.35
C26	5.48	94.52	15.92	84.08	36.11	63.89
C27	19.92	80.08	25.90	74.10	31.25	68.75
C28	52.50	47.50	52.04	47.96	58.84	41.16
C29	73.19	26.81	79.41	20.59	83.95	16.05
C30	51.75	48.25	16.64	83.36	51.16	48.84
C31T33	39.81	60.19	45.70	54.30	51.52	48.48
DTE	98.89	1.11	99.87	0.13	99.92	0.08
F	100.00	0.00	100.00	0.00	100.00	0.00
G	70.98	29.02	77.92	22.08	93.53	6.47
H	56.99	43.01	65.18	34.82	75.59	24.41
I	92.53	7.47	95.32	4.68	96.96	3.04
J58T60	93.24	6.76	90.75	9.25	94.57	5.43
J61	98.92	1.08	99.84	0.16	99.85	0.15
J62T63	95.73	4.27	96.45	3.55	95.27	4.73
K	99.58	0.42	99.81	0.19	99.88	0.12
L	99.64	0.36	99.85	0.15	99.90	0.10
MTN	95.51	4.49	98.19	1.81	98.20	1.80

部门编码	2005 年		2010 年		2016 年	
	市场寻求型	成本驱动型	市场寻求型	成本驱动型	市场寻求型	成本驱动型
O	100.00	0.00	100.00	0.00	100.00	0.00
P	99.41	0.59	99.97	0.03	99.97	0.03
Q	99.56	0.44	99.97	0.03	99.98	0.02
RTS	98.14	1.86	99.79	0.21	99.46	0.54

注：利用 OECD-ICIOMNE 表(2019 年版)测算得出。T 部门数据缺失，故未列出。由于 OECD-ICIOMNE 表(2019 年版)与 OECD-ICIO 表(2021 年版)的部门数及编码有较大差异，特别是在服务业部门，若将两者整合统一易造成计算误差，故在使用 OECD-ICIOMNE 表(2019 年版)时，仍保持原表的部门数和编码。

分部门看，多数部门的市场寻求型 IFDI 占主导地位，特别是初级部门和服务部门的市场寻求型 IFDI 份额几乎在 90% 以上，说明跨国公司从事这些部门的投资主要是看中了中国庞大的国内市场。制造业部门大多也表现出类似特征，市场寻求型 IFDI 占比略高，但需注意的是，市场寻求型 IFDI 与成本驱动型 IFDI 之间的差距明显低于初级行业与服务业。中国的劳动力及其他成本优势使得成本驱动型 IFDI 在制造业部门中的比重高于初级行业和服务业。此外，在技术密集型部门，跨国公司在华主要从事加工组装业务，因而成本驱动型 IFDI 更重要，如 C28 和 C30 两个部门的成本驱动型 IFDI 仅略少于市场驱动型 IFDI，C26 和 C27 的成本驱动型 IFDI 甚至超过了市场寻求型 IFDI。

由上述可见，市场寻求型 IFDI 在来华外资中占重要地位，跨国公司在中国进行海外投资主要是为了满足中国本地需求；成本驱动型 IFDI 在制造业，尤其是技术密集型部门中表现较突出。

二、分内外资的生产关联

上述有关 IFDI 数量与结构的分析表明，中国 IFDI 数量持续增长，部门间的分布与动机有所差异。随着 FDI 大量涌入，外资企业在全球生产网络中也占据重要地位，这就引发一个问题——中国内外资企业的生产关联如何波动？已有研究分别基于贸易和生产来反映国际生产中的供需关联：从贸易来看，既有文献主要利用需求拉动的里昂惕夫模型测度后向产业链关联，利用供给推动的高斯模型测度前向产业链关联（杨灿和郑正喜，2014；陈凤兰和陈爱贞，2021）。这些传统的投入产出模型反映了由一单位最终产出（增加值）所引起的上（下）游部门总产出的变动，是投入产出层面的总量关联。从生产来看，已有文献采用生产所经历的阶段数表示后向产业链关联（Fally，2011；倪红福等，2016），这就将核算标准转变为生产关联，但隐含假定所有生产阶段是等质的，因而仍存在改进空间。为此，本部分利用增加值流表示生产关联的强度，以反映生产阶段的异质性，依据增加值流向确定前向生产关联和后向生产关联，并阐述中国内外资企业生产关联的变动特征。同时，基于外资企业生产活动类型反映跨国公司在中国的属地生产关联结构。

1. 生产关联的测算方法

Wang et al.（2017a，2017b）对生产活动的分解框架可识别产品生产过程中的增加值流，我们据此刻画生产关联的强度，并以增加值的去向表示前向生产关联，以最终品的生产投入分解揭示后向生产关联。前向生产关联指特定部门为下游提供中间品投入，该部门创造的增加值被下游部门用于生产最终品；后向生产关联指特定部门使用上游的中间品投入，并生产出最终品，该部门的最终品包含来自上游部门的增加值。需要说明的是，这里的生产关联从总体关联视角刻画中国内外资企业在全球生产网络中的关联情况，与第四章产业关联的侧重点不同，产业关联侧重于揭示由中间品出口带来的双边关联。

考虑 G 个经济体、N 个部门的情形，利用 $\hat{V}B\hat{Y}$ 矩阵同时对增加值和最终品进行分解，揭示生产中的前向联系与后向联系。$\hat{V}B\hat{Y}$ 行向的元素是供给侧基于前向联系与下游部门之间的增加值关联，其行向元素之和为特定部门的增加值总和或GDP，也即行向是对增加值的分解，见式（5-1）：

$$\hat{V}B\hat{Y}u' = \hat{V}BY = \hat{V}X = \text{Va}' \tag{5-1}$$

式中，u 是 $1\times GN$ 的向量，u' 是其转置。式（5-1）可展开为 $\text{Va}' = \hat{V}BY = \left[V_1^1 \sum\limits_{h}^{G} \sum\limits_{k}^{N} \right.$

$B_{1k}^{1h} Y_k^h, \cdots, V_N^1 \sum\limits_{h}^{G} \sum\limits_{k}^{N} B_{Nk}^{1h} Y_k^h, \cdots, V_1^G \sum\limits_{h}^{G} \sum\limits_{k}^{N} B_{1k}^{Gh} Y_k^h, \cdots, V_N^G \sum\limits_{h}^{G} \sum\limits_{k}^{N} B_{Nk}^{Gh} Y_k^h \left. \right]'$，元

素 $V_i^r \sum\limits_{h}^{G} \sum\limits_{k}^{N} B_{ik}^{rh} Y_k^h$ 是全球价值链上所有国家生产的最终品中所包含的来自 r 国 i 部门的增加值，是 r 国 i 部门与下游各部门之间的前向生产关联 Link_f,[①]也即：

$$\text{Link\_f}_i^r = V_i^r \sum_{h}^{G} \sum_{k}^{N} B_{ik}^{rh} Y_k^h \tag{5-2}$$

$\hat{V}B\hat{Y}$ 列向上的元素是需求方基于后向联系与上游部门之间的增加值关联，其列向元素之和为特定部门所生产的最终品，这意味着列向是对最终品的分解，见式(5-3)：

$$u \,\hat{V}B\,\hat{Y} = VB\,\hat{Y} = u\,\hat{Y} = Y' \tag{5-3}$$

与式(5-1)类似，式(5-3)也可进一步展开为：$Y' = VB\hat{Y} = \Big[\sum\limits_{h}^{G} \sum\limits_{k}^{N} V_k^h B_{k1}^{h1}$

$Y_1^1, \cdots, \sum\limits_{h}^{G} \sum\limits_{k}^{N} V_k^h B_{kN}^{h1} Y_N^1, \cdots, \sum\limits_{h}^{G} \sum\limits_{k}^{N} V_k^h B_{k1}^{hG} Y_1^G, \cdots, \sum\limits_{h}^{G} \sum\limits_{k}^{N} V_k^h B_{kN}^{hG} Y_N^G \Big]'$，元素

$\sum\limits_{h}^{G} \sum\limits_{k}^{N} V_k^h B_{ki}^{hr} Y_i^r$ 代表的是 r 国 i 部门生产的最终品中所包含的来自全球价值链上所有国家的增加值，是 r 国 i 部门与上游各部门之间的后向生产关联 Link_b，也即：

$$\text{Link\_b}_i^r = \sum_{h}^{G} \sum_{k}^{N} V_k^h B_{ki}^{hr} Y_i^r \tag{5-4}$$

2. 内外资生产关联的基本特征

本部分利用区分内外资的投入产出表(OECD-ICIOMNE 表，2019 年版)测算中国内外资企业的生产关联。在实际测算中，将内外资看成不同的部门，相当于每个经济体有 68 个部门。中国各部门内资企业和外资企业的生产关联见图 5-3A 和图 5-3B。

两个图显示，内外资企业的生产关联既有共同特征，又有不同之处。其共同之处体现在，一是各部门 2016 年的前、后向生产关联均高于 2005 年，表明中国内外资企业的生产规模都在不断扩大。二是初级部门、资本密集型部门和生产性

---

① 由于 $B = I + A + A^2 + \cdots$，B 中各元素包含特定双方通过其他行业所建立的间接联系，因此，在考察 r 国 i 行业的前向产业链关联时，并未扣除 $V_i^r B_{ii}^{rr} Y_i^r$。下文有关后向产业链关联、国内产业链关联和国际产业链关联的处理与此类似。

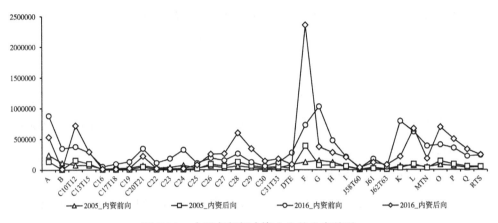

图 5-3A 中国各部门内资企业的生产关联

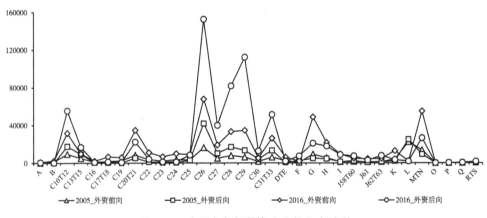

图 5-3B 中国各部门外资企业的生产关联

注：(1)利用 OECD-ICIOMNE 表(2018 年版)测算得出。

(2)图中横轴表示部门编码，纵轴表示生产关联(百万美元)。

(3)T 部门数据缺失，故未列出。

服务部门的前向生产关联较高，这是由于这些部门距离最终需求端较远，主要通过前向联系嵌入全球生产网络；劳动密集型部门、技术密集型部门与生活性服务部门的后向生产关联更强，这些部门倾向同上游建立生产联系。不同之处在于，一是各部门内资企业的生产关联远高于外资企业，意味着大规模引进 FDI 并非仅对外资企业有利,内资企业凭借国内优势同上下游维持较高的生产关联。二是技术密集型部门外资企业的后向生产关联更突出,①这和 IFDI 的动机有关,正如前文所讲,成本驱动型 IFDI 在技术密集型部门份额较高,导致这些部门与上游建立更紧密的生产联系。

至此,我们分析了各部门内外资企业的前向生产关联与后向生产关联。下文将进一步根据关联对象分解外资企业在中国的生产活动,以反映跨国公司的属地关联结构。

3. 跨国公司在中国的属地关联

本部分沿袭第三章第三节的框架,借助关联对象和增加值流向,区分属地前向关联、属地后向关联以及属地交互关联,来揭示跨国公司在中国的属地关联结构。对比 2005 年、2010 年与 2016 年的结果发现,跨国公司在中国的属地生产关联数量逐渐增多,但三类属地生产关联所占比重几乎不变,因此,我们选取 2016 年为例进行描述(见图 5-4)。

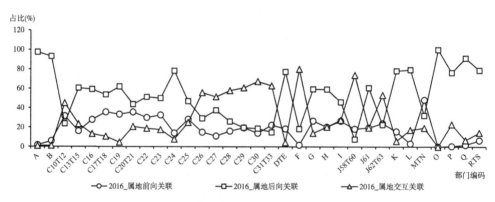

图 5-4　2016 年跨国公司在中国的属地生产关联

注:利用 OECD-ICIOMNE 表(2019 年版)测算得出。

---

① 此处不是前、后向生产关联差额的绝对比较,而是相对比较。对技术密集型部门的内资企业,后向生产关联虽高于前向生产关联,但后向生产关联普遍小于前向生产关联的 2 倍。对技术密集型部门的外资企业,后向生产关联远高于前向生产关联的 2 倍。

图 5-4 展示了 2016 年跨国公司在中国的属地生产关联情况，可清晰地看出，对于初级部门、劳动密集型部门、资本密集型部门和多数服务部门，属地后向关联占比最高，这些部门的外资企业倾向通过后向联系使用上游内资企业的中间品投入。技术密集型部门的属地交互关联最多，表明此类部门的外资企业同中国境内的外资企业建立较多的生产关联，外资企业的增加值被外资企业用于最终品与出口中间品的生产。祝坤福等（2022）也指出，高研发强度部门的"外资企业-外资企业"型全球价值链占比最高。

总之，随着 FDI 大规模涌入，中国内外资企业的生产关联均逐渐提升，且内资企业的生产关联强于外资企业。此外，在外资企业的生产关联中，技术密集型部门的后向关联处于较高水平。进一步分析跨国公司在中国的属地关联结构发现，大多数部门的外资企业偏向同中国当地的本土企业建立后向联系，属地后向关联占主要地位；就技术密集型部门而言，外资企业的属地交互关联占主体地位。

第二节　加 工 贸 易

在过去几十年间，加工贸易是中国参与国际贸易和全球生产的重要方式，其最显著特征是"两头在外"，产品的设计与研发由上游掌控，产品的营销受下游把控，代工企业仅承担加工与组装环节。OECD-ICIO 表（2021 年版）分解了中国和墨西哥的加工贸易和一般贸易，这为不同贸易方式下全球生产联系提供了便利。已有学者基于此对中国加工贸易展开研究，如袁凯华和彭水军（2017）比较了中国代工行业嵌入国内价值链和全球价值链的国内增加值率，并借助结构分解方法考察影响国内增加值率变动的因素。本节首先核算中国一般贸易和加工贸易的增加值分解，探究出口中的增加值来源；其次，分析不同贸易方式下最终品贸易流向；最后，比较中国一般贸易和加工贸易在全球生产网络的分工复杂程度及嵌入位置。其中也将中国和墨西哥进行对比分析。

一、增加值核算

中国和墨西哥是开展加工贸易的两大经济体。① 2008 年之前，中国加工贸易的货物进出口总额占货物进出口总额的比重在多数年份超过 50%，近年也占到 30%。2018 年墨西哥加工贸易货物进出口的份额也高达 70%。因此，若忽视贸易方式的差异，很难厘清不同贸易方式的生产关联以及增加值贸易结构。以中国为例，中国加工贸易出口中含有一般贸易创造的增加值，一般贸易出口中也可能间接包含来自加工贸易的增加值。现有的主流增加值核算框架适用于一国总出口的分解（Koopman et al. , 2014），以及不同经济体的双边出口分解（Wang et al. , 2018），后者将前者扩展到双边层面。若直接利用这些方法核算中国一般贸易和加工贸易的增加值贸易，相当于将中国一般贸易和加工贸易视为两个经济体，这无疑将产生偏误。正如李洲和马野青（2021）在研究中美贸易平衡时所发现的，中国加工贸易部门和非加工贸易部门之间存在"转运"关系。为此，我们以 Wang et al. (2018) 的双边出口分解框架为基础，引入贸易方式异质性，并在该框架下将出口中的各子项重新组合，考察一般贸易和加工贸易出口中的国内增加值和国外成分，进而探讨中国两种贸易方式在全球生产网络中的增加值贸易结构特征。

1. 不同贸易方式的增加值核算方法

加工贸易企业在全球生产分工中主要处于装配环节，这可能导致加工贸易和一般贸易有不同的增加值贸易结构。在考察生产关联和核算不同贸易方式的增加值贸易时，首先采取不同的处理方式，具体而言，在以中间品投入产出联系考察生产关联时，从事这两种贸易方式的主体集合可看作两个经济体；但在考察增加值来源时，这两个主体仍属于同一个经济体。其次，为了探究一般贸易出口和加工贸易出口的增加值分解，需考虑以下两种特殊情形，这里以中国为例进行说明。

（1）一般贸易的增加值分解

即便中国加工贸易（$c2$）未直接提供中间品给本国一般贸易（$c1$），但由于部

---

① 墨西哥相关政策将加工贸易称为"客户工业"（maquiladora industry），与中国加工贸易的含义类似。为方便表述，我们统一采用加工贸易来表示。

门间的国内关联与国际关联，$c1$ 的出口中可能间接包含来自 $c2$ 的增加值。为了识别出中国一般贸易出口中隐含的加工贸易的增加值，若将中国一般贸易和加工贸易视为两个经济体，这部分增加值则被误归为出口中来自第三方的国外增加值。实际上，这部分增加值是中国一般贸易出口中所含的本国加工贸易创造的增加值，应计入出口中的国内增加值。因此，与 Wang et al. (2018)的双边出口分解式 (18)相比，中国一般贸易出口中的国内增加值多了一类生产活动，如式(5-5)所示：①

$$\mathrm{DVX}^{clr} = (V^{c1} B^{c1c1})^{\mathrm{T}}\# Y^{clr} + (V^{c1} L^{c1c1})^{\mathrm{T}}\#(A^{clr} B^{rr} Y^{rr})$$

$$+ (V^{c1} L^{c1c1})^{\mathrm{T}}\#\left[A^{clr} B^{rr} \sum_{t\neq c,\,r}^{G} Y^{rt} + A^{clr} \sum_{t\neq c1,\,r}^{G} B^{rt} Y^{tt} + A^{clr} \sum_{t\neq c1,\,r}^{G} B^{rt} \sum_{u\neq c,\,t}^{G} Y^{tu} \right]$$

$$+ (V^{c1} L^{c1c1})^{\mathrm{T}}\#\left[A^{clr} B^{rr} Y^{rc} + A^{clr} \sum_{t\neq c1,\,r}^{G} B^{rt} Y^{tc} + A^{clr} B^{rc1} Y^{c1c} \right]$$

$$+ (V^{c2} B^{c2c1})^{\mathrm{T}}\# Y^{clr} + (V^{c2} B^{c2c1})^{\mathrm{T}}\#(A^{clr} L^{rr} Y^{rr}) \tag{5-5}$$

式(5-5)是中国一般贸易($c1$)到 r 的出口中所含的国内增加值。等号右侧的六项可归为四大类，第一类是第一行的两项，表示 $c1$ 出口后被直接进口国 r 吸收。第二类是第二行的一项，表示 $c1$ 出口后，被直接进口国 r 再次出口，并被第三国最终吸收。需注意的是，在第二类的最后一个子项中，t 可以是 $c2$，也即中国一般贸易出口中间品后，经直接进口国加工回到中国的加工贸易，并由中国加工贸易完成最终品的生产，最终出口到第三国。这部分增加值被中国出口两次，一般贸易和加工贸易各出口一次，所以，这部分计入中国一般贸易出口中的国内增加值，计入中国出口的国内重复计算项。第三类是第三行的一项，表示复进口，也即 $c1$ 先出口到 r，最终返回到中国被吸收。第四类是第四行的两项，分别表示 $c1$ 出口的最终品和中间品中，来自 $c2$ 的增加值。前三类和其余经济体的 DVX 子项类似，最后一类是针对中国一般贸易出口，需另外考虑的部分。

与此对应，中国一般贸易出口中的国外成分应是来自除 $c1$ 和 $c2$ 以外所有经济体的部分，公式如下：

---

①　需说明的是，式(5-5)中所有涉及中国作为最终品吸收方的项，均用 Y^{tc} 表示。其中，t 表示任意经济体，但吸收方 c 只表示中国，不再区分 $c1$ 和 $c2$。原因在于，一般贸易和加工贸易是对生产领域的划分，而最终品的去向是消费领域。本节余下公式的处理与此类似。

$$\mathrm{PVT}^{clr} = (V^r \, B^{rc1})^{\mathrm{T}} \# \, Y^{clr} + \Big(\sum_{t \neq c1,\, c2,\, r} V^t \, B^{tc1} \Big)^{\mathrm{T}} \# \, Y^{clr}$$

$$+ (V^r \, B^{rc1})^{\mathrm{T}} \# (A^{clr} \, L^{rr} \, Y^{rr}) + \Big(\sum_{t \neq c1,\, c2,\, r} V^t \, B^{tc1} \Big)^{\mathrm{T}} \# (A^{clr} \, L^{rr} \, Y^{rr})$$

$$+ (V^r \, B^{rc1})^{\mathrm{T}} \# (A^{clr} \, L^{rr} \, E^{r*}) + \Big(\sum_{t \neq c1,\, c2,\, r} V^t \, B^{tc1} \Big)^{\mathrm{T}} \# (A^{clr} \, L^{rr} \, E^{r*}) \qquad (5\text{-}6)$$

式(5-6)是中国一般贸易($c1$)到 r 的出口中所含的国外成分。等号右侧的 6 项可归为三大类,第一类是第一行的两项,分别表示 $c1$ 出口最终品到 r ,包含来自直接进口国 r 和第三国 t 的增加值。第二类是第二行的两项,分别表示 $c1$ 出口中间品到 r ,包含来自直接进口国 r 和第三国 t 的增加值。第三类是第三行的两项,分别表示 $c1$ 出口中间品到 r ,包含来自直接进口国 r 和第三国 t 的重复计算的部分。与Wang et al. (2018)的式(18)相比,每一类的第二项多扣除了来自 $c2$ 的部分。

对比式(5-5)和式(5-6)可以发现,中国一般贸易出口中的国内增加值新增了来自中国加工贸易的增加值,中国一般贸易出口中的国外成分扣除了来自中国加工贸易的部分。

(2)加工贸易的增加值分解

假设中国加工贸易($c2$)使用来自 $c1$ 的中间品投入,并最终由 $c2$ 出口到 r 。在该情形下,中国加工贸易出口无疑包含本国一般贸易的增加值。同第一种情形相似,中国加工贸易出口中的国内增加值需新增来自中国一般贸易的增加值。此外,这种情形下的复进口项有变,复进口仅包含以最终品返回的部分,以及通过 $c1$ 返回中间品且由国内进一步生产出最终品并消费。按 Wang et al. (2018)式(18)的逻辑,复进口还包括通过 $c2$ 返回中间品并由本国生产出最终品和消费的部分,但由于加工贸易生产的产品仅供出口,不供国内使用和消费,因此,通过 $c2$ 返回的这一项实际上为零,是不存在的。由上述分析可知,中国加工贸易出口中的国内增加值的表达式为:

$$\mathrm{DVX}^{c2r} = (V^{c2} \, B^{c2c2})^{\mathrm{T}} \# \, Y^{c2r} + (V^{c2} \, L^{c2c2})^{\mathrm{T}} \# (A^{c2r} \, B^{rr} \, Y^{rr})$$

$$+ (V^{c2} \, L^{c2c2})^{\mathrm{T}} \# \Big[A^{c2r} \, B^{rr} \sum_{t \neq c,\, r}^{G} Y^{rt} + A^{c2r} \sum_{t \neq c2,\, r}^{G} B^{rt} \, Y^{tt} + A^{c2r} \sum_{t \neq c2,\, r}^{G} B^{rt} \sum_{u \neq c,\, t}^{G} Y^{tu} \Big]$$

$$+ (V^{c2} \, L^{c2c2})^{\mathrm{T}} \# \Big[A^{c2r} \, B^{rr} \, Y^{rc} + A^{c2r} \sum_{t \neq c2,\, r}^{G} B^{rt} \, Y^{tc} \Big]$$

$$+ (V^{c1} \, B^{c1c2})^{\mathrm{T}} \# \, Y^{c2r} + (V^{c1} \, B^{c1c2})^{\mathrm{T}} \# (A^{c2r} \, L^{rr} \, Y^{rr}) \qquad (5\text{-}7)$$

式(5-7)等号右侧的六项可分为四大类，第一类是第一行的两项，表示 $c2$ 出口后被直接进口国 r 吸收。第二类是第二行的一项，表示 $c2$ 出口后被第三国最终吸收。和一般贸易出口的情形类似，第二类的最后一个子项包含 t 为 $c1$ 的情况。第三类是第三行的一项，表示复进口，也即 $c2$ 先出口到 r，最终返回到中国被吸收。第四类是第四行的两项，分别表示 $c2$ 出口的最终品和中间品中，来自 $c1$ 的增加值。前两类和其余经济体的 DVX 子项类似，第三类不包含通过 $c2$ 返回的部分，最后一类是针对中国加工贸易出口，需另外考虑的部分。

由于中国加工贸易出口中的国内增加值新增了来自本国一般贸易的增加值，相应地，出口中的国外成分应扣除来自本国一般贸易的部分。这意味着，中国加工贸易出口中的国外成分是来自除 $c1$ 和 $c2$ 以外所有经济体的部分，表达式如下：

$$\text{PVT}^{c2r} = (V^r B^{rc2})^{\text{T}} \# Y^{c2r} + \Big(\sum_{t \neq c1,\ c2,\ r} V^t B^{tc2}\Big)^{\text{T}} \# Y^{c2r}$$

$$+ (V^r B^{rc2})^{\text{T}} \#(A^{c2r} L^{rr} Y^{rr}) + \Big(\sum_{t \neq c1,\ c2,\ r} V^t B^{tc2}\Big)^{\text{T}} \#(A^{c2r} L^{rr} Y^{rr})$$

$$+ (V^r B^{rc2})^{\text{T}} \#(A^{c2r} L^{rr} E^{r*}) + \Big(\sum_{t \neq c1,\ c2,\ r} V^t B^{tc2}\Big)^{\text{T}} \#(A^{c2r} L^{rr} E^{r*}) \qquad (5\text{-}8)$$

式(5-8)是中国加工贸易($c2$)到 r 的出口中所含的国外成分，等号右侧六项和式(5-6)类似，此处不作赘述。对比式(5-7)和式(5-8)发现，中国加工贸易出口中的国内增加值新增了来自中国一般贸易的增加值，中国加工贸易出口中的国外成分扣除了来自中国一般贸易的部分。

2. 中国不同贸易方式的增加值分解结果

在上述测度框架下，我们利用 OECD-ICIO 表(2021 年版)分解中国一般贸易和加工贸易的总出口，估算不同贸易方式下中国的增加值贸易。中国一般贸易的增加值分解如表 5-3A 所示。

表 5-3A　　　　　　　　中国一般贸易的增加值分解(%)

部门编码	1995 年			2007 年			2018 年		
	DVX1	DVX2	PVT	DVX1	DVX2	PVT	DVX1	DVX2	PVT
C10T12	92.76	0.00	7.19	89.76	0.01	10.11	89.89	0.01	9.93
C13T15	81.07	1.90	18.75	86.65	0.01	13.18	86.81	0.02	12.78

续表

部门编码	1995 年			2007 年			2018 年		
	DVX1	DVX2	PVT	DVX1	DVX2	PVT	DVX1	DVX2	PVT
C16	85.96	0.03	13.93	84.52	0.01	15.14	86.21	0.01	13.33
C17T18	81.62	0.03	18.12	82.59	0.01	16.91	85.94	0.01	13.50
C19	87.27	0.03	12.65	69.34	0.01	30.10	60.62	0.01	38.67
C20	83.40	0.21	16.35	76.42	0.01	22.56	79.07	0.01	19.89
C21	94.65	0.01	5.33	89.39	0.01	10.50	89.17	0.01	10.70
C22	80.60	0.05	19.14	76.08	0.02	23.27	81.17	0.01	18.14
C23	85.57	0.07	14.31	84.52	0.01	15.01	87.87	0.01	11.60
C24	81.61	0.10	18.17	72.63	0.01	26.49	81.62	0.01	17.35
C25	82.29	0.12	17.48	79.14	0.02	20.29	85.75	0.01	13.57
C26	80.22	0.08	19.67	71.04	0.10	27.95	75.73	0.10	23.06
C27	83.25	0.09	16.58	75.93	0.01	23.47	82.07	0.03	17.21
C28	81.63	0.11	18.28	77.09	0.03	22.43	83.09	0.03	16.44
C29	87.22	0.01	12.72	82.94	0.02	16.81	85.99	0.02	13.73
C30	74.69	0.01	25.22	75.03	0.04	24.65	81.92	0.04	17.72
C31T33	84.65	0.28	15.27	82.70	0.02	17.09	87.33	0.01	12.37
制造业均值	83.35	0.28	16.48	80.52	0.02	19.01	83.73	0.02	15.66

注：(1)DVX1 表示中国一般贸易出口中来自本国一般贸易的增加值的比率，DVX2 表示中国一般贸易出口中来自本国加工贸易的增加值的比率，PVT 表示中国一般贸易出口中的国外成分的比率。

(2)利用 OECD-ICIO 表(2021 年版)测得。

不难看出，中国一般贸易出口中 DVX1 占比最大，说明一般贸易出口中来自一般贸易的国内增加值最多，如 C10T12 的 DVX1 份额在 3 个年份均约占 90%。而 DVX2 的占比接近于 0，表明中国加工贸易不仅未直接提供中间品给一般贸易，而且间接传递的增加值也极少。对于 PVT，制造业平均水平显示，中国一般贸易出口中的国外成分较少，2018 年的 PVT 比重甚至略低于 1995 年的水平，这与近年来国际形势的不确定性和不稳定性有关。然而，多数资本密集型部门和技术密集型部门出口中的 PVT 份额高于制造业均值,如 2018 年焦炭和精炼石油产品部门(C19)最高,达 38.67%;计算机、电子、光学产品部门(C26)次之,也超过了 20%。

表 5-3B 是中国加工贸易的增加值分解。首先,比较中国加工贸易出口中的国内增加值,从制造业均值水平看,DVX1 约是 DVX2 的 3 倍,意味着加工贸易的总出口中隐含了大量来自一般贸易的增加值,一般贸易的贡献份额高于加工贸易本身。李洲和马野青(2021)也发现中国加工制造业对美国的出口中,来自中国一般贸易的增加值是来自加工贸易增加值的 2 倍以上。其次,观察 PVT 的变动发现,制造业的平均水平约为 20% 到 30%,低于国内增加值份额。这一结论看似与加工贸易"大进大出"相悖,实际上恰恰反映了中国加工贸易在 20 世纪 90 年代前后的转变。一方面是加工贸易形式的变化,在 1989 年之前,来料加工是中国加工贸易的主要形式,这一时期加工贸易企业靠外商提供所有原材料,甚至机器设备,产出中的国外成分很高。此后,进料加工快速上升,尤其是在 1995 年之后,进料加工份额远高于来料加工。由于进料加工允许使用本土投入,一般贸易便借势发展,提升与加工贸易的关联,进而提高加工贸易出口的国内增加值率。另一方面,21 世纪以来,中国逐步成为全球生产中心,跨国企业在中国的分支机构不断增多,境内外资企业对加工贸易进口产生替代效应。而且在属地原则下,这部分生产活动带来的增加值也计入中国加工贸易出口中的国内增加值。由此可解释为何中国加工贸易出口中的国外成分低于国内增加值。

表 5-3B **中国加工贸易的增加值分解(%)**

部门编码	1995 年			2007 年			2018 年		
	DVX1	DVX2	PVT	DVX1	DVX2	PVT	DVX1	DVX2	PVT
C10T12	77.00	8.46	9.27	69.46	12.44	12.56	71.72	7.98	12.66
C13T15	59.06	12.01	23.31	63.97	14.99	15.21	64.30	12.13	14.20
C16	60.97	14.15	17.04	54.49	17.82	17.61	57.81	16.42	15.26
C17T18	51.14	10.82	22.73	51.66	12.42	20.28	52.77	16.23	16.03
C19	59.83	10.19	17.44	39.23	7.53	39.10	24.50	7.73	56.42

部门编码	1995 年			2007 年			2018 年		
	DVX1	DVX2	PVT	DVX1	DVX2	PVT	DVX1	DVX2	PVT
C20	48.94	13.95	20.15	38.72	15.97	26.14	38.62	18.06	23.65
C21	68.13	21.51	7.04	54.93	28.66	13.13	61.76	21.33	13.06
C22	52.51	9.19	22.31	46.46	12.86	26.69	48.73	14.08	20.89
C23	63.97	12.69	16.95	54.06	20.70	17.44	55.29	21.63	14.32
C24	48.61	7.00	20.85	33.64	9.69	30.85	36.82	13.70	22.18
C25	53.49	10.29	20.66	46.03	15.44	23.39	46.64	19.58	16.14
C26	42.55	23.23	25.72	38.28	15.38	36.95	46.54	14.16	27.75
C27	55.38	14.20	20.01	45.02	16.71	27.16	50.36	16.22	20.01
C28	57.91	12.80	21.95	48.22	16.79	25.80	55.41	14.80	19.21
C29	61.47	17.00	15.49	52.40	18.58	19.28	56.85	17.48	15.68
C30	43.65	16.91	30.99	46.68	17.81	28.16	55.11	17.09	19.90
C31T33	62.84	13.46	21.06	65.52	10.64	20.47	59.37	21.65	15.12
制造业均值	54.04	15.18	22.72	45.01	15.25	30.10	49.38	14.97	24.15

注：（1）DVX1 表示中国加工贸易出口中来自本国一般贸易的增加值的比率，DVX2 表示中国加工贸易出口中来自本国加工贸易的增加值的比率，PVT 表示中国加工贸易出口中的国外成分的比率。

（2）利用 OECD-ICIO 表（2021 年版）测得。

　　尽管中国加工贸易过度依赖国外投入的局势整体上已得到改善，但加工贸易的 PVT 份额仍高于一般贸易。特别是部分资本密集型部门和技术密集型部门，如 C19（焦炭和精炼石油产品）在 3 个年份的 PVT 不断增加，2018 年已超过一半；C26（计算机、电子、光学产品）的 PVT 也偏高，各年份均占 30% 左右。还需注意，资本密集型部门和技术密集型部门对加工贸易出口贡献较大，2018 年这些部门加工贸易出口额高达 7552.96 亿美元，占中国加工贸易出口总额的比重已超过 80%。因此，提升中高技术部门加工贸易出口的国内增加值率是中国加工贸易转型升级的重点方向。

　　表 5-4 还对 2018 年墨西哥的两种贸易方式的增加值进行了分解，并与中国

进行比较分析。就一般贸易而言，墨西哥和中国类似，出口中 DVX1 份额最大，DVX2 的占比几乎为零，且出口中的国内增加值远高于国外成分；同时，多数资本密集型部门和技术密集型部门的 PVT 比重高于制造业平均水平，如焦炭和精炼石油产品部门（C19）、化学和化学产品部门（C20）、电器设备，含电子、家电部门（C27）的 PVT 均占 30% 左右。就加工贸易而言，墨西哥和中国不同。其一，对于医药、医药化学和植物产品部门（C21）、计算机、电子、光学产品部门（C26）、汽车、挂车和半挂车部门（C29）等技术密集型部门，PVT 在加工贸易出口中的占比均在一半以上，这些部门仍呈"大进大出"趋势，对国外投入的依赖较强。其二，DVX1 和 DVX2 的关系在部门间存在差异，如资本密集型部门的加工贸易出口中 DVX1 占比较大，多数技术密集型部门的加工贸易出口中两者占比相当。

表 5-4　　　　　　　　　　　**2018 年墨西哥出口的增加值分解（%）**

部门编码	一般贸易出口			加工贸易出口		
	DVX1	DVX2	PVT	DVX1	DVX2	PVT
C10T12	84.16	0.01	15.79	20.84	37.33	40.85
C13T15	75.33	0.02	24.62	18.12	38.48	42.47
C16	85.01	0.01	14.90	33.83	32.56	30.44
C17T18	71.03	0.02	28.82	25.60	21.74	48.87
C19	66.19	0.02	33.51	25.28	24.50	45.58
C20	72.19	0.02	27.57	26.98	15.31	49.80
C21	75.70	0.02	24.24	26.37	12.45	59.61
C22	73.00	0.02	26.81	24.49	29.51	41.70
C23	83.99	0.01	15.88	32.41	27.88	36.97
C24	80.33	0.02	19.37	26.59	32.74	28.20
C25	77.11	0.04	22.69	27.89	20.70	46.28
C26	83.38	0.01	16.50	15.03	15.32	67.56
C27	70.27	0.04	29.54	22.66	24.95	49.79
C28	82.70	0.02	17.20	24.22	23.37	49.67

续表

部门编码	一般贸易出口			加工贸易出口		
	DVX1	DVX2	PVT	DVX1	DVX2	PVT
C29	82.67	0.03	17.24	22.61	23.09	51.87
C30	74.29	0.04	25.57	19.28	28.73	47.74
C31T33	81.99	0.02	17.95	28.03	22.57	47.63
制造业均值	79.79	0.02	20.09	21.70	22.31	52.80

注：(1)DVX1表示来自墨西哥一般贸易的增加值的比例，DVX2表示来自墨西哥加工贸易的增加值的比例，PVT表示出口中的国外成分的比例。

(2)利用OECD-ICIO表(2021年版)测得。

综合上述分析，中国加工贸易由于转运了大量来自本国一般贸易的增加值，出口中的国内增加值明显高于来自国外的成分，供给侧过度依赖国际市场的形势已得到改善。相较而言，墨西哥加工贸易对国外投入仍有较强依赖，医药、计算机、汽车等高技术部门加工贸易出口中的PVT占比均超过50%。然而，还应关注的是，中国加工贸易出口中的PVT占比仍高于一般贸易出口，因此，在当前加工贸易转型升级阶段，延长国内产业链、提升国内增加值率是推动中国加工贸易高质量发展的重要举措。

3. 中国加工贸易的国内外关联

增加值核算除了可以确定加工贸易出口中的增加值来源，还可用来分析加工贸易在全球生产网络中的关联状况。具体而言，加工贸易出口中来自本国加工贸易的增加值揭示了加工贸易内的关联，来自本国一般贸易的增加值反映了加工贸易和一般贸易之间关联，这两部分之和为加工贸易的国内关联。而加工贸易出口中来自国外的成分则刻画了加工贸易的国际关联。接下来重点分析中国加工贸易的国内外关联。整体来看，中国加工贸易的国内关联和国际关联均不断提升，2018年的加工贸易内关联、两种贸易方式之间的关联和国际关联分别达1260.2亿美元、4156.5亿美元和2032.5亿美元，几乎是1995年的20倍。从部门层面来看，技术密集型部门的国内外关联增幅最大。表5-5展示了区分贸易方式下技术密集型部门的国内外关联。

表 5-5 显示，技术密集型部门的国内关联高于国际关联，意味着中国加工贸易转型升级已取得一定成效。同时，两种方式之间关联对国内关联的贡献大于加工贸易内关联，说明加工贸易不仅依靠方式内关联加强国内关联，更凭借与一般贸易之间的关联提高国内关联。但需注意，个别部门的国际关联增势较突出，如 C21（医药、医药化学和植物产品）的增长率高达 10368%，是国内关联增长率的 2 倍；C26（计算机、电子、光学产品）、C27（电器设备，含电子、家电）、C29（汽车、挂车和半挂车）国际关联的增速也高于国内关联。因而，在国际市场不确定性增强，产业链断链风险加剧的形势下，为了推动双循环新发展格局的构建，中国既要关注加工贸易国内关联的提升，又要警惕国际关联增长过快。

表 5-5 **区分贸易方式下技术密集型部门的国内外关联**

部门编码	1995 年				2018 年				变化率	
	$c2$ 内	$c2$-$c1$ 间	国内	国际	$c2$ 内	$c2$-$c1$ 间	国内	国际	国内	国际
C20	159	557	716	229	2350	5026	7376	3078	931	1242
C21	30	96	126	10	1696	4910	6606	1038	5133	10368
C26	2512	4599	7111	2780	64344	211465	275809	126088	3739	4435
C27	476	1858	2334	671	18837	58497	77334	23243	3213	3362
C28	217	983	1200	373	8282	31015	39296	10750	3172	2784
C29	36	130	166	33	1607	5226	6833	1442	4027	4312
C30	157	404	561	287	5812	18739	24451	6766	4275	2256

注：(1) 利用 OECD-ICIO 表（2021 年版）测得，单位是百万美元。

(2) 变化率表示 2018 年相对 1995 年的变化，单位是%。

(3) $c1$ 表示一般贸易，$c2$ 表示加工贸易。

二、最终品出口网络

出口中的增加值分解侧重于刻画增加值的来源，这里进一步利用最终品出口网络揭示最终品的主要去向，反映中国和墨西哥在不同贸易方式下的贸易伙伴情况（见图 5-5）。

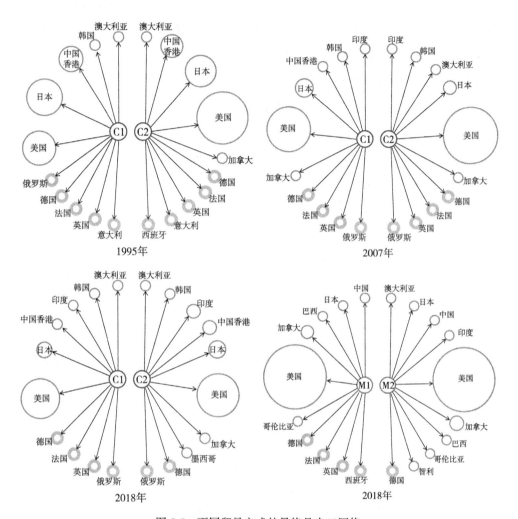

图 5-5 不同贸易方式的最终品出口网络

注：(1)C1、C2、M1、M2 分别代表中国一般贸易、中国加工贸易、墨西哥一般贸易和墨西哥加工贸易。四个子图的左半侧表示一般贸易的最终品出口网络，右半侧表示加工贸易的最终品出口网络。

(2)图中节点大小与双边最终品出口占总出口的比重成比例，为方便绘图，占比小于5%的统一按 5%进行设置；节点之间的连线表示最终品贸易流，采用双边最终品出口占总出口的比重来表示。

(3)利用 OECD-ICIO 表(2021 年版)整理而得。

对中国不同贸易方式下的最终品出口目的地分别进行排序，发现位列前十的经济体在各年份几乎均占中国最终品出口的 70% 左右。墨西哥与此类似，排名前十的经济体更是占据墨西哥最终品出口的 80% 以上。因此，我们针对排名前十的经济体绘图，如图 5-5 所示。中国一般贸易在各地区均有稳定的最终品出口目的地，亚大区域主要是中国香港、日本、韩国等，美洲主要是美国，欧洲主要是德国、法国、英国等。但最大的出口目的地已从区域内转移到区域外，2007 年和 2018 年，美国取代日本成为中国一般贸易的最大出口国，约占最终品出口的 1/4。此外，中国一般贸易对亚大区域内的最终品出口甚至不及对美国一国的出口。这些变化表明，美国已成为中国一般贸易最重要的最终品出口市场。

相较而言，中国加工贸易在各区域的最终品出口目的地不如一般贸易稳定。除了美国和日本稳居中国加工贸易的第一大和第二大出口目的地之外，其余的经济体的排名在不同年份有所变化，主要表现为排名前十的经济体中亚大区域和美洲区域的经济体不断增多，欧洲区域的经济体逐步减少。相比 1995 年，2018 年亚大区域的印度和韩国、美洲区域的墨西哥都进入了前十之列，分别位列第四、第十和第六，而欧洲区域的法国、英国和意大利的排名均跌出了前十。与中国一般贸易相似的是，美国也是中国加工贸易最终品的最大出口国。1995 年和 2018 年，中国加工贸易对美国的最终品出口与对亚大区域内的总出口水平相当；2007 年，中国加工贸易对美国的最终品出口更是高达 34.42%，是对亚大区域内出口的 2 倍以上。

由于地理距离优势和北美自由贸易协定的签订，不论是一般贸易，还是加工贸易，墨西哥的第一大和第二大出口目的地始终是美国和加拿大。以 2018 年为例，网络图表现为美国一枝独秀，不仅占墨西哥一般贸易最终品出口的 72.66%，而且占墨西哥加工贸易最终品出口的 75.76%。位列第二的加拿大分别占 5.87% 和 6.18%，其余经济体的占比均低于 2%。意味着在两种贸易方式下，墨西哥的最终品都主要销往美洲区域内，区域外所占份额极少。

尽管美国已成为中国和墨西哥在两种贸易方式下最大的最终品出口目的地，但部门层面的数据显示，最终品出口的主导部门略有差异。如 2018 年中国一般贸易各部门到美国的最终品出口中，纺织、服装、皮革和相关产品部门（C13T15）占比最大，达 37.87%；其次是计算机、电子、光学产品部门（C26）和未另分类的机械和设备部门(C28)，均约占 10%。以机电产品为代表的高技术产品在中国加工贸易对美国的最终品出口中占重要地位，2018 年仅 C26 和 C27 两个部门的占比便高达 71.69%。对墨西哥而言，高技术产品，尤其是汽车、挂车和半挂车(C29)在出口中所占份额较大。2018 年，C29 在墨西哥一般贸易和加工贸易对美国的最终品出口中均占 50%左右。

可见，中国一般贸易在各地区的最终品出口目的地较稳定；中国加工贸易的最终品出口目的地排名有所变动，亚大区域内的印度和韩国，以及美洲的墨西哥均挤入前十，而欧洲的英国、法国等跌出前十之列；墨西哥一般贸易和加工贸易的最终品均主要在美洲区域内销售。此外，近年来中国和墨西哥的最大出口目的地都是美国，而且高技术产品在其中占据重要地位。加里·杰里菲(2018)对中国和墨西哥的比较分析时也认为，近 20 年，美国是中国和墨西哥出口的重要市场，两国对美国的制成品出口中，高技术含量和中等含量技术产品取代了低技术含量产品的出口，表明两国的出口结构复杂性在不断上升。而中国在美国市场份额中已迅速且显著地超过墨西哥，其原因主要是中国具有更大的劳动力成本优势、规模经济效益、利用外资促进新产业"快速学习"的知识溢出效应，以及中国实施了连续和全方位的产业升级战略。[①]

三、GVC 生产长度与位置

本部分在比较一般贸易和加工贸易 GVC 生产长度的基础上，对比分析一般贸易和加工贸易的 GVC 位置。图 5-6 是 2018 年中国和墨西哥制造业各部门的 GVC 生产长度。

如图 5-6 所示，中国和墨西哥的 GVC 生产长度大致呈四个集群分布，中国一般贸易居于最右上方，墨西哥一般贸易次之，接着是中国加工贸易，左下角是墨西哥加工贸易。同时，不论是中国，还是墨西哥，图中大多数部门均落在 45°线的右下方。这样的分布状况表明，中国和墨西哥的 GVC 生产长度表现出两个共同特征，一是一般贸易的 GVC 生产长度高于加工贸易的 GVC 生产长度，一般贸

---

① 加里·杰里菲，等. 全球价值链和国际发展：理论框架、研究发现和政策分析. 曹文，李可，译. 上海：上海人民出版社，2018：121-126.

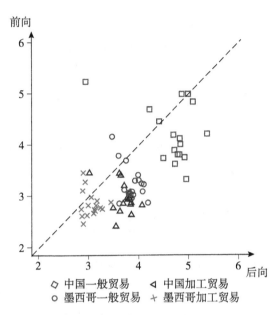

图 5-6　2018 年中国和墨西哥制造业各部门的 GVC 生产长度

注：(1)"前向"与"后向"分别表示前向 GVC 生产长度与后向 GVC 生产长度。

(2)图中虚线为 45°线，表示前向 GVC 生产长度＝后向 GVC 生产长度。

(3)GVC 生产长度利用 OECD-ICIO 表(2021 年版)测得，测算方法见第一章。

易在全球生产网络中的分工更加复杂化和精细化；二是多数部门的后向 GVC 生产长度长于前向 GVC 生产长度，中国和墨西哥的多数部门基于后向联系的分工复杂程度更高。此外，图中还显示，中国一般贸易和加工贸易 GVC 生产长度，特别是前向 GVC 生产长度的差异略大，而墨西哥一般贸易和加工贸易 GVC 生产长度的差异较小。上述中国和墨西哥的相似分布与差异化特征将导致两国的 GVC 位置有何异同呢？

　　前向 GVC 生产长度是本部门增加值到下游最终品的距离，后向 GVC 生产长度是本部门最终品到上游投入的距离，因此，两者之比表示该部门在整个全球生产网络的相对位置。接下来，我们分析一般贸易和加工贸易的 GVC 位置，见表 5-6。中国在 1995 年、2007 年和 2018 年 3 个年份，各部门一般贸易的 GVC 位置均高于加工贸易，这不仅说明中国的一般贸易在全球价值链中处于相对上游的位置，还反映了加工贸易的本质——此类企业只承担加工与组装环节。彭水军和吴腊梅(2022)也得出相似结论,在一般贸易方式下中国距离最终需求端更远,在加工贸易方式下中国距离初始要素端更远。各部门的变动还表明,尽管中国加工贸易处入全球价值链的下游位置,但也有几个资本密集型部门和技术密集型部门加工贸易的嵌入位置不断提升,如焦炭和精炼石油产品部门(C19)、化学和化学产品部门(C20)、其他非金属矿物制品部门(C23)、基本金属(C24)、电器设备,含电子、家电部门(C27)和未另分类的机械和设备(C28)。这意味着中国加工贸易正逐步改善低端嵌入的境况。

表 5-6 中国和墨西哥制造业各部门的 GVC 位置

部门编码	中国一般贸易			中国加工贸易			墨西哥一般贸易			墨西哥加工贸易		
	1995年	2007年	2018年	1995年	2007年	2018年	1995年	2007年	2018年	1995年	2007年	2018年
C10T12	0.94	0.98	1.00	0.94	0.81	0.79	0.92	0.86	0.81	0.90	0.86	0.88
C13T15	0.79	0.71	0.79	0.75	0.72	0.70	0.82	0.82	0.81	0.92	0.87	0.88
C16	0.80	0.81	0.83	0.78	0.80	0.77	0.87	0.88	0.84	1.04	0.98	0.96
C17T18	1.11	1.01	1.03	0.91	0.86	0.87	1.05	1.04	0.99	1.06	0.99	0.98
C19	1.15	1.60	1.78	0.95	1.07	1.14	1.07	1.26	1.20	1.22	1.12	1.08
C20	0.99	1.04	1.11	0.90	0.92	0.95	1.10	1.11	1.05	1.22	1.19	1.12
C21	0.74	0.76	0.77	0.71	0.69	0.68	0.82	0.83	0.79	0.97	0.89	0.85
C22	0.98	0.89	0.89	0.78	0.76	0.78	0.88	0.86	0.84	0.98	0.92	0.94
C23	0.94	0.80	0.79	0.70	0.73	0.75	0.85	0.81	0.79	0.94	0.88	0.91
C24	1.01	1.04	1.01	0.90	0.93	0.94	0.97	0.90	0.86	1.12	1.09	1.19
C25	0.83	0.77	0.76	0.75	0.73	0.79	0.85	0.83	0.83	0.93	0.88	0.90
C26	1.00	0.82	0.83	0.80	0.78	0.78	0.89	0.78	0.76	0.92	0.84	0.84
C27	0.91	0.85	0.80	0.74	0.74	0.77	0.78	0.77	0.78	0.92	0.85	0.86
C28	1.02	0.92	0.86	0.75	0.75	0.80	0.96	0.84	0.80	0.95	0.89	0.92
C29	1.05	0.99	0.95	0.75	0.74	0.75	0.71	0.68	0.69	0.90	0.83	0.84
C30	0.95	0.88	0.83	0.78	0.71	0.74	0.83	0.79	0.77	0.90	0.85	0.87
C31T33	0.70	0.67	0.67	0.71	0.69	0.69	0.85	0.83	0.80	0.88	0.84	0.86

注:GVC 位置利用 OECD-ICIO 表(2021 年版)测得,测算方法见第一章。

墨西哥恰恰相反，在 1995 年、2007 年和 2018 年 3 个年份，加工贸易的 GVC 位置均高于一般贸易。个别部门，如 C19、C20 和 C24 加工贸易的 GVC 位置甚至超过了 1，这些部门加工贸易在全球生产网络中的位置不仅高于一般贸易，而且处于相对上游的位置。

总而言之，中国和墨西哥的 GVC 生产长度具有相同特征，一般贸易在全球生产网络中的分工复杂程度更高，且多数部门的后向 GVC 生产长度较长。中国和墨西哥的 GVC 位置则不同，中国加工贸易处于比一般贸易更下游的位置，而墨西哥加工贸易处于比一般贸易更上游的位置。

第三节　中国对外直接投资（OFDI）

与 IFDI 和加工贸易相比，OFDI 是一种主动嵌入全球生产网络的方式。在 21 世纪之初，中国的 OFDI 流量仅为 IFDI 流量的 1/20，[①]占全球 OFDI 总额的 0.45%。但近年来中国对外直接投资不断上涨，不仅超过了中国的 IFDI，实现直接投资项下的资本净输出，而且稳居世界第二，在全球 OFDI 总量中的占比也增至 10% 左右。本节首先描述中国 OFDI 的变动特征；其次考察 OFDI 与关联强度、嵌入度、嵌入位置的关系，回答 OFDI 是否改善了中国在全球生产网络中的嵌入状况。

一、中国 OFDI 的变动趋势

回顾 2005 年以来中国 OFDI 的规模以及分布，可以发现几个明显特征（见图 5-7）。

一是 2005 年至今 OFDI 增速快，年流量规模已与 IFDI 并驾齐驱。具体而言，2014—2021 年，OFDI 流量超过 IFDI 流量，于 2016 年达到峰值（1961 亿美元），此后虽经历下跌，但始终高于 IFDI。尽管 2022 年中国金融类对外直接投资下降幅度较大，引致 OFDI 有所下滑，并低于 IFDI，但在新的开放型时期，双向 FDI

---

① 本节所使用的 IFDI 及 OFDI 数据，如未特别说明，均指流量数据。

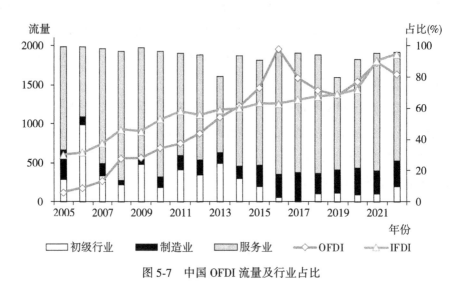

图 5-7 中国 OFDI 流量及行业占比

注：(1)数据来源于《中国外资统计公报》和《中国对外直接投资统计公报》。

(2)左侧纵轴表示 IFDI 流量和 OFDI 流量，单位是亿美元；右侧纵轴表示各产业 OFDI 的占比。

(3)由于未考虑电气供应业、水供应和处理业、建筑业，三类行业的累积占比并非 100%。

很有可能恢复并驾齐驱的态势，推动双循环新发展格局的构建。

二是服务业部门 OFDI 占据主要份额，初级行业与制造业交替变动。图 5-7 中的堆积柱形图刻画了三类行业 OFDI 的占比，服务业部门的 OFDI 比重最大，在各年份的占比几乎均超过 60%，表明服务业部门对外直接投资最多。此外，2014 年及之前，初级行业 OFDI 的占比位居第二，制造业 OFDI 占比最低，大多不足 10%；但 2015 年起，初级行业和制造业在 OFDI 中的地位发生逆转，制造业上升到 15%左右，初级行业下降到 5%左右。上述变动态势与 IFDI 的行业分布有所不同，如前文所述，初级行业 IFDI 占比较低，制造业和服务业此起彼伏。

结合各部门 OFDI 来看，初级行业的对外直接投资主要由采矿业拉动。2015 年之前，制造业在全行业 OFDI 中占比较低，因而，这里重点分析 2015 年后制造业部门 OFDI 的分布特征。技术密集型部门在制造业 OFDI 中位居前列,是制造业对外投资的重要参与者,而资本密集型部门和劳动密集型部门的OFDI明显低于技术密集型部门。服务业中生产性服务部门所占份额较大,各年份几乎在90%以上。特别是管理和支持服务(S77T82),批发和零售、机动车修理(S45T47)及金融和保险活动(S64T66)3个部门名列前茅,且近年来仅有这3个部门的OFDI达到百亿美元。

三是中国OFDI在各区域分布变动性较大。我们利用网络图进一步观察中国OFDI的去向,同前述中国IFDI的分布一样,这里选用OFDI存量反映中国OFDI的分布格局,阈值取中国对外直接投资存量总额的1‰。从图5-8中不难发现,中国在亚大区域内的OFDI最多,2018年中国在亚大区域的OFDI占比高达78%;即使不考虑中国香港,中国在区域内的OFDI仍最多,约占18%。图中还显示,中国在各区域都集中于对少数几个经济体开展OFDI,但随时间推移,这些经济体有所变化。在亚大区域,中国2010年的OFDI伙伴主要是中国香港、新加坡、澳大利亚、沙特阿拉伯;2018年新加坡和澳大利亚仍是中国在该区域的主要投资去向,且这两个经济体在中国OFDI存量中的份额已达11%,相比2010年有所扩大。在欧洲,中国2010年最大的OFDI伙伴是卢森堡,但2018年变为荷兰,卢森堡次之。在美洲,中国2010年对加拿大的OFDI最多,与另外几个经济体或无联系,或联系较少;2018年,美国代替加拿大成为中国在美洲的最大OFDI伙伴国。对于非洲和其他经济体,中国的OFDI联系整体偏低。可见,中国OFDI和IFDI一样,更倾向于区域内的联系,但OFDI在各区域的主要联系伙伴有所改变,意味着中国OFDI在各区域的分布格局不如IFDI稳定。

综上所述,就规模而言,中国IFDI和OFDI在21世纪头十几年相继占据主导地位,最近几年呈现齐头并进的态势。就行业和部门而言,服务业OFDI最多,尤其是生产性服务部门占比较高;初级行业和制造业交替发展,采矿业在初级行业中占重要地位,技术密集型部门在制造业中的比重最高,反映中国正在通过技术密集型部门的双向FDI嵌入全球生产网络的新趋势。就区域分布而言,中国在亚大区域的OFDI存量占比最大,但在各区域的主要联系伙伴随时间变化。

二、中国OFDI与嵌入全球生产网络

至此,我们阐述了中国OFDI的变动状况。结合当前全球经济的深度调整与

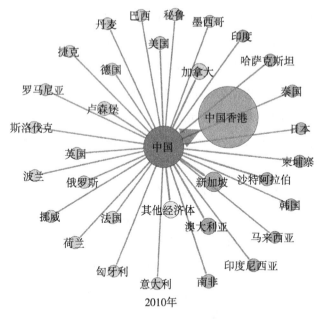

2010年

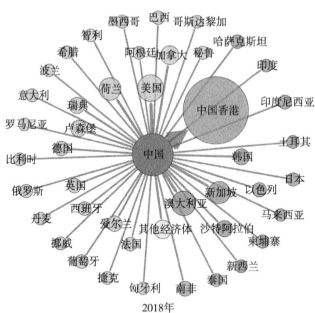

2018年

图 5-8　中国 OFDI 的区域分布

注：（1）基于国际货币基金组织（IMF）的国际直接投资数据库，利用 Gephi 软件绘制。

（2）中国的加权出度为节点之间的双边 OFDI 存量，节点和边的大小与之成比例。

全球价值链的重构问题，同时中国的开放型经济已经步入"双循环"和高质量发展的新阶段，这就引发一个新的议题：对外直接投资是否有助于中国参与全球生产网络并实现价值链升级？李超和张诚(2017)发现，中国对外直接投资推动了中国制造业全球价值链升级，而且对中等收入国家投资对制造业升级的作用更明显。戴翔和宋婕(2020)采用空间计量模型，得出开展 OFDI 不仅加强了中国和东道国的关联程度，而且提升了中国相对东道国的分工位置。基于已有研究，本部分首先从国家层面探究 OFDI 是否有助于增强中国在全球生产网络中的关联强度，其次从部门层面分析 OFDI 能否提升中国嵌入全球价值链的程度与位置。

1. 中国 OFDI 与全球生产网络中关联强度

广度和强度均可揭示节点在网络中的关联程度，前者侧重于刻画节点间有无联系，后者侧重于刻画节点间的联系大小。简言之，强度建立在广度基础之上，可在一定程度上反映广度。因此，我们重点关注 OFDI 对中国在全球生产网络中关联强度的影响。同第二章一样，这里借助 DVX 网络和 PVT 网络进行分析。中国在 DVX 网络的入强度是中国的进口中来自伙伴国的增加值比重，体现了中国和伙伴国之间的后向增加值关联强度；中国在 DVX 网络的出强度是中国的出口中，由国内创造的增加值，反映了中国和伙伴国之间的前向增加值关联强度。与此类似，中国在 PVT 网络的入(出)强度表示中国的进(出)口中含有国外成分，可衡量中国的后(前)向跨境生产关联强度。接下来利用计量模型考察中国 OFDI 对关联强度的影响。

$$Y_{kt} = \alpha_0 + \alpha_1\, \text{OFDI}_{kt} + \alpha_2\, X_{kt} + u_k + v_t + \varepsilon_{kt} \tag{5-9}$$

其中，k 代表经济体，t 代表年份，u_k 是个体固定效应，v_t 是时间固定效应，ε_{kt} 是扰动项。式(5-9)中的变量归为三类，一是被解释变量(Y_{kt})，表示中国在全球生产网络中的关联强度，数据基于 OECD-ICIO 表(2021 年版)测得。二是核心解释变量(OFDI_{kt})，表示中国对不同经济体的对外直接投资流量，来源于《中国对外直接投资统计公报》。三是控制变量(X_{kt})，包括中国的经济发展水平(GDP1)、东道国的经济发展水平(GDP2)，均采用人均 GDP 来衡量；东道国的开放程度(Open)，采用东道国进出口总额在 GDP 中的占比来表示；中国和东道国的距离(Dist)，采用首都之间的距离来表示。控制变量的数据来源于世界银行和 CEPII。此外，这里选择 48 个经济体作为样本，①并且考虑到数据的可获得性，将样本区间设为 2010—2018 年。

表 5-7 列示了 OFDI 对中国在全球生产网络中关联强度的影响。前两列是 DVX 网络，估计结果显示，开展对外直接投资对中国在 DVX 网络的前向增加值关联强度和后向增加值关联强度均有显著的正效应。中国对东道国的 OFDI 每增加 1000 亿美元，中国的前向增加值关联强度将提升 0.078‰，中国的后向增加值关联强度提升 0.076‰。后两列是 PVT 网络，OFDI 的系数均显著为正，说明 OFDI 可增强中国在 PVT 网络的前向跨境生产关联强度和后向跨境生产关联强度。OFDI 增加 1000 亿美元，中国的前向跨境生产关联强度将提高 0.129‰，后向跨境生产关联强度提高 0.253‰。

表 5-7　　　　　　　　　中国 OFDI 与全球生产网络中的关联强度

	（1） DVX_F	（2） DVX_B	（3） PVT_F	（4） PVT_B
OFDI	0.0078 ***	0.0076 *	0.0129 ***	0.0253 ***
	（3.19）	（1.67）	（3.31）	（2.59）
GDP1	−0.0017	−0.0032	−0.0018	−0.0017
	（−1.58）	（−1.31）	（−1.57）	（−1.06）
GDP2	0.0020 ***	0.0036 ***	0.0019 ***	0.0012 *
	（3.90）	（3.78）	（3.67）	（1.95）
Open	0.0026	0.0043 **	0.0030	0.0192 ***
	（1.39）	（2.02）	（1.49）	（3.32）

① 由于强度是根据多值矩阵计算而得，所以，对于和中国联系极少（低于行和的 1‰）的经济体，中国与其之间的关联强度经阈值处理后被设为 0。这一处理和数据的单侧截尾类似，可避免极端值对回归结果的影响。经过处理，最终选择 48 个经济体作为样本，分别是澳大利亚、奥地利、比利时、加拿大、智利、哥伦比亚、捷克、丹麦、芬兰、法国、德国、希腊、匈牙利、爱尔兰、以色列、意大利、日本、韩国、墨西哥、荷兰、新西兰、挪威、波兰、斯洛伐克、西班牙、瑞典、瑞士、土耳其、英国、美国、阿根廷、巴西、柬埔寨、印度、印度尼西亚、中国香港、哈萨克斯坦、马来西亚、摩洛哥、秘鲁、菲律宾、罗马尼亚、俄罗斯、沙特阿拉伯、新加坡、南非、泰国、越南。

续表

	(1) DVX_F	(2) DVX_B	(3) PVT_F	(4) PVT_B
Dist	−0.0021 (−0.41)	0.0534 *** (6.35)	−0.0017 (−0.33)	0.0196 * (1.65)
Cons	1.6017 *** (4.41)	−0.8619 * (−1.93)	1.5975 *** (4.27)	−0.4388 (−0.42)
个体效应	是	是	是	是
时间效应	是	是	是	是
N	432	432	432	432
R^2	0.9759	0.9949	0.9802	0.9941

注:(1) * 、** 、*** 分别表示 10%、5%、1%的显著性水平,括号内为使用聚类稳健标准误得到的 t 值,下同。

(2)DVX_F 和 DVX_B 分别表示中国在 DVX 网络的前向增加值关联和后向增加值关联。PVT_F 和 PVT_B 分别表示中国在 PVT 网络的前向跨境生产关联和后向跨境生产关联。

观察控制变量的系数发现,中国的经济发展水平对中国的双边强度有负作用,但不显著。东道国的经济发展水平和对外开放程度的系数均为正,符合预期。中国和东道国的地理距离对后向增加值关联有正效应,这与中国增加值关联的地理分布结构有关。以距离中国最近的 10 个经济体为例,2018 年中国对这些经济体的前向增加值关联强度占中国总的前向增加值关联强度的 27.9%,后向增加值关联强度占据 33.0%。上述对比表明,对距离中国较远的经济体,中国的后向增加值关联强度有更大的提升空间。地理距离对跨境生产关联强度的影响与此类似。

总体而言,中国开展对外直接投资,对中国在全球生产网络的关联强度有促进作用。具体表现为,既拉高了中国在 DVX 网络的前向增加值关联和后向增加值关联,又提升了中国在 PVT 网络的前向跨境生产关联和后向跨境生产关联。

2. 中国 OFDI 在全球价值链中的嵌入度及位置

嵌入度反映了中国的生产活动在多大程度上和国际分工相关,嵌入位置反映了中国在全球价值链所处的上下游位置。同时，嵌入度可分为前向嵌入度和后向嵌入度。前者指生产主体作为供给方嵌入全球价值链，可衡量主动参与全球价值链的份额；后者指生产主体作为需求方使用来自上游的投入，这种嵌入方式易受到上游供应商的影响，可衡量被动参与全球价值链的份额。基于此，从部门层面考察 OFDI 对嵌入度和嵌入位置的影响，以揭示中国 OFDI 和嵌入全球价值链的关系。

为了考察 OFDI 对嵌入全球价值链的效应，用到的基础数据包括部门层面的 OFDI 和世界投入产出表。综合考虑数据的可得性与时效性，最终选择样本区间为 2005—2018 年，并利用 OECD-ICIO 表(2021 年版)测度中国在全球价值链的嵌入度与嵌入位置。由于 ICIO 表采用国际行业分类标准(ISIC Rev. 4)，而国内各数据库采用国民经济行业分类标准，将两者匹配之后，选定 24 个部门作为样本。[①]据此设定如下模型：

$$Z_{mt} = \alpha_0 + \alpha_1\, \mathrm{OFDI}_{mt} + \alpha_2\, X_{mt} + u_m + v_t + \varepsilon_{mt} \qquad (5\text{-}10)$$

式中，m 代表部门，t 代表年份，u_m 是个体固定效应，v_t 是时间固定效应，ε_{mt} 是扰动项。式(5-10)中的变量归为三类，一是被解释变量(Z_{mt})，表示中国在全球价值链中的嵌入度和嵌入位置，利用 OECD-ICIO 表(2021 年版)测得。二是核心解释变量(OFDI_{mt})，表示中国各部门的对外直接投资。由于 OFDI 和嵌入度、嵌入位置的数量级相差较大，这里采用对外直接投资流量占部门总产出的份额来表示，数据来源于《中国对外直接投资统计公报》，缺失数据借鉴黄凌云等(2018)的方法处理。三是控制变量(K_{mt})，包括部门规模(Size)，采用部门总产出来表示；技术水平(Tech)，采用总产出和从业人员数之比来表示，从业人员数利用王恕立和胡宗彪(2012)的方法获得；创新能力(Inov)，采用科研与研发机构的 R&D 经费内部支出来衡量；进口中间品投入(Input)，以及对外开放程度

---

① 近年来初级部门 OFDI 占比较低，不予考虑，选定的样本含 15 个制造业部门和 9 个服务业部门。制造业部门有食品、饮料和烟草，纺织业，木材加工制造业，纸制品和印刷，焦炭和精炼石油产品，化学及医药制品，橡胶和塑料，非金属矿物制品，基本金属，金属制品，计算机、电子、光学产品，电器设备，未另分类的机械和设备，交通运输设备，其他制造业；服务业部门有批发和零售，交通运输、仓储及邮政业，信息传输、软件和信息技术服务业，金融业，其他商务服务，水利、环境和公共设施管理，教育，卫生、社会保障和社会福利业，文化、体育、娱乐和其他服务业。

（Open），用总出口来代表。控制变量数据来自 OECD-ICIO 表（2021 年版）、《中国统计年鉴》《中国劳动统计年鉴》与《中国科技统计年鉴》。

　　OFDI 对中国嵌入全球价值链程度的影响如表 5-8 所示。前两列是利用式（5-10）估计的结果，对外直接投资仅对中国的前向嵌入度有显著正效应，对后向嵌入度的影响不显著。OFDI 每增加 1%，将拉动前向嵌入度提高 0.425%。从第一列的控制变量系数来看，部门规模和创新能力对前向嵌入度有负面影响，但并不显著；技术水平对前向嵌入度有显著的削弱效应，可能是由于各部门的技术改进非同步进行，技术差距减弱了部门间的供需关系，进而对嵌入度产生负面影响；进口中间品投入和对外开放程度的符号均为正，与预期相符。此外，第三列和第四列利用对外直接投资流量的对数化结果代替 OFDI，最后两列对 OFDI 和嵌入度进行 1% 和 99% 的双侧缩尾，得到的估计结果均支持上述结论，开展对外直接投资显著提升了中国在全球价值链中的前向嵌入度，有利于中国主动参与全球价值链。

表 5-8　　　　　　　　　　**中国 OFDI 对全球价值链嵌入度的影响**

	（1）前向	（2）后向	（3）前向	（4）后向	（5）前向	（6）后向
OFDI	0.4250** (2.01)	0.1124 (0.48)				
lnOFDI			0.6939*** (4.96)	0.1320 (1.53)		
OFDI_w					0.4997** (2.04)	0.1231 (0.47)
Size	−0.8495 (−0.62)	−3.5949** (−2.49)	−2.0079 (−1.64)	−3.7944*** (−2.66)	−0.8807 (−0.65)	−3.4235** (−2.56)
Tech	−2.3134*** (−3.38)	1.4450*** (3.52)	−2.0532*** (−3.28)	1.4824*** (3.70)	−2.4315*** (−3.70)	1.4634*** (3.57)
Inov	−0.0036 (−0.07)	−0.0170 (−0.25)	−0.0107 (−0.21)	−0.0185 (−0.28)	0.0034 (0.07)	−0.0201 (−0.35)

续表

	（1） 前向	（2） 后向	（3） 前向	（4） 后向	（5） 前向	（6） 后向
Input	1.3002 * (1.66)	6.6702 *** (9.11)	1.7697 ** (2.33)	6.7453 *** (9.37)	1.3405 * (1.70)	6.3844 *** (9.86)
Open	0.3990 (0.58)	0.0550 (0.16)	0.7284 (1.15)	0.1200 (0.35)	0.3703 (0.55)	−0.0589 (−0.21)
Cons	26.8578 (1.26)	−20.7779 (−1.57)	28.3687 (1.50)	−20.5190 (−1.60)	28.2051 (1.34)	−19.2316 (−1.52)
个体效应	是	是	是	是	是	是
时间效应	是	是	是	是	是	是
N	336	336	336	336	336	336
R^2	0.9535	0.9785	0.9587	0.9787	0.9547	0.9812

表 5-9 列示了 OFDI 对中国嵌入全球价值链位置的影响。考虑到 OFDI 一方面可通过逆向技术溢出提升母国在全球价值链的嵌入位置，另一方面会加剧国际市场的竞争程度，阻碍母国位置的攀升。这意味着 OFDI 和嵌入位置可能具有非线性关系，因此，我们在式(5-10)中加入 OFDI 的平方项，以观察其间的影响。表5-9 第一列显示，OFDI 系数显著为正，平方项系数显著为负，说明 OFDI 和嵌入位置之间存在倒"U"形关系，且 OFDI 对嵌入位置的影响是递减的。[①] 同时，根据系数可判别拐点为 3.0811%，当超过这一拐点时，OFDI 对嵌入位置的作用由正效应转为负效应。需注意的是，结合当前中国各部门的 OFDI 数据，绝大多数部门还未达到拐点，仍处于促进效应阶段，可通过扩大对外直接投资来提高在全球生产网络中的嵌入位置。表中第二列是对被解释变量进行 1% 和 99% 双侧缩尾的回归结果，第三列是对被解释变量和核心解释变量都进行 1% 和 99% 双侧缩尾的结果，可以看出，OFDI 及平方项的系数依然显著，同前述结论一致。

---

① OFDI 和平方项的系数表明，OFDI 对嵌入位置的影响为 0.0228−2×0.0037OFDI，所以，二者之间的影响是递减的。

表 5-9   中国 OFDI 对全球价值链嵌入位置的影响

	（1） 嵌入位置	（2） 嵌入位置	（3） 嵌入位置
OFDI	0.0228**	0.0211**	0.0238**
	（2.20）	（2.09）	（2.16）
OFDI×OFDI	−0.0036**	−0.0035**	−0.0051**
	（−2.25）	（−2.16）	（−2.32）
Size	−0.0032	−0.0018	−0.0015
	（−0.11）	（−0.07）	（−0.06）
Tech	0.0061	0.0050	0.0047
	（0.47）	（0.38）	（0.36）
Inov	−0.0027	−0.0020	−0.0020
	（−1.45）	（−1.22）	（−1.22）
Input	0.0688***	0.0633***	0.0630***
	（4.12）	（4.18）	（4.17）
Open	−0.0615***	−0.0609***	−0.0610***
	（−6.81）	（−6.84）	（−6.85）
Cons	0.9663***	1.0001***	1.0043***
	（2.94）	（3.46）	（3.48）
个体效应	是	是	是
时间效应	是	是	是
N	336	336	336
R^2	0.9803	0.9823	0.9823

综合上述分析，中国开展 OFDI 有助于中国嵌入全球价值链。不仅显著提高了在全球价值链的前向嵌入度，提升了主动参与国际分工的份额，而且改善了在全球价值链中的嵌入位置。然而，OFDI 对嵌入位置的影响存在拐点，说明不能

一味地提高对外直接投资份额，还应通过技术升级、产业结构调整、数智化等多条路径，实现高质量嵌入全球价值链。

第四节　本 章 小 结

本章对中国双向 FDI 的演变态势进行了分析，详细研究了中国不同贸易方式参与全球生产网络的程度、方向、长度和位置的变化，并就中国与墨西哥进行了比较分析。对中国 OFDI 与中国嵌入全球生产网络的相关性进行了回归检验，研究的基本结论报告如下：

1. 中国的 IFDI 在 21 世纪头 10 年快速增长，现进入缓速增长、提升质量的新时期。IFDI 在欧洲、美洲和亚大区域的分布格局无明显变化，亚大区域在中国 IFDI 中占主体地位，在各大区域均集中于少数几个主要经济体，中国大陆的 IFDI 来自中国香港的占比高达 49%。制造业引进外资占比一度超过 50%，化学和化学产品部门、计算机设备部门、未另分类的机械和设备部门是 IFDI 的主要部门。最近 10 年，服务业 IFDI 增长迅速，特别是生产性服务部门是外资进入的重点部门，并不断拉大和制造业的差距。

2. 利用 OECD-ICIOMNE 表（2019 年版）的数据测算和分析，市场寻求型 IFDI 在来华外资中占重要地位，跨国公司在中国进行海外投资主要是为了满足中国本地需求；成本驱动型 IFDI 在制造业，尤其是技术密集型部门中表现较突出。

3. 随着 FDI 大规模涌入，中国内外资企业的生产关联均逐渐提升，内资企业的生产关联强于外资企业。在初级部门、资本密集型部门和生产性服务部门，内外资企业的前向生产关联较高，劳动密集型部门、技术密集型部门与生活性服务部门的后向生产关联更强，这些部门倾向同上游建立生产联系。多数部门的外资企业偏向同中国当地的本土企业建立后向联系，属地后向关联占主要地位；就技术密集型部门而言，外资企业的属地交互关联占主体地位。

4. 根据不同贸易方式的特性，我们对 Wang et al.（2018）的增加值核算方式进行了改进，以适用于分析一般贸易和加工贸易的增加值分解以及这两种贸易方式之间的生产关联。一般贸易出口中来自一般贸易的 DVX 占到 90%，加工贸易向一般贸易间接传递的国内增加值极少。而加工贸易由于转运了大量来自本国一般贸易的增加值，出口中的国内增加值明显高于来自国外的成分，在供给侧过度依赖国际市场的形势已得到改善。资本密集型部门和技术密集型部门对加工贸易出口比重超过 80%，但 PVT 占比仍较高，因此，提升中高技术部门加工贸易出口中的国内增加值率是中国加工贸易转型升级的重点方向。

5. 中国与墨西哥相比，两国的一般贸易基本类似，加工贸易则存在一定差异。墨西哥加工贸易对国外投入仍有较强依赖，高技术部门加工贸易出口与中国相当，但 PVT 占比超过 50%，相比中国要高。近 20 年，美国都是中国和墨西哥加工贸易最终品的最大出口市场，出口产品结构和复杂度均在提升，中国在美国市场份额中已显著超过墨西哥。除此之外，中国加工贸易最终品出口在亚大区域占比较高，而墨西哥一般贸易和加工贸易均主要集中在北美地区，在区域外所占份额极少。从 GVC 生产长度和位置比较，中国和墨西哥的一般贸易在全球生产网络中的分工复杂程度要高于加工贸易，且多数部门的后向 GVC 生产长度较长。中国加工贸易处于比一般贸易更下游的位置，而墨西哥加工贸易处于比一般贸易更上游的位置。

6. 近 20 年，中国 OFDI 增速快，年流量规模已与 IFDI 并驾齐驱，OFDI 和 IFDI 年均流量位居全球第二，发展经济体中排列第一。服务业部门已占据中国 OFDI 的主要份额，其次是初级行业和制造业。服务业中生产性服务业 OFDI 占比较大，各年份均超过 90%。初级行业的 OFDI 主要由采矿业拉动。技术密集型部门在制造业 OFDI 中位居前列，是制造业对外投资的重要参与者，而资本密集型部门和劳动密集型部门的 OFDI 明显低于技术密集型部门。在区域分布上，中国 OFDI 在亚大区域最多，在欧洲和美洲区域主要流向卢森堡、荷兰、美国、加拿大等经济体。

7. 通过中国 OFDI 与全球生产网络中关联广度和强度、嵌入度、地理距离、东道国经济发展水平和开放程度、技术水平等变量之间的计量回归分析，可以发现中国 OFDI 对中国在全球价值链的关联强度有促进作用，既拉高了中国在 DVX

网络的前向增加值关联和后向增加值关联，又提升了中国在 PVT 网络的前向跨境生产关联和后向跨境生产关联，并且显著提高了在全球价值链的前向嵌入度，改善了在全球价值链中的嵌入位置。然而，OFDI 对嵌入位置的影响存在拐点，说明不能一味地提高对外直接投资份额，还应通过技术升级、产业结构调整、数智化等多条路径，实现高质量嵌入全球价值链。

第六章 中国嵌入全球生产网络与产业升级

产业升级是一国经济社会进步的基本目标之一。经济理论对产业升级有着相当广泛和深入的研究，虽然在产业升级的范畴、实现方式、识别等方面存在差异，但对技术进步作为产业升级的基础和核心，已达成广泛的共识。产业升级还体现为产业结构升级，随着经济社会发展，三大产业的产值占国民经济的比重呈现着"倒三角"演进趋势（库兹涅茨，1941），这也成为理论和实践上识别产业升级的重要指标。20 世纪 90 年代以来，快速发展的全球价值链分工，促成很多经济体通过嵌入全球生产网络推动自身的产业升级。在全球价值链理论框架内，产业升级也被视为价值链升级（Gereffi，1998，2005；Poon，2004）。这一章我们基于全球化生产视角，从出口产品的技术升级、产业结构升级、制造业升级三个方面研究中国嵌入全球生产网络与产业升级问题。

第一节 中国出口产品的技术升级

以技术进步提高各个产业生产率和产品复杂度或技术含量，是推动一国产业升级的重要途径。对生产率和产品复杂度或技术含量的相关研究，多数基于经济体内部和产品贸易角度，取得了相当丰富的研究成果。倪红福（2017）提出了考虑全球生产工序分工情形下出口产品的技术含量的测量方法，这对产品技术含量的研究是一个有价值的推进。王振国等（2022）采用这一方法，研究了内外资企业对中国出口产品技术含量的贡献。这里我们借鉴倪红福（2017）的方法，通过测量生产工序分工下产品技术含量及其指数来反映中国嵌入全球生产网络所实现的产业的技术升级。

一、产品的技术含量测量方法概述

生产工序分工下产品的技术含量分为全部技术含量、国内技术含量及其指数、国外技术含量及其指数。[①]

1. 全部技术含量

假设部门-产品的全部技术含量是由生产特定产品所消耗的中间投入品和最后生产工序的技术含量的加权和，权重分别为中间投入品价值和最后生产工序增加值占总产出的比重。

$$GT_i^c = \sum_{m, j(m \neq c, j \neq i)} a_{ji}^{mc} GT_j^m + \sum_{j(j \neq i)} a_{ji}^{cc} GT_j^c + a_{ii}^{cc} GT_i^c + vt_i^c \cdot TSI_i^c \tag{6-1}$$

式中，GT_i^c 为 c 国 i 部门单位产出的全部技术含量；a_{ji}^{mc} 为直接消耗系数，是 c 国 i 部门生产一单位产出需要直接消耗 m 国 j 部门的产出量；vt_i^c 为 c 国 i 部门的增加值率，即本部门增加值除以本部门总产出；$TSI_i^c = \dfrac{va_i^c}{L_i^c}$，为 c 国 i 部门产品的劳动生产率，也即最后生产工序的技术含量，由 c 国 i 部门的增加值（VA_i^c）除以本部门的就业人数（L_i^c）而得。

写成矩阵形式，

$$GT' = (VT\#TSI)' \cdot B = (VTSI)' \cdot B \tag{6-2}$$

式中，$VTSI = (VT\#TS1) \cdot B = (VTSI)' \cdot B$，#表示对应元素相乘；$B = (I - A)^{-1}$ 为里昂惕夫逆矩阵；$VTSI$ 表示最后生产工序中的技术含量列向量。

2. 国内（外）技术含量及其指数

国内技术含量：

$$DT_i^c = \sum_j vtsi_j^c \cdot b_{ji}^{cc} \tag{6-3}$$

式中，$vtsi$ 表示 $VTSI$ 列向量的分量。

国内技术含量指数：

$$DTI_i^c = \frac{DT_i^c}{GT_i^c} \tag{6-4}$$

---

① 这里仅对生产工序分工下产品的技术含量的测量方法进行概述，具体研究思路和推导详见倪红福. 中国出口技术含量动态变迁及国际比较. 经济研究，2017（1）：47-49.

由于全部技术含量是由国内技术含量和国外技术含量构成，故国外技术含量及其指数可写成：

$$FT_i^c = GT_i^c - DT_i^c \qquad (6\text{-}5)$$

$$FTI_i^c = \frac{FT_i^c}{GT_i^c} \qquad (6\text{-}6)$$

在倪红福(2017)和王振国等(2022)所做的实证分析中，测量的是出口产品技术含量。从上述测量方法上看，由于隐含假设出口品和国内品在投入产出的技术系数，以及就业系数是一致的，因此在特定部门或产品层面上，出口品和国内品的3种技术含量及其指数也是对应相等的。但是，考虑出口品的意义在于：其一，在国民经济核算理论中，一般将出口记在一国的最终使用中，也即无论出口品是中间品还是最终品，均被视为最终品，由此也就可以明确地将出口品在国内生产的最后一个环节作为最后工序，这对于计算 TSI 是至关重要的，也更加符合全球价值链理论逻辑。其二，测量出口品的技术含量，有利于从国际竞争角度来看待一国产业升级。这也为将技术含量指标与其他国际竞争指标相结合提供了基础。当然，现实中劳动生产率相对偏低的发展中经济体，为了提升国际竞争力对出口品生产可能会采取不同于内销品的生产线和技术水平，从而出口品和内销品的技术系数并不相同。国内外学者早已关注这一现象，并通过区分一般贸易和加工贸易来进行研究。显然要从国家-部门或全球的整体层面来将出口品和内销品的技术含量分开测量，遇到的最大难点是数据的获取，但已有的相关研究也为全球价值链分工下产品技术含量的研究提供了进一步改进和拓展的思路。

这里，我们仍然沿用倪红福(2017)和王振国等(2022)的做法，测量一国出口品的技术含量及其指数，具体公式为：

$$DTI^m = \frac{DT^m}{GT^m} = \frac{\sum_i w_i^m \cdot DT_i^m}{\sum_i w_i^m \cdot GT_i^m} \qquad (6\text{-}7)$$

$$FTI^m = \frac{FT^m}{GT^m} = \frac{\sum_i w_i^m \cdot FT_i^m}{\sum_i w_i^m \cdot GT_i^m} \qquad (6\text{-}8)$$

式(6-7)和式(6-8)定义了一国整体出口产品的国内技术含量指数和国外技术

含量及其指数,数值范围在(0,1)。w_i^m 为部门产品的出口比重(部门出口/总出口)。

二、中国出口产品的技术含量及其指数

根据上述方法,我们采用经发组织(OECD)、国际劳工组织(ILO)数据库中的跨国投入产出表(OECD-ICIO,2018 年版)、各经济体就业数据等,经整理和匹配后测算了 2005 年、2010 年和 2015 年中国分部门出口产品的技术含量指数(DTI),[①]结果报告在表 6-1 中。

表 6-1　　　　　　　　中国出口产品的国内技术含量指数(DTI)

部门 类型	部门 编码	2005 年 DTI	2010 年 DTI	2015 年 DTI	2010 年比 2005 年 增长(%)	2015 年比 2005 年 增长(%)	2015 年比 2010 年 增长(%)
劳动密集型	A01T03	0.06	0.10	0.27	66.67	350.00	170.00
	C10T12	0.14	0.20	0.39	42.86	178.57	95.00
	C13T15	0.06	0.10	0.26	66.67	333.33	160.00
	C16	0.09	0.13	0.27	44.44	200.00	107.69
	C31T33	0.08	0.14	0.30	75.00	275.00	114.29
资本密集型	B05T06	0.12	0.14	0.34	16.67	183.33	142.86
	B07T08	0.12	0.14	0.30	16.67	150.00	114.29
	B09	0.04	0.06	0.24	50.00	500.00	300.00
	C17T18	0.07	0.13	0.31	85.71	342.86	138.46
	C19	0.03	0.03	0.12	0.00	300.00	300.00
	C22	0.05	0.08	0.18	60.00	260.00	125.00
	C23	0.07	0.09	0.27	28.57	285.71	200.00

---

①　由于 OECD.Stata 公布的就业等相关数据,与 OECD-ICIO(2018 年版)的经济体-部门划分相对应,而 ILO 公布的全球就业数据中,多数发展中经济体的数据在近十几年相对完整。为确保各个数据库及指标之间匹配的有效性,故我们采用 OECD-ICIO(2018 年版)进行测算和分析,该版本的 ICIO 表共有 65 个经济体、36 个部门,覆盖 2005—2015 年。

续表

部门类型	部门编码	2005 年 DTI	2010 年 DTI	2015 年 DTI	2010 年比 2005 年 增长(%)	2015 年比 2005 年 增长(%)	2015 年比 2010 年 增长(%)
资本密集型	C24	0.07	0.08	0.25	14.29	257.14	212.50
	C25	0.06	0.09	0.26	50.00	333.33	188.89
	D_E35T39	0.05	0.04	0.21	−20.00	320.00	425.00
	F41T43	0.07	0.01	0.26	−0.86	2.71	25.00
技术密集型	C20T21	0.05	0.06	0.19	20.00	280.00	216.67
	C26	0.04	0.07	0.13	75.00	225.00	85.71
	C27	0.06	0.09	0.21	50.00	250.00	133.33
	C28	0.07	0.11	0.27	57.14	285.71	145.45
	C29	0.09	0.11	0.24	22.22	166.67	118.18
	C30	0.07	0.10	0.26	42.86	271.43	160.00
生产性服务	S45T47	0.17	0.45	0.60	164.71	252.94	33.33
	S49T53	0.07	0.09	0.27	28.57	285.71	200.00
	S61	0.46	0.47	0.67	2.17	45.65	42.55
	S62T63	0.17	0.24	0.35	41.18	105.88	45.83
	S64T66	0.22	0.49	0.88	122.73	300.00	79.59
	S69T82	0.14	0.22	0.51	57.14	264.29	131.82
生活性服务	S55T56	0.17	0.28	0.45	64.71	164.71	60.71
	S58T60	0.14	0.19	0.41	35.71	192.86	115.79
	S68	0.45	0.68	0.84	51.11	86.67	23.53
	S84	0.09	0.14	0.37	55.56	311.11	164.29
	S85	0.1	0.13	0.39	30.00	290.00	200.00
	S86T88	0.08	0.11	0.30	37.50	275.00	172.73
	S90T96	0.14	0.17	0.45	21.43	221.43	164.71
全国均值		0.11	0.17	0.34	54.45	209.09	100

注：(1)家庭雇佣活动(S97_98)因数据缺失或异常，未包括在内。

(2)部门类型划分标准与第三章基本一致，此外，农林渔部门(A01T03)归入劳动密集型，矿业部门(B05~B09)、建筑业(F41T43)归入资本密集型。

　　在整体上，中国各部门出口产品的国内技术含量指数(DTI)在 2005 年、2010 年和 2015 年中是不断上升的，2010 年比 2005 年 DTI 略有提升，而 2015 年相比 2005 年和 2010 年绝大多数部门有了大幅上升(见表 6-1)。DTI 的全国平均值，2010 年相比 2005 年仅增加 0.06，而 2015 年比 2010 年增加了 0.17。这反映了中国嵌入全球生产网络有助于提高产品的国内技术水平，并且经过积累和发展，近年来已逐渐步入快速提升阶段。分部门看，服务业各部门的 DTI 普遍较高，这与服务业的特性相关。其他的 21 个部门中，矿业和能源(B05T06)、矿业和采石(B07T08)，食品、饮料和烟草(C10T12)，焦炭和精炼石油(C17T18)，其他制造业(C31T33)5 个部门的 2015 年 DTI 高于 0.30，8 个部门的 DTI 在 0.25~0.30，另 8 个部门的 DTI 小于 0.25。尽管后 16 个部门的 DTI 相对较低，但 2015 年相比 2005 年的 DTI 增长率却要高于前 5 个部门，均增长了 2~3 倍，体现了中国原先技术相对落后的部门正在快速提升国内技术水平。

　　结合图 6-1 可以看到，第一、二产业中的劳动密集型部门 DTI 在各个年份中都要高于资本密集型部门和技术密集型部门，而资本密集型部门 2015 年相比 2005 年和 2010 年，DTI 增长速度最快，其次是劳动密集型部门，技术密集型部门的增速最慢。技术密集型部门的 DTI 也相对偏低，意味着这些部门对技术含量高的国外中间投入仍有较大依赖，本国处于生产的低端环节，国内技术进步还有较大的提升空间。服务业中，生产性服务部门的 DTI 一直高于生活性服务部门，但后者的 DTI 增长率略高于前者。生产性服务部门的国内技术水平提高更直接地促进了第一、二产业出口品质量提升和国际竞争力的增强，生活性服务部门的国内技术水平提高则主要反映国内消费市场需求层次的提升。

　　总之，中国在融入全球生产网络过程中，不断追求技术进步，产品的国内技术含量得到上升。这既是中国产业升级的核心和基础，也是产业升级的重要标志。相对而言，劳动密集型部门、资本密集型部门和服务部门产品的国内技术含量指数提升速度较快，技术密集型部门产品的国内技术含量指数仍然偏低。技术密集型部门本身的技术进步对产业升级有着至关重要的作用，因而中国需要进一步推动该类部门的技术进步，更好地实现产业现代化和产业升级的目标。

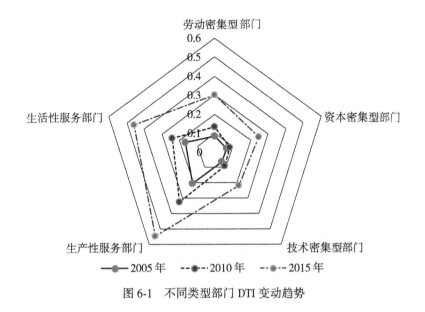

图 6-1 不同类型部门 DTI 变动趋势

第二节 中国产业结构升级

一、中国产业结构升级：基于三大产业结构的变动

三大产业增加值占一国总增加值（GDP）的比重，是衡量产业结构升级的一项重要指标。产业结构升级演进的方向是，第一产业占比快速下降，第二产业占比缓慢下降，第三产业占比则呈不断上升趋势。图 6-2 绘制了 1995—2022 年中国三大产业增加值占比变动趋势图，从中可以看到，第一产业占比自 1995 年以来持续下降，2009 年之后降至 10%以下，2022 年仅占 7.3%。第二产业是中国在实施工业化战略进程中重点发展的支柱产业，现已建成世界上最完整的工业体系。在中国三大产业结构中，第二产业占比在 2012 年之前一直稳定在 45%左右，之后略有下降，至 2022 年降到 39.9%。第三产业自 1995 年以后处于稳步上升态势，2013 年第三产业占比（45.46%）首次超过第二产业占比（45.42%），居三大产业

占比之首，2015 年第三产业占比超过 50%，2020 年达到峰值(54.50%)。由此可见，中国产业结构正在不断升级。

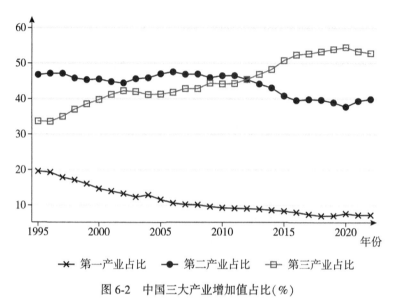

图 6-2　中国三大产业增加值占比(%)

数据来源：《中国统计年鉴》(历年)。

　　理论研究通常认为，一国产业结构升级不仅体现为三大产业占比结构上的变化，更重要的是通过要素在产业间的配置达到更高生产效率的调整过程。生产效率越高的产业在经济中所占份额越高，产业结构就处于升级态势(Chenery et al.，1986；刘伟等，2008)。结合第一节测算的中国出口产品国内技术含量指数(DTI)，我们分析了 2005 年、2010 年和 2015 年三大产业增加值占比与 DTI 之间的相关性，发现两者的皮尔逊相关系数依次为 0.045、0.290 和 0.491。尽管相关性并不是很强，但逐年有较大增幅，2015 年接近中等程度相关，表明中国产业结构变动同时，产业间要素配置效率也在不断改善，产业结构升级趋势向好。

二、中国产业结构升级：基于数字部门的变化

　　人类历史上每一次大的技术革命都驱动着新一轮的产业调整和升级。近几十年，新一代信息和通信技术(ICT)催生数字经济的快速发展，并对传统经济进行

渗透补充和转型升级，重塑全球经济图景(阿里研究院，2018)。ICT 对产业带来的变革是"数字产业化"和"产业数字化"。前者是生产数字技术产品或提供数字技术服务的部门形成规模化，并作为新兴产业加以推动。后者是 ICT 对传统部门以及生产、消费等各种经济活动的渗透，通过"替代性"和"协同性"的技术—经济特征参与价值创造，塑造新的生产和消费模式(蔡跃洲等，2021)。

"数字产业化"是 ICT 驱动产业调整和升级的核心和基础，这里我们主要以此来反映中国产业结构升级趋势。①数字经济无论是在理论界还是在统计界仍是一个新议题，产业划分和统计多是在现有的产业分类标准上进行分解，口径也不尽相同。2021 年，国家统计局发布了《数字经济及其核心产业统计分类(2021)》，该文件基于《国民经济行业分类》(GB/T 4754—2017)同质性原则，对国民经济行业分类中符合数字经济产业特征的和以提供数字产品(货物或服务)为目的的相关行业类别活动进行再分类，共分为：01 数字产品制造业、02 数字产品服务业、03 数字技术应用业、04 数字要素驱动业、05 数字化效率提升业等 5 个大类，其中 01~04 为数字经济核心产业。为便于产业结构分析，我们参照蔡跃洲等学者(2021)的处理方法，将第 01 类称为数字产品制造业(简称 ICT 制造业)，将第 02~04 类统称为数字产品服务业(简称 ICT 服务业)。ICT 制造业主要包括计算机、电子、光学行业及相关细分部门；ICT 服务业主要包括电信、IT 和其他信息服务、出版、音像和广播行业及相关细分部门。利用《中国电子信息产业统计年鉴》、国家工业和信息化部、国家统计局等统计数据，测算了 1995—2018 年中国 ICT 制造业、ICT 服务业增加值环比增长率，以及占全部产业 GDP 的比重，结果报告在图 6-3 中。

图 6-3 显示，1995—2018 年，数字产业增长速度总体上要快于 GDP 增长速度，ICT 制造业年均增长率为 17.7%，ICT 服务业年均增长率高达 19.8%，远高于 GDP 的年均增长率 11.4%。分阶段看，数字产业在 2008 年之前得到快速增长，近 10 年，伴随整体经济下行及增长方式转换，ICT 制造业和 ICT 服务业增长

---

① 产业数字化也是产业升级的重要方面。已有文献主要是将互联网使用、机器人使用、人工智能、ICT 资本投入等作为数字化投入来反映产业数字化，这些都是有益的探索，但产业数字化相关理论分析框架以及实证测度方法都有待于深入研究。相对而言，产业数字化研究比数字产业化要复杂得多，难度也更大，故我们暂不分析产业数字化对产业升级的影响。

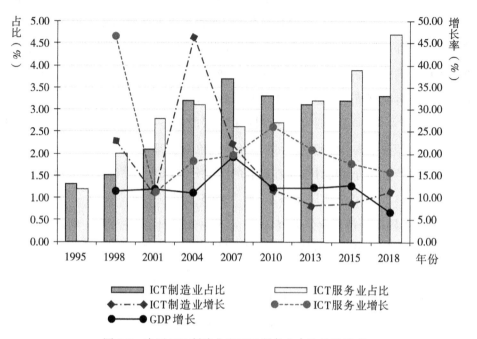

图 6-3　中国 ICT 制造业和 ICT 服务业占比及增长率

注：各部门数据采用当年价格、亿元计算。

都出现回落，但增长速度仍维持在高位。尤其是 ICT 服务业 2007 年以来反超 ICT 制造业，年增长率保持在 15% 以上。与此相对应，数字产业占比也不断上升，2018 年 ICT 制造业和 ICT 服务业占比之和已占 GDP 的 8% 以上。在 21 世纪前 10 年，ICT 制造业占比高于 ICT 服务业，近 10 年，ICT 服务业占比大幅上升，超过 ICT 制造业占比，2018 年占 GDP 的份额达到 4.7%。上述发展趋势表明，数字产业在近 20 年已成为中国经济的新增长点，数字产业的快速发展也为产业数字化奠定了坚实的基础，从而推动着中国产业升级。

第三节　中国制造业升级

制造业是中国参与全球生产网络的先行行业也是主体行业，通过参与全球生产网络，制造业生产能力大幅提升。2007 年以来，中国制造业国内增加值出口占中国国内增加值出口总额的比例一直保持在 80% 左右。在全球生产网络中，2018 年中国制造业国内增加值出口占世界国内增加值出口总额的 20%，是全球三大"制造中心"之一。显然，中国制造业升级以及国际竞争力增强，对中国产业升级，特别是对正处于工业化进程中，建设经济强国的中国更有着至关重要的意义。穆拉特·A. 尤勒克（2021）通过对不同国家工业化的透彻观察，得出的基本结论是：工业化是一个能力建设的过程，需要依靠制造业的长期发展，积累物质财富才能实现。制造业是生产率和创新的"温床"，服务业是就业的"温床"。发达国家工业化之所以成功得益于支持制造业发展的有效政策。[①]可见，制造业的发展对一国产业升级和经济增长的重要性。

本节我们从"比较优势"和"制造业服务化"两个方面对中国制造业升级进行分析。

一、中国制造业比较优势变化

产业国际竞争力可以从不同层面，采用不同指标进行衡量，而其中一项常用的指标是 Balassa（1965）提出的显性比较优势指数（Revealed Comparative Advantage，RCA），又称出口效绩指数。本质上，RCA 指数是通过一国某种产品出口占该国总出口的份额，及世界总出口的份额来显示该国的比较优势大小。其基本依据是若一国某种产品出口占本国总出口的比重大，说明这种产品的生产的机会成本是低的，或者劳动生产率是相对高的；如果这一比重高于世界同种产品总出口占世界总出口的比重，则说明该国在世界上同种产品的总出口中所占的市场份额大，从而比较优势大，获利能力强，也因此体现出一国生产出口产品的产业或企业与其他国家同类产业或企业竞争力(竞争优势)的强弱。

传统的 RCA 指数是基于出口总值进行测算的，而在全球价值链分工和贸易迅速扩大的情形下，以出口总值来测算 RCA 显然难以反映各国比较优势及贸易利得的真实状况。对此，学者们开始采用贸易增加值指标来重新测算和研究比较

---

① 穆拉特·A. 尤勒克（Murat A. Yülek）. 国家如何成功：制造业、贸易、产业政策与经济发展. 孙志燕，译. 北京：清华大学出版社，2021：92-137.

优势(张小蒂和孙景蔚，2006；刘林青和谭力文，2006；K. G. Marshall，2011；B. C. Beaudreau，2013；M. P. Timmer et al.，2013；程大中，2014；戴翔，2015)。M. P. Timmer(2013)认为，贸易增加值数据展现了对一国优势和劣势的更准确地描述。分析分工专业化和竞争优势的标准工具是显性比较优势分析。借鉴已有的研究成果，我们采用国内增加值出口来测算显性比较优势指数(VRCA)，以反映中国制造业各部门在1995年、2007年和2018年3个年份上比较优势的变化(见图6-4)。VRCA测算公式为：

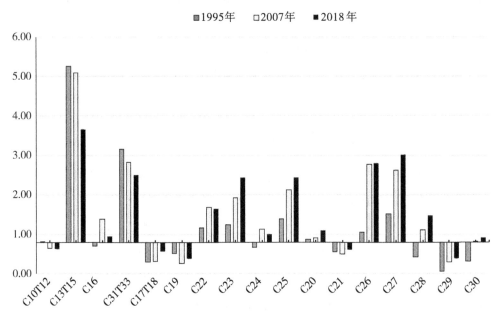

图6-4　中国制造业各部门显性比较优势指数(VRCA)

注：(1)根据 OECD-ICIO(2021 年版)数据计算而得。

(2)纵轴以 0.8 为临界线，条形在 0.80~1.00 的表示具有弱比较优势，小于 0.80 的表示具有比较劣势，大于 1.00 的表示具有强比较优势。

$$VRCA = \frac{VE_j^C / VE^C}{VE_j^W / VE^W} \qquad (6\text{-}9)$$

式中，VE 表示国内增加值出口；上标 C 代表中国，W 代表世界；下标 j 代表部门。

从制造业整体上看，具有强比较优势和弱比较优势的部门数在 1995 年有 8

个，2007 年和 2018 年提高到 12 个，占到制造业所有部门数的 71%；处于比较劣势的部门数由 1995 年的 8 个减少到 2007 年和 2018 年的 5 个，但其 VRCA 值有不同程度上升；另有 4 个部门由比较劣势转化为比较优势。可见，制造业多数部门已具有比较优势，一些部门的比较劣势正在改善，或者发生了逆转。

分类型看，劳动密集型部门依然具有强比较优势。由于近 20 年中国劳动力成本上升以及产业转型升级政策的实施，同时其他发展中经济体参与全球生产网络程度提高等原因，中国的纺织服装（C13T15）、其他制造业（C31T33）虽然仍具有很高的 VRCA 值，但比较优势的强度有所下降，而木材和草编制品（C16）则由比较劣势转化为弱比较优势。资本密集型部门中，橡胶和塑料制品（C22）、其他非金属矿物制品（C23）、金属制品（C25）的比较优势不断增强，基本金属（C24）由比较劣势转化为比较优势。纸制品和印刷（C17T18）、焦炭和精炼石油产品（C19）仍处于比较劣势。技术密集型部门中，计算机、电子、光学产品（C26）、电器设备（C27）、化工和化学制品（C20）具有强比较优势。未另分类的机械和设备（C28）、其他运输设备已由比较劣势转化为比较优势。但医药部门（C21）、汽车部门（C29）仍处于比较劣势。相比较而言，技术密集型部门 VRCA 提升最明显，资本密集型部门次之，反映中国通过参与全球生产网络以及多年实施大力发展资本、技术密集型行业的政策取得较好成效。

结合第一节对各类型部门的国内技术含量指数（DTI）分析，多数资本、技术密集型部门比较劣势发生逆转，与其 DTI 快速提升密切相关。然而，应该清楚地看到，技术密集型部门虽然 DTI 和 VRCA 都有较快提升，但 DTI 尚处于低位，表明在全球生产网络中，中国技术密集型产品生产主要在加工组装环节，关键技术和中间投入品仍依赖进口。据统计，中国的机电产品进口额占货物进口总额的比重在 2007 年、2018 年和 2022 年分别为 52.2%、45.2% 和 38.5%，虽然机电产品进口比重不断下降，但高新技术产品进口占其中的比重却在不断上升，3 个年份的比重分别为 57.5%、69.6% 和 73.1%。集成电路、汽车（包括底盘）是主要进口产品，占到高新技术产品进口的近 50%。①因此，中国技术密集型行业应在生产

---

① 数据来源：根据国家统计局发布的《中华人民共和国国民经济和社会发展统计公报》（历年）相关数据计算而得。

和贸易规模扩张基础上，进一步推进技术水平和生产环节升级，强化国内各行业对技术产品生产的配套能力，使比较优势与技术水平同步提升，实现由"制造大国"迈向"制造强国"的目标。

二、中国"制造业服务化"：基于外源服务投入

20 世纪 80 年代以后，制造业开始显现服务化趋势。在微观层面上，服务化是制造企业的经营战略由产品制造转向"产品—服务"导向的经营理念和体系的建立，以提高价值创造能力，增强竞争优势（Zahir Ahamed et al.，2013）。在宏观层面上，制造业服务化被视为产业关联的一个重要方式，也是一国产业转型升级的途径之一。

学术界对制造业服务化已进行大量研究并且不断深化，经济理论上将价值链分析框架与制造业服务化相融合，从投入服务化和产出服务化两个方面展开分析。投入服务化体现为制造业的服务要素投入比重不断增加，产出服务化是指服务产出在制造业的全部产出中比重上升。需要明确的是，无论是投入服务化还是产出服务化，其主体应是制造企业，而非服务企业。在实际经济活动中，部分制造企业将产品生产环节外包，产品设计、市场营销和品牌维护等成为核心业务，继而主营业务收入主要来自服务活动。如美国的 IBM 公司、中国台湾的宏碁、和泰汽车等著名制造企业，其服务业务都在当地的服务业排名中位居前列（吴敬琏，2006）。诚然，这些制造企业进行了跨界经营，但是否就此归属为服务企业值得推敲。因为，这些企业即便将核心业务转向了服务活动，仍然是围绕其自身实物产品的价值创造而展开的，是从生产产品到为顾客提供包含服务的"价值包"，只是在价值链上进行了环节分工，将生产环节外包，而非以单纯地销售服务产出为经营目标，这是制造业服务化的本质，也是制造企业与服务企业的根本区别。因此，制造企业的投入服务化有两大来源：一是从服务业外购服务作为中间投入，我们称为外源服务投入；二是制造企业自身开展服务活动而形成的中间投入，我们称为内源服务投入。产出服务化是从销售到顾客手中的产品形态或结果而言，也需要结合服务投入进行考察，两者在分析逻辑上并无实质性区别。

对投入服务化，多数研究文献采用投入产出法及相关数据进行测算和分析（如，顾乃华等，2010；刘斌等，2016；许和连等，2017；周念利等，2017；刘

维刚等，2018）。这些成果能够较好地反映制造业细分部门产出中的外源服务投入，但没有考虑制造企业内源服务投入（见图 6-5），显然这不能完整地刻画制造业服务化趋势。本部分我们先基于外源服务投入分析中国制造业服务化，下一部分再分析中国制造业的内源服务投入。

我们采用 OECD-ICIO（2021 年版）数据，测量了 1995 年和 2018 年中国制造业 17 个部门产出的直接消耗系数（A）、完全消耗系数（B），并以 2018 年与 1995 年的差值反映制造业各部门外源服务投入变动趋势（见图 6-5）。

图 6-5 显示，2018 年中国制造业各部门产出中来自服务业的直接消耗系数在 0.11~0.18，17 个部门的均值为 0.13。完全消耗系数在 0.31~0.58，均值为 0.46。2018 年与 1995 年相比，来自国内的服务投入在各部门有升有降，来自国外的服务投入多数部门有所下降，特别是资本密集型部门国内外服务投入都下降较为明显。

分部门可以进一步看到，劳动密集型部门中，食品饮料（C10T12）、纺织服装（C13T15）的外源服务投入相对较高。2018 年相比 1995 年，食品饮料（C10T12）的国内外服务投入都有提高，而纺织服装（C13T15）的国外服务投入有一定程度的减少。其余 2 个部门（C16 和 C31T33）的国内外服务投入都在下降。资本密集型部门的国内服务投入呈现整体下降，来自国外的服务投入除焦炭和精炼石油产品（C19）外，其他部门也在下降。这可能从一个侧面说明中国资本密集型部门虽然主要从事中间品生产，但仍处于低端生产环节，在国内的生产链长度也相对较短。技术密集型部门的外源服务投入程度最高，来自国内服务的直接消耗系数和完全消耗系数都要高于劳动密集型和资本密集型部门。但是，来自国外服务投入下降并不明显，医药化学（C21）、计算机产品（C26）、汽车（C29）不降反增，反映中国的技术密集型制造业部门对国外的服务投入依赖程度并未减弱。

表 6-2 将全球与中国的投入服务化进行了比较。从全球和中国的平均水平变动看，2018 年相比 1995 年，制造业来自服务业的直接消耗系数平均值，全球（WA）和中国（CA）都出现下降，但在这两个年份的 CA 均低于 WA，且差值有所扩大。制造业来自服务业的完全消耗系数平均值，WB 有所上升，CB 有轻微下滑。但 1995 年 CB 高于 WB，主要是中国资本密集型和技术密集型部门高出或持平全球平均水平。到 2018 年 CB 低于 WB，三个类型部门的 CB 均低于全球平均

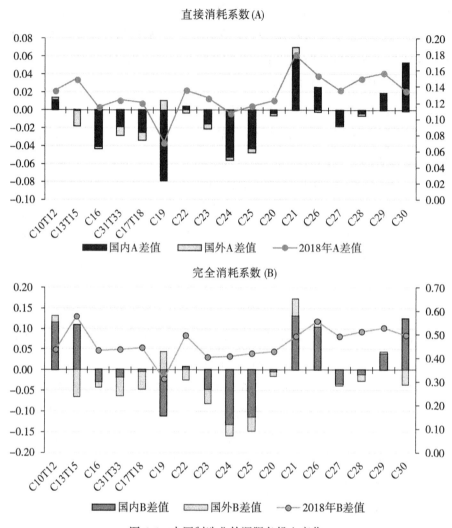

图 6-5　中国制造业外源服务投入变化

数据来源：（1）根据 OECD-ICIO（2021 年版）数据计算而得；

（2）图中折线上各点为 2018 年中国制造业各部门产出中来自服务业的完全消耗系数总值（B）；

（3）条形图分别为中国制造业各部门产出中来自服务业的直接消耗系数（A）、完全消耗系数（B）的 2018 年与 1995 年差值；

（4）横轴从左至右，前 4 个部门为劳动密集型，中间 6 个部门为资本密集型，后 7 个部门为技术密集型。

水平，特别是资本密集型出现较大幅度的下降。这些反映中国制造业投入服务化程度虽然在不断提高，但与全球平均水平相比，差距有扩大迹象。

表6-2 中国和全球制造业外源服务投入比较

	1995 年				2018 年			
	WA	CA	WB	CB	WA	CA	WB	CB
制造业均值	0.187	0.143	0.456	0.467	0.182	0.131	0.514	0.461
劳动密集型	0.205	0.150	0.477	0.451	0.193	0.131	0.527	0.469
资本密集型	0.173	0.150	0.440	0.499	0.166	0.113	0.485	0.413
技术密集型	0.182	0.129	0.451	0.451	0.188	0.148	0.529	0.500

资料来源：（1）根据 OECD-ICIO（2021 年版）数据计算而得；

（2）标签中 W 代表全球，C 代表中国，A 为制造业来自服务业的直接消耗系数，B 为制造业来自服务业的完全消耗系数。

总之，中国制造业中劳动密集型和技术密集型部门的投入服务化程度有所提升，多数部门来国内服务投入的加大，国外服务投入有所减少，但 7 个技术密集型的部门中有 3 个部门国外服务投入仍在上升。资本密集型部门无论是来自国内服务投入还是国外服务投入都有一定程度的下降。中国制造业外源服务投入尚低于全球平均水平。因此，中国制造业虽然表现出一定的投入服务化趋势，但仍有较大的提升空间，需要进一步加强制造业与服务业关联，提升制造业的发展质量和国际竞争力。

三、中国"制造业服务化"：基于内源服务投入

制造企业一直都从事服务业务，即便外包辅助性的服务业务给专业的服务机构，也会将与核心竞争力密切相关的服务活动保留在制造企业内部。制造企业服务化转型，需要配置与之相适应的组织架构、业务流程以及人员、技术等要素，从而不仅会增加外源服务的投入，也必然会增大内源服务投入。对企业竞争力的相关研究多以企业的研发投入和所拥有的研发人员数量来考察，其隐含的前提就是诸如核心技术研发等相关服务活动并未完全外包，而是在企业内部组织和经

营。Miroudot et al.（2017）的一项研究报告估计，在全球层面上，服务投入占制造业出口总值的53%左右，制造企业内部的服务贡献了其中的15%左右。制造企业内有25%至60%的员工从事服务支持职能。因此，内源服务投入和产出的份额不断增大趋势，也是制造业服务化一个重要的表现。

　　因受限于难以获取直接相关数据资料，对内源服务投入和产出的研究尚有较大难度，但仍有一些学者做了开创性的探索。Ahamed et al.（2013），Sturgeon et al.（2013），Lodefalk（2014），Grubic（2018）等对制造企业内源服务活动进行了案例分析。经济学和管理学对跨国公司内部交易早有研究，其中一项重要内容就是母公司与附属关联性企业（包括子公司和分公司）之间相互进行的服务交易，也被认定为企业内部服务活动。①根据企业经营业务的性质和类型来识别生产业务和服务业务可能并不复杂，但企业以及统计部门至今并未单独设置和统计企业层面的服务业务相关指标，行业层面上更是缺乏，这就给识别和测算企业及行业的内源服务活动的规模和结构带来困难。针对这一问题，学者们试图以职业分类及相关数据来测度企业内源服务投入。Pilat et al.（2005）基于国际标准职业分类（ISCO）分解出与服务相关的职业，M. P. Timmer et al.（2014）采用劳动力普查中的职业数据来确定业务功能，Lodefalk（2014）、Miroudot et al.（2017）以企业支付从事服务活动的员工工资除以总工资来测算企业内源服务投入份额。夏杰长等（2017）以技术人员的劳动报酬，刘斌等（2016）、许和连等（2017）利用营销活动投入（销售费用、管理费用、财务费用）占工业总产值的比重，作为替代指标考察企业内置服务活动投入或服务价值创造。这些工作都为物质生产部门的企业（主要是制造企业）服务化研究提供了新的思路和方法。

　　总之，内源服务投入是制造业服务化研究中不可或缺的内容。囿于现有条件限制，以职业分类及相关数据来识别和测量内源服务投入的方法具有很好的启发性和可行性。这里，我们在借鉴 Miroudot et al.（2017）、夏杰长等（2017）研究方法的基础上，利用职业分类和经营指标更详细的上市公司数据，计算内源服务投

---

　　①　在研究中，与外包或外购服务相对应，企业内部服务活动也称为自营服务或内置服务。我们从来源角度，将制造企业外包或外购服务投入统称为外源服务投入，将制造企业内部服务投入统称为内源服务投入。

入强度，以反映中国制造业服务化趋势。

内源服务投入强度计算公式为：

$$\mathrm{Ser}_{it} = \frac{w_{it} \times l_{it}}{C_{it}} \tag{6-10}$$

式中，Ser 为内源服务投入强度；w 和 l 分别表示从事服务活动员工的工资和人数，$w \times l$ 为内源服务投入量；C 为营业成本；i 和 t 分别表示企业和时间。

在具体测算中，首先，我们根据锐思（RESSET）数据库和国家统计局门户网站的相关资料，将职业类型调整为以下六类：专业技术人员、办事及有关人员、社会生产服务与生活服务人员、管理人员、生产制造及有关人员、综合未分类人员。其中，将前三类作为从事服务活动的职业类型。其次，由于公开资料中缺失上市公司各职业类别员工的工资数据，我们使用企业员工的平均工资进行估算。企业员工平均工资=（支付给职工以及为职工支付的现金的本期发生额+应付职工薪酬期末余额－应付职工薪酬期初余额）/在岗员工人数。再次，企业的营业成本数据来源于国泰（CSMAR）数据库。最后，在数据整理上，考虑到各项数据相对完整性，我们选取 2010—2018 年沪、深两市制造业 A 股上市公司样本，剔除样本期门内 ST、ST＊企业后共有 1209 家公司，总计 17 万多个样本数据，并对各项指标和变量的数据在 1% 和 99% 分位上进行了截尾处理，以消除数据异常值对整体结果的影响。在上述处理和计算基础上，将企业所属行业代码与 OCED-ICIO（2021 年版）的部门分类相匹配，分年份测算中国制造业不同类型部门从事内源服务活动的员工结构，以及内源服务投入强度。

近 10 年间，中国制造业上市公司中从事服务活动的员工占比呈现逐年递增的趋势。制造业从事服务活动的员工占比 2010 年为 30.72%，到 2018 年上升到 39.75%（见图 6-6），也即企业总员工中有 30%～40% 从事服务活动。三大类型部门中，劳动密集型部门内源服务活动的员工比例最高（2010 年和 2018 年分别为 33.09%、44.74%）。其次是技术密集型部门（33.44%、42.98%），资本密集型部门最低（25.97%、32.62%）。分职业类别看，专业技术员工占比最高，但在 2010 年和 2018 年这一占比变动不大。2018 年制造业的专业技术员工占比均值为 17.57%，技术密集型、资本密集型、劳动密集型部门分别为 21.78%、15.16% 和 13.80%。办事及有关人员占比有较大提高，在 3 个类型部门均提高了 10 个百

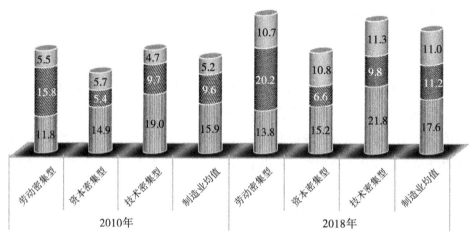

图 6-6　中国制造业内源服务活动的员工结构(%)

注：员工结构比例=各职业类别员工人数占总员工人数的百分比。

分点以上。社会生产服务和生活服务员工占比在 3 个类型部门的变动有所不同，其中，劳动密集型部门不仅占比最高，2018 年达到 15.80%，而且上升幅度也最大，相比 2010 年提高了近 5 个百分点，而资本密集型和技术密集型只有小幅上升。

　　与企业内从事服务活动的员工结构变化相对应，中国制造业内源服务投入强度从 2010 年的 0.039 上升到 2018 年的 0.078(见图 6-7)。技术密集型和劳动密集型部门的内源服务投入强度较接近，2010 年该两类部门的内源服务投入强度分别为 0.042、0.049，到 2018 年分别为 0.096 和 0.097。而资本密集型部门的内源服务投入强度虽然也逐年上升，但强度值相对较低，只相当于技术密集型和劳动密集型部门的一半左右，并且上升幅度也小，从而拉低了制造业整体的内源服务投入强度。技术密集型部门虽然企业内从事服务活动的员工占比略低于劳动密集型部门，但内源服务投入强度却是最高的，这与技术密集型企业中专业技术人员占比相对较高，平均工资水平也较高有着密切关系。劳动密集型企业内源服务投入强度上升更多来自社会生产服务和生活服务活动的增长。

　　总体而言，基于中国制造业上市公司的数据测算结果显示，中国制造业各部门从事服务活动的员工占比、内源服务投入强度在 2010—2018 年都呈现逐年增长的趋势。专业技术员工占比平均值最高,其次是社会生产服务和生活服务,但增长较快。劳动密集型部门的社会生产服务和生活服务员工占比远高于专业技术员工和办事及其他相关员工。资本密集型部门专业技术员工占比略高于劳动密集型部门,但社会生产服务和生活服务员工占比偏低,从而内源服务投入强度也处于低位。技术密集型部门的专业技术员工占比较高,办事及其他相关员工占比增长快,内源服务投入强度也最高。员工职业结构以及内源服务投入强度变化,与外源服务投入的变化具有同趋势性,两者从不同维度反映了中国制造业服务化程度。

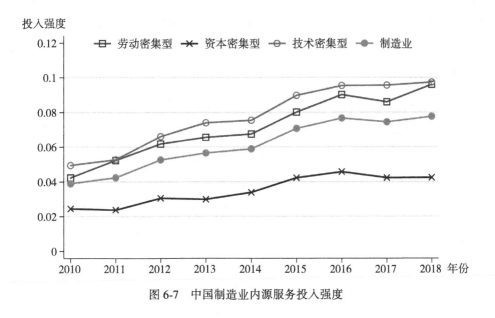

图 6-7 中国制造业内源服务投入强度

此外,我们对中国制造业技术密集型上市公司的内源服务投入强度与企业经营绩效进行了计量检验,发现两者之间存在"U"形曲线关系,并且其检验结果是稳健的,但在不同所有制、经营规模、产品技术含量上存在异质性。①这说明制

---

① 计量检验的相关内容详见拙作。廖涵,丛昊,张春雨. 内源服务投入能提高企业绩效吗. 当代财经,2021(9):118-123.

造企业内源服务投入与企业的经营战略、核心竞争力及商业机密等因素高度相关，是制造业服务化的重要途径。在增加内源服务投入的前期（包括外源服务投入）可能会出现一定程度的"服务化悖论"现象，①但超过临界值后，对企业经营绩效有显著的提升，已有相关研究成果多数也证实了这一点。

第四节　本 章 小 结

本章从出口产品的技术升级、产业结构升级、制造业升级三个方面研究了中国嵌入全球生产网络与产业升级。其中，产业结构升级主要是基于三大产业结构演进、数字产业化进行分析。中国制造业升级通过制造业各部门的显性比较优势变化，制造业的外源服务投入和内源服务投入所体现的"制造业服务化"进行分析，基本结论如下：

1. 中国在参与全球生产分工进程中，国内技术水平得到不断提升，近年来已逐渐步入快速提升阶段。服务业各部门出口中的国内技术含量（DTI）普遍较高，生产性服务部门的 DTI 一直高于生活性服务部门。初级行业和制造业中，原先技术相对落后的部门正在快速提升国内技术水平，但技术密集型部门的 DTI 相对偏低，意味着本国处于生产的低端环节，国内技术进步还有较大提升空间。

2. 截至 2022 年，中国三大产业占 GDP 的份额为 7. 3%：39. 9%：52. 8%。三大产业增加值占比与 DTI 之间的相关系数接近中等程度，表明中国产业结构变动同时，产业间要素配置效率也在不断改善，产业结构升级趋势向好。

3. "数字产业化"是新一代信息和通信技术（ICT）驱动产业调整和升级的核心和基础。在 1995—2018 年，中国数字产业增速总体要快于 GDP 增速，成为中国经济的新增长点。21 世纪头 10 年，ICT 制造业得到快速发展，近 10 年，ICT 服

---

① 理论界对制造业服务化与企业绩效之间的关系，一直存在不同的结论。部分研究认为，制造企业实施服务化会对企业绩效产生负面影响（如 McCollough et al. , 1992；Gebauer et al. , 2005）；Ulaga et al. (2011)的研究结论是仅有 20%的制造企业的服务转型是成功的。这被称为"服务化悖论"。

务业占比大幅上升，超过 ICT 制造业。

4. 中国是全球三大"制造中心"之一，2018 年中国制造业国内增加值出口占世界国内增加值出口总额的 20%。基于国内增加值出口的显性比较优势指数（VRCA）显示，中国制造业多数部门已具有比较优势，原先处于比较劣势的部门正在改善或者发生了逆转。劳动密集型部门依然具有强比较优势，但比较优势的强度有所下降。资本密集型部门中基本金属部门由比较劣势转化为比较优势。技术密集型部门 VRCA 提升最明显，但医药部门、汽车制造部门仍处于比较劣势，DTI 也尚处于低位，因此，中国技术密集型部门应在生产和贸易规模扩张基础上，进一步推进技术水平和生产环节升级，强化国内各部门对技术产品生产的配套能力，使比较优势与技术水平同步提升，实现由"制造大国"迈向"制造强国"的目标。

5. 我们分别基于外源服务投入和内源服务投入来分析中国"制造业服务化"。外源服务投入是指制造企业从服务业外购服务作为中间投入。中国制造业中劳动密集型和技术密集型部门的外源服务投入程度有所提升，多数部门来自国内服务投入的加大，国外服务投入有所减少，但 7 个技术密集型的部门中有 3 个部门国外服务投入仍在上升。资本密集型部门无论是来自国内服务投入还是国外服务投入都有一定程度的下降。中国制造业外源服务投入份额尚低于全球平均水平，因此，需要进一步加强制造业与服务业关联，提升制造业的发展质量和国际竞争力。

6. 制造企业自身开展服务活动而形成的中间投入称为内源服务投入，是制造业服务化研究中不可或缺的部分。我们根据中国上市公司的职业分类和经营指标数据计算制造企业内源服务投入强度，中国制造企业的总员工中有 30%～40% 从事服务活动。制造业内源服务投入强度从 2010 年的 0.039 上升到 2018 年的 0.078。技术密集型和劳动密集型部门的内源服务投入强度较接近，资本密集型的内源服务投入强度较低，只相当于前者的一半左右，并且上升幅度也小，从而拉低了制造业整体的内源服务投入强度。对中国制造业技术密集型上市公司的内源服务投入强度与企业经营绩效的计量检验发现，两者之间存在"U"形曲线关系，并且其检验结果是稳健的，但在不同所有制、经营规模、产品技术含量上存在异质性。这说明制造企业内源服务投入与企业的经营战略、核心竞争力及商业机密等因素高度相关。在增加内源服务投入的前期(包括外源服务投入)可能会出现一定程度的"服务化悖论"现象，但超过临界值后，对企业经营绩效有显著的提升作用。

参 考 文 献

[1] Acemoglu D, V Carvalho, A Ozdaglar and A Tahbaz-Salehi. The Network Origins of Aggregate Fluctuations. Econometrica, 2012, 80 (5).

[2] Amat Adarov. Central, East and Southeast European Countries in the Global Value Chain Network. The Vienna Institute for International Economic Studies Policy Notes and Reports 51, 2021.

[3] Antràs P, Chor D, Fally T, Hillberry R. Measuring the Upstreamness of Production and Trade Flows. American Economic Review: Papers & Proceedings, 2012, 102 (3).

[4] Antràs P, Chor D. On the Measurement of Upstreamness and Downstreamness in Global Value Chains. NBER Working Paper 24185, 2018.

[5] Balassa B. Trade Liberalization and Revealed Comparative Advantage. The Manchester School of Economies and Social Studies, 1965, 33 (2).

[6] Baldwin R, D Taglioni. Gravity Chains: Estimating Bilateral Trade Flows When Parts and Components Trade is Important. NBER Working Paper 16672, 2011.

[7] Baldwin R, Lopez-Gonzalez J. Supply-Chain Trade: A Portrait of Global Patterns and Several Testable Hypotheses. NBER Working Paper 18957, 2013.

[8] Beaudreau B C. What the OECD-WTO TiVA Data Tell Us about Comparative Advantage and International Trade in General. The International Trade Journal, 2013 (27).

[9] Bhattacharya K, Mukherjee G, Saramaki J. The International Trade Network: Weighted Network Analysis and Modedlling. Journal of Statistical Mechanics Theory & Experiment, 2008, 41 (2).

[10] Borin A, M Mancini. Measuring What Matters in Global Value Chains and Value-Added Trade. Policy Research Working Paper 8804, 2019.

[11] Borgatti S P, Everett M G. Models of Core/Periphery Structures. Social Network, 1999 (21).

[12] Brown D W, Konrad A M. Granovetter was Right: The Importance of Weak Ties to a Contemporary Job Search. Group & Organization Management, 2001, 26 (4).

[13] Buckley P J, Casson M. A Long-run Theory of the Multinational Enterprise. The Future of the Multinational Enterprise, Springer, 1976.

[14] Cadestin C, K De Backer, I Desnoyers-James, S Miroudot, D Rigo, M Ye. Multinational Enterprises and Global Value Chains: the OECD Analytical AMNE Database. OECD Trade Policy Papers 211, 2018.

[15] Chenery H, S Robinson, M Syrquin. Industrialization and Growth: A Comparative Study. Oxford University Press, 1986.

[16] Criscuolo C, Timmis J. The Changing Structure of Global Value Chains: Are Central Hubs Key for Productivity? . International Productivity Monitor, Centre for the Study of Living Standards, OECD, 2018 (34).

[17] Daudin G, Rifflart C, Schweisguth D. Who Produces for Whom in the World Economy? . Canadian Journal of Economics, 2011, 44 (4).

[18] Dean, Judith M, Fung K C, Wang Z. Measuring Vertical Specialization: The Case of China. Review of International Economics, 2011, 19 (4).

[19] Dietzenbacher E, Luna I R, Bosma N S. Using Average Propagation Lengths to Identify Production Chains in the Andalusian Economy. Estudios de Economia Aplicada, 2005, 23 (2).

[20] Dunning J H. Location and the Multinational Enterprise: A Neglected Factor? . Journal of International Business Studies, 1998, 29 (1).

[21] Escaith H, Inomata S. Geometry of Global Value Chains in East Aisa: The Role of Industrial Networks and Trade Policies//Elms D K, Low P. Global Value Chains in a Changing World. WTO Secretariat, Switzerland, 2013.

[22] Fally T. On the Fragmentation of Production in the US. University of Colorado, 2012.

[23] Feenstra R C, Hanson G H. Globalization, Outsourcing and Wage Inequality. The American Economic Review, 1996, 86 (2).

[24] Feenstra R C. Integration of Trade and Disintegration of Production in the Global Economy. Journal of Economic Perspectives, 1998, 12 (4).

[25] Feinberg S E, Keane M P. Accounting for the Growth of MNC: Based Trade Using a Structural Model of US MNCs. The American Economic Review, 2006, 96 (5).

[26] Friedman J R. Regional Development Policy: A Case Study of Venezuela. Cambridge: MIT Press, 1966.

[27] Garlaschelli D, Loffredo M I. Patterns of Link Reciprocity in Directed Networks. Physical Review Letters, 2004, 93 (26).

[28] Granovetter M S. The Strength of Weak Ties. American Journal of Sociology, 1973, 78 (6).

[29] Granovetter M S. Economic Action and Social Structure: The Problem of Embeddedness. The American Journal of Sociology, 1985, 91 (3).

[30] Hummels D, Jun Ishii, Kei-Mu Yi. The Nature and Growth of Vertical Specialization in World Trade. Journal of International Economics, 2001, 54 (1).

[31] Hahn Y, A Islam E, Patacchini Y, Zenou. Teams, Organization and Education Outcomes: Evidence from a Field Experiment in Bangladesh. Centre for Economic Policy Research Discussion Paper 10631, 2015.

[32] Inomata S. A New Measurement for International Fragmentation of the Production Process: An International Input-Output Approach. IDE Discussion Paper 175, 2008.

[33] João Amador, Sónia Cabral. Networks of Value Added Trade. Banco de Portugal Working Papers, 2015.

[34] Johnson R C, Noguera G. Proximity and Production Fragmentation. The

American Economic Review, 2012, 102 (3).

[35] Johnson R C, Noguera G. Accounting for Intermediates: Production Sharing and Trade in Value added. Journal of International Economics, 2012 (86).

[36] Kathryn G Marshall. The Factor Content of Chinese trade. The Journal of International Trade & Economic Development, 2011, 20 (6).

[37] Koopman R, Wang Z, Wei S J. Tracing Value-added and Double Counting in Gross Exports. American Economic Review, 2014, 104 (2).

[38] Krugman P. Increasing Returns and Economic Geography. Journal of Political Economy, 1991 (99).

[39] Liang Y. Why are China's Exports Special? The Role of FDI, Regional Trade and Government Policies. The Chinese Economy, Routledge, 2008 (41).

[40] Ma H, Wang Z, ZhuKunfu. Domestic Content in China's Exports and Its Distribution by Firm Ownership. Journal of Comparative Economics, 2015, 43 (1).

[41] Miller R E, P D Blair. Input-output Analysis: Foundations and Extensions, 2nd ed, Cambridge, MA: Cambridge University Press, 2009.

[42] Miller R E, Temurshoev U. Output Upstreamness and Input Downstreamness of Industries/Countries in World Production. International Regional Science Review, 2015 (5).

[43] Miroudot S, Spinelli F, Rouzet D. Trade Policy Implications of Global Value Chains: Case studies. OECD Trade Policy Paper 161, 2013.

[44] Miroudot S, Cadestin C. Services In Global Value Chains: From Inputs to Value-Creating Activities. OECD Trade Policy Papers 197, 2017.

[45] Pilat D, Wölfl A. Measuring the Interaction between Manufacturing and Services. STI Working Paper, 2005.

[46] RainerLanz, Andreas Maurer. Services and Global Value Chains: Servicification of Manufacturing and Services Networks. Journal of International Commerce, Economics and Policy, 2015, 6 (3).

[47] Scott J, P J Carrington. The SAGE Handbook of Social Network Analysis.

Beverly Hills, Calif: Sage Publications, 2011.

[48] Sébastien Miroudot, Charles Cadestin. Services in Global Value Chains: From Inputs to Value-Creating Activities. OECD Trade Policy Papers 197, 2017.

[49] Snyde R D, Kick E L. Structural Position in the World System and Economic Growth, 1955-1970: A Multiple-network Analysis of Transitional Interactions. American Journal of Sociology, 1979, 84 (5).

[50] Stehrer R. Trade in Value Added and the Valued Added in Trade. The Vienna Institute for International Economic Studies Working Papers 81, 2012.

[51] Timmer M P, B Los, R Stehrer, G J de Vries. Fragmentation, Incomes and Jobs: An Analysis of European Competitiveness. Economic Policy, 2013 (28).

[52] Timmer M P, A A Erumban, B Los, R. Stehrer, G J de Vries. Slicing Up Global Value Chains. Journal of Economic Perspectives, 2014, 28 (2).

[53] Tomasz Serwach, Piotr Gabrieiczzak. Countries' Position in the International Trade Network According to SelfSufficiency of Their Export Production and the Width of Their Trade Contacts: Implications for the EU. Horyzonty Polityki, 2017, 8 (25).

[54] UNCTAD. World Investment Report 2023: Investing in Sustainable Energy for All. United Nations, 2023.

[55] Wang Z, Wei S J, Yu Xinding, Zhu Kunfu. Measures of Participation Value Chains and Global Business Cycles. NBER Working Paper 23222, 2017.

[56] Wang Z, Wei S J, Yu Xinding, Zhu Kunfu. Characterizing Global Value Chains: Production Length and Upstreamness. NBER Working Paper 23261, 2017.

[57] Wang Z, Wei S J, Zhu Kunfu. Quantifying International Production Sharing at the Bilateral and Sector Levels. NBER Working Paper 19677, 2018.

[58] Xu B, Lu J. Foreign Direct Investment, Processing Trade and the Sophistication of China's Exports. China Economic Review, 2009 (20).

[59] Yi Kei-Mu. Can Vertical Specialization Explain the Growth of World Trade?. Journal of Political Economy, 2003, 111 (1).

［60］ Yi Kei-Mu. Can Multistage Production Explain the Home Bias in Trade？. American Economic Review，2010，100（1）.

［61］ Zahir Ahamed，Takehiro Inohara，Akira Kamoshida. The Servitization of Manufacturing：An Empirical Case Study of IBM Corporation. International Journal of Business Administration，2013，4（2）.

［62］阿里研究院．迎接全球数字经济新浪潮．2018 全球数字经济发展指数．数字经济论坛，2018.

［63］蔡跃洲，牛新星．中国数字经济增加值规模测算及结构分析．中国社会科学，2021（11）.

［64］陈银飞．2000—2009 年世界贸易格局的社会网络分析．国际贸易问题，2011（11）.

［65］陈凤兰，陈爱贞．RCEP 区域产业链发展机制研究——兼论中国产业链升级路径．经济学家，2021（6）.

［66］程大中．增加值贸易隐含的要素流向扭曲程度分析．经济研究，2014（9）.

［67］程大中．中国参与全球价值链分工的程度及演变趋势——基于跨国投入—产出分析．经济研究，2015（9）.

［68］段玉婉，洪槟瀚，陈斌开．全球价值视角下的"距离之谜"探究．世界经济，2021（10）.

［69］戴翔．中国制造业国际竞争力——基于贸易附加值的测算．中国工业经济，2015（1）.

［70］戴翔，宋婕．中国 OFDI 的全球价值链构建效应及其空间外溢．财经研究，2020（5）.

［71］杜运苏，彭冬冬．制造业服务化与全球增加值贸易网络地位提升——基于2000—2014 年世界投入产出表．财贸经济，2018（2）.

［72］方明朋，廖涵．中间品进口竞争，供应链联系与供应企业成本加成率．世界经济研究，2022（10）.

［73］高翔，张敏，李之旭．中国产业全球价值链分工的位置演变及其国际比较研究．国际贸易问题，2022（7）.

［74］顾乃华，夏杰长．对外贸易与制造业投入服务化的经济效应——基于 2007

年投入产出表的实证研究．社会科学研究，2010（5）．

[75] 耿康顺，廖涵．中国高技术产品价格贸易条件：区分贸易方式的测算与分析．国际商务（对外经贸大学学报），2019（1）．

[76] 黄凌云，刘冬冬，谢会强．对外投资和引进外资的双向协调发展研究．中国工业经济，2018（3）．

[77] 加里·杰里菲，等．全球价值链和国际发展：理论框架、研究发现和政策分析．曹文，李可．译．上海：上海人民出版社，2018．

[78] 江曼琦，席强敏．生产性服务业与制造业的产业关联与协同集聚．南开学报（哲学社会科学版），2014（1）．

[79] 联合国贸易和发展组织（UNCTAD）．世界投资报告：1991—2023．

[80] 刘军．整体网分析——UCINET 软件实用指南．第三版．上海：格致出版社、上海人民出版社，2019．

[81] 刘景卿，于佳雯，车维汉．FDI 流动与全球价值链分工变化——基于社会网络分析的视角．财经研究，2019（3）．

[82] 刘林青，闫小斐，杨理斯，宋敏．国际贸易依赖网络的演化及内生机制研究．中国工业经济，2021（2）．

[83] 刘伟，张辉，黄泽华．中国产业结构高度与工业化进程和地区差异的考察．经济学动态，2008（11）．

[84] 刘林青，谭力文．产业国际竞争力的二维评价——全球价值链背景下的思考．中国工业经济，2006（12）．

[85] 刘斌，魏倩，吕越，祝坤福．制造业服务化与价值链升级．经济研究，2016（3）．

[86] 刘斌，王乃嘉．制造业投入服务化与企业出口的二元边际——基于中国微观企业数据的经验研究．中国工业经济，2016（9）．

[87] 刘维刚，倪红福．制造业投入服务化与企业技术进步、效应及作用机制．财贸经济，2018（8）．

[88] 李磊，刘斌，王小霞．外资溢出效应与中国全球价值链参与．世界经济研究，2017（4）．

[89] 李洲，马野青．基于出口增加值的中美真实贸易顺差再核算——投入产出

框架下的双边贸易核算理论重构．经济管理，2021（3）．

[90] 李超，张诚．中国对外直接投资与制造业全球价值链升级．经济问题探索，2017（11）．

[91] 廖涵．我国加工贸易发展战略研究．北京：中国财政经济出版社，2002．

[92] 廖涵．论我国加工贸易的中间品进口替代．管理世界，2003（1）．

[93] 廖涵．入世后我国加工贸易政策应当调整．宏观经济研究，2003（4）．

[94] 廖涵．论全球贸易保护主义的冲击及应对．企业经济，2009（12）．

[95] 廖涵．低碳经济中全球价值链的经济学分析结论以及政策建议．经济研究参考，2012（60）．

[96] 廖涵，谢靖，范斐．基于出口增加值的中国制造业比较优势研究．宏观经济研究，2016（10）．

[97] 廖涵，谢靖．"性价比"与出口增长：中国出口奇迹的新解读．世界经济，2018（2）．

[98] 廖涵，胡晓蕾，刘素倩．不利外部冲击下我国供应链韧性分析．企业经济，2021（10）．

[99] 廖涵，丛昊，张春雨．内源服务投入能提高企业绩效吗？．当代财经，2021（9）．

[100] 卢福财，胡平波．网络租金及其形成机理分析．中国工业经济，2006（6）．

[101] 路玮孝．产业数字化转型对跨国公司FDI影响及机制研究．亚太经济，2021（4）．

[102] 娄峰，段梦．对外投资合作对中国经济发展的影响分析．宏观经济研究，2022（8）．

[103] 罗伟，吕越．外商直接投资对中国参与全球价值链分工的影响．世界经济，2019（5）．

[104] 马风涛．中国制造业全球价值链长度和上游度的测算及其影响因素分析——基于世界投入产出表的研究．世界经济研究，2015（8）．

[105] 马风涛，李俊．中国制造业产品国内增加值分解及其生产长度研究．国际经济合作，2019（4）．

[106] 马凤涛，马有才．制造业内资企业与外资企业全球价值链比较研究．山东科技大学学报（社会科学版），2020（6）．

[107] 马述忠，任婉婉，吴国杰．一国农产品贸易网络特征及其对全球价值链分工的影响——基于社会网络分析视角．管理世界，2016（3）．

[108] 毛其淋，许家云．跨国公司进入与中国本土企业成本加成——基于水平溢出与产业关联的实证研究．管理世界，2016（9）．

[109] 毛其淋，许家云．外资进入如何影响了本土企业出口国内附加值？．经济学（季刊），2018（4）．

[110] 倪红福．全球价值链中产业"微笑曲线"存在吗？——基于增加值平均传递步长方法．数量经济技术经济研究，2016（11）．

[111] 倪红福，龚六堂，夏杰长．生产分割的演进路径及其影响因素——基于生产阶段数的考察．管理世界，2016（4）．

[112] 倪红福．全球价值链位置测度理论的回顾和展望．中南财经政法大学学报，2019（3）．

[113] 倪红福，王海成．企业在全球价值链中的位置及其结构变化，经济研究，2022（2）．

[114] 潘峰华，赖志勇，葛岳静．经贸视角下中国周边地缘环境分析：基于社会网络分析方法．地理研究，2015（4）．

[115] 彭水军，吴腊梅．中国在全球价值链中的位置变化及驱动因素．世界经济，2022（5）．

[116] 若昂·阿马多尔，菲利波·迪毛罗．全球价值链时代．测算与政策问题．陶翔，倪炜瑜，张毅菁，杨莺歌，温一村，译．上海：上海人民出版社，2017．

[117] 盛斌．贸易增加值统计体系．中国海关，2013（7）．

[118] 孙天阳，肖皓，孟渤，许和连．制造业全球价值链网络的拓扑特征及影响因素——基于 WWZ 方法和社会网络的研究．管理评论，2018（9）．

[119] 孙玉琴，孙倩，王辉．我国加工贸易的历史考察．国际贸易问题，2013（4）．

[120] 唐宜红，张鹏杨．中国企业嵌入全球生产链的位置及变动机制研究．管理

世界，2018（5）.

[121] 魏后凯．产业转移的发展趋势及其对竞争力的影响．福建论坛（经济社会版），2003（4）.

[122] 文嫮，曾刚．全球价值链治理与地方产业网络升级研究．中国工业经济，2005（7）.

[123] 王益民，宋琰纹．全球生产网络效应、集群封闭性及其"升级悖论"——基于大陆台商笔记本电脑产业集群的分析．中国工业经济，2007（4）.

[124] 王恕立，胡宗彪．中国服务业分行业生产率变迁及异质性考察．经济研究，2012（4）.

[125] 吴敬链．中国增长模式选择．上海：上海远东出版社，2006.

[126] 王岳平，葛岳静．我国产业结构的投入产出关联特征分析．管理世界，2007（2）.

[127] 王伟．基于企业基因重组理论的价值网络构建研究．中国工业经济，2005（2）.

[128] 王昆，廖涵．国内投入、中间进口与FDI垂直溢出——基于非竞争型投入产出表的实证研究．数量经济技术经济研究，2011（1）.

[129] 夏明，张红霞．增加值贸易测算：概念与方法辨析．统计研究，2015（6）.

[130] 徐迪．社会网络分析的融合视野：一种定性与定量整合的研究趋向．江汉论坛，2019（11）.

[131] 许和连，成丽红，孙天阳．制造业投入服务化对企业出口国内增加值的提升效应——基于中国制造业微观企业的经验研究．中国工业经济，2017（10）.

[132] 许和连，成丽红，孙天阳．离岸服务外包网络与服务业全球价值链提升．世界经济，2018（6）.

[133] 谢靖，廖涵．异质性外资，环境规制与出口技术复杂度提升——基于华东地区六省一市的实证研究．华东经济管理，2017（12）.

[134] 谢靖，廖涵．技术创新视角下环境规制对出口质量的影响——基于制造业

动态面板数据的实证分析．中国软科学，2017（8）．

[135] 谢靖，王平，谢文远．制造业出口竞争力的国际比较——基于"性价比"视角．学习与探索，2019（10）．

[136] 闫云凤，赵忠秀．中国在全球价值链中的嵌入机理与演进路径研究：基于生产链长度的分析．世界经济研究，2018（6）．

[137] 杨松，弗朗西斯卡·B. 凯勒，郑路．社会网络分析：方法与应用．曹立坤，曾丰又，译．北京：社会科学文献出版社，2019．

[138] 姚星，梅鹤轩，蒲岳．国际服务贸易网络的结构特征及演化研究——基于全球价值链视角．国际贸易问题，2019（4）．

[139] 杨灿，郑正喜．产业关联效应测度理论辨析．统计研究，2014（12）．

[140] 袁凯华，彭水军．中国加工贸易的价值攀升：嵌入 NVC 会优于 GVC 吗．统计研究，2017（8）．

[141] 岳圣淞．第五次国际产业转移中的中国与东南亚：比较优势与政策选择．东南亚研究，2021（4）．

[142] 张辉．全球价值链理论与我国产业发展研究．中国工业经济，2004（5）．

[143] 张辉．全球价值链动力机制与产业发展策略．中国工业经济，2006（1）．

[144] 祝坤福，余心玎，魏尚进，王直．全球价值链中跨国公司活动测度及其增加值溯源．经济研究，2022（3）．

[145] 周煊．企业价值网络竞争优势研究．中国工业经济，2005（5）．

[146] 周煊．跨国公司价值网络与竞争优势：基于客户让渡价值的群体竞争．北京：中国经济出版社，2005．

[147] 周煊．企业价值网络竞争优势的内生性阐释．知识管理，商业经济与管理，2006（2）．

[148] 周念利，郝治军，吕云龙．制造业中间投入服务化水平与企业全要素生产率——基于中国微观数据的经验研究．亚太经济，2017（1）．

[149] 张敏，薛伟贤，赵理璟．基于整体网分析法的中国服务贸易国际竞争力分析．国际经贸探索，2020（1）．

[150] 张小蒂，孙景蔚．基于垂直专业化分工的中国产业国际竞争力分析．世界经济，2006（5）．

［151］詹淼华．"一带一路"沿线国家农产品贸易的竞争性与互补性——基于社会网络分析方法．农业经济问题，2018（2）．

［152］臧新，刘佳慧．全球价值链区块化理论机理与定量测度．江海学刊，2021（1）．

［153］邹嘉龄，刘卫东．2001—2013年中国与"一带一路"沿线国家贸易网络分析．地理科学，2016（11）．

［154］钟祖昌，张燕玲，孟凡超．一国对外直接投资网络构建对其全球价值链分工位置的影响研究——基于社会网络分析的视角．国际贸易问题，2021（3）．

［155］郑磊，汪旭晖．跨国公司投资动机对东道国行业出口强度的影响——基于动态面板数据模型的实证分析．国际商务（对外经济贸易大学学报），2018（2）．

［156］章志华，唐礼智，孙林．对外直接投资、金融发展与产业结构升级．国际商务（对外经济贸易大学学报），2021（5）．